BEIJING LANGUAGES INSTITUTE

CHINESE
FOR TODAY

Second Edition

今日
汉语

THE COMMERCIAL PRESS

Chinese for Today [Book 2]
今日汉语（二）

Compiled and written by
Huang Zhengcheng, Ding Yongshou, Liu Lanyun, Qiu Yanqing,
Li Jiyu, Lu Jianji, Hu Huainian and Xiong Wenhua
of The Beijing Languages Institute

Executive Editors
Wang Yue, Wong Ka Lai

Published by
The Commercial Press (Hong Kong) Ltd.
Kiu Ying Bldg., 2D Finnie St., Quarry Bay, Hong Kong.

Printed by
Elegance Printing & Book Binding Co., Ltd.
Block A, 4/F., Hoi Bun Ind. Bldg., 6 Wing Yip St., Kwun Tong, Kln., H.K.

First Edition 1989
Second Edition / First Printing December 1996

ISBN 962 07 4294 X

Printed in Hong Kong

目 录 Contents

Lesson

Lesson

Appendices

PREFACE

I

CHINESE FOR TODAY is a series in two stages conceived and designed for people outside China who want to learn modern Chinese. It can be used as a textbook for regular classroom teaching, as well as for self-teaching purposes.

The textbook for Stage One contains 35 lessons preceded by a concise introduction to speech sounds and tones of modern Chinese. The texts of these lessons are all lively and true-to-life dialogues. They deal with situations a foreigner travelling or living in China is likely to find him or herself in. The major aim of this stage is to teach basic sentence patterns and ways of expression in modern spoken Chinese.

In the 35 lessons of the second stage, spoken and written Chinese are given equal attention, and a broader spectrum of life in modern Chinese society is presented through dialogues and stories. More complex sentence patterns and different ways of expression in a given situation are introduced and drilled, while what has been taught in the first stage is systematically revised. An integral part of each lesson in this stage is a Word Study section which illustrates, compares and summarizes the most frequently used expressions and phrases through examples and explanation.

In Stage One each text ranges from one to three hundred characters of which about 30 are new words. In Stage Two each text contains four to six hundred characters with some 40 of them being new words.

The learner, upon finishing the two stages, can expect to be able to recognize two thousand five hundred characters, at least half of which he or she should be able to write. These characters should be adequate for him or her to understand non-technical radio broadcasts, to carry on conversations on a variety of topics and to read newspapers and non-technical journals.

In compiling this series, conscious efforts were made to incorporate the finer features of other Chinese textbooks. The underlying objective of this series is to enable the learner to acquire a solid command of the Chinese language in aural comprehension, speaking, reading, and writing. This is achieved, among other ways, through careful grading of material, giving particular attention to what presents special difficulty to the foreign learner, and systematic presentation of ways of expression peculiar to the Chinese language. For the convenience of average users of this textbook linguistic terminology is cut down to the minimum.

To acquire facility in a language the learner needs to be familiar with the cultural and historical background of the nation where the language is spoken. This being the case, concise, clear annotations are provided where necessary. These will help the learner to understand what the Chinese would say in a given situation, how he or she would put it and why. The language taught in the series is consistently standard modern Chinese, and gives due emphases to common set phrases, sayings and idioms.

To be used with Stage One is the companion book *EXERCISES* which serves to aid the user in recognizing, reading and writing characters. To meet the needs of some users, in the word lists, underneath all the simplified characters their originals in complex strokes are given. There is also a companion *READER* to go with the second volume. It is to help the learner revise what he or she has learned and obtain a broader and deeper understanding of Chinese history and culture.

In *CHINESE FOR TODAY* ample exercises of various types have been devised for those language points which the learner is expected to master.

As a supplement, recordings of speech sounds and tones and the texts in standard spoken Chinese are available on cassette tapes.

II

HOW TO USE *CHINESE FOR TODAY*

Both the person wishing to learn Chinese on his own and the instructor teaching a course will find this series should serve their purposes admirably. Furthermore, the series is designed so that it may be used by learners with different specific goals. For example, the learner whose sole objective is mastery of basic spoken Chinese need only use the main textbooks of Stages One and Two, and the student equally interested in oral and written forms may use all materials simultaneously.

In using this series, the importance of practice should be emphasized. This is particularly so when a Chinese environment is lacking. The lessons are written and arranged in such a way as to facilitate the learner to do an ample amount of exercises.

The following are some hints the user of this textbook may find useful.

1) **Phonetics.** More time and effort should be given to the comparatively few difficult sounds and tones instead of directing equal attention to everything. The learner will find it rewarding to listen to the recordings and to compare his or her own voice with that on the tape and thus to correct errors in pronunciation and intonation. It is most stimulating to combine phonetic exercises with the study of the texts.

2) **Dialogue/text and new words lists.** The student is encouraged to listen to the recordings first all the way through, then practise repeatedly reading aloud with the recordings afterwards. Difficult words and language points are numbered for quick reference. Extensive oral exercises on the new words and the text may be done in class to enable the learner to understand properly and to use correctly what is being taught in different situations.

3) **Study points.** The learner should bear in mind that not all that is annotated here is of the same importance. Some of the notes are just to provide background information. Those points which have exercises to go with them are the ones on which the student should concentrate.

4) **Exercises.** The exercises are designed to help the student to use in real situations the language they have just learnt. The phonetic exercises, oral exercises and listening exercises can be used for drills in class, while written exercises are recommended to be assigned as homework.

This textbook was written by Huang Zhengcheng (黄政澄), Ding Yongshou (丁永寿), Liu Lanyun (刘岚云), Qiu Yanqing (邱衍庆), Li Jiyu (李继禹) and Lu Jianji (鲁健骥). English translation is by Hu Huainian (胡怀年). Xiong Wen hua (熊文华) also took part in the translation of Book One. The compilers and translators are all teachers at the Beijing Languages Institute.

In the course of compiling this series, we have received generous assistance from Lo Chihong and Linda Jaivin . For this we wish to express our appreciation and gratitude.

The authors

FORMAT OF STAGE TWO OF *CHINESE FOR TODAY*

1) There are 35 lessons in this volume, each is composed of the following parts: the text, new words, study points, study of words and expressions, exercises and key to the exercises. Coming after the lessons are index for study points, index for study of words and expressions and a list of vocabulary. The items in the part of study of words and expressions, six or less in number, are words from the text which are supposed to be difficult to foreign learners and, therefore, are exemplified in both meaning and function, aiming at helping the learner to have a better command of these difficult items.

2) *Pinyin* (Romanized spelling) is provided under each line of the text, Points in the text which are annotated are marked by small Arabic numerals.

3) New words, which are arranged in the order of their appearance in the text, are accompanied by their Romanized Chinese spellings *(pinyin)*, English translation and indication of parts of speech. English translation of the new words, as a rule, is of the same parts of speech as the Chinese originals. Proper nouns are arranged in alphabetical order by *pinyin* spelling. The learner can also refer to the list of vocabulary in the appendix.

4) Some of the examples in study points are taken from the text. Where necessary, extra examples have been added.

5) There are two types of exercises, oral and written, in this book, which are designed with the aim of enabling the learner to understand the text and to grasp different language skills.

6) All the simplified characters in this volume follow the *LIST OF SIMPLIFIED CHARACTERS* issued in 1956 by the State Council of the People's Republic of China.

A Note on the Second Edition

CHINESE FOR TODAY has been published for several years and it has been used in many countries worldwide. The Commercial Press has decided to publish the second edition and I would like to take this opportunity to make some revisions. These are:

1) Some necessary changes have been made to the content of some of the texts which are outdated.

2) Some appropriate revisions have been made to the joining and separating of syllables in Chinese phonetic transcription according to the relevant rules and regulations.

3) For the convenience of the readers, we have provided a grammatical index in Book One. An index has also been added to Book Two for study of words and expressions.

4) We have also rectified the mistakes that occurred in the first edition.

Huang Zhengcheng

第二版说明

《今日汉语》出版几年了，世界上许多国家都在使用它。商务印书馆决定要出第二版，趁此机会，特作如下几点修改：

1) 对部分过时的课文内容作了一些必要的修改。

2) 根据有关规定，对一些词的连写分写作适当的调整。

3) 为给使用者更好地提供方便，第一册书后增加了主要语法点索引；第二册书后增加了词语例解索引。

4) 对书中原有的个别错误作了订正。

黄政澄

莉莉要来中国学习了
Lily Will Come to Study in China

1

Yìtiān wǎnshang, lìshǐ yánjiūsuǒ yánjiūyuán Lǐ Wénhàn huí dào jiālǐ, tā
一天 晚上，历史 研究所 研究员 李 文汉 回 到 家里，他

gàosu qīzi Dīng Shūqín: "Lǎo Chén lái xìn le."
告诉妻子丁 淑琴："老 陈 来信了。"

"Yǒu shénme xiāoxi a?" Dīng Shūqín wèn.
"有 什么 消息啊?"丁 淑琴 问。

"Lǎo Chén huí dào Měiguó yǐhòu, yìng péngyoumen de yāoqǐng, yǐjīng xiě le
"老 陈 回 到 美国 以后，应 朋 友们 的 邀请，已经 写了

wǔ-liù　piān jièshào Zhōngguó de wénzhāng le.　Jǐ ge yuè lái, yìzhí hěn máng.
五六[1] 篇 介绍　中国 的 文章 了。几个月来,一直 很　忙。

Tā shuō, zuìjìn tā mángde lián Táng shǐ yánjiū dōu tíng xià le."
他 说,最近 他 忙 得 连　唐 史 研究 都 停 下 了[2]。"

　　"Tā kě zhēn shì ge dà máng rén na!"
　　"他 可 真 是 个 大 忙 人 哪！"

　　"Kě bu shì!"
　　"可 不 是[3]！"

　　"Wénhàn, nǐ jì gěi tā de 《Tángdài Yìshù Shǐ》hé 《Zhōngguó Gǔdài Sīxiǎng
　　"文 汉,你 寄 给 他 的 《唐 代 艺术 史》和 《中 国 古代思想

Shǐ》, gāi shōu dào le ba?"
史》,该 收 到 了 吧？"

　　"Dōu shōu dào le.　Hái yǒu,　gàosu nǐ yí ge hǎo xiāoxi!"
　　"都 收 到 了。还 有[4],告诉 你 一个 好 消息！"

　　"Shénme hǎo xiāoxi a?"
　　"什么 好 消息 啊？"

　　Lǐ Wénhàn ná chū xìn lai, niàn gěi Dīng Shūqín tīng:　"Lìli cóng Zhōngguó
　　李 文 汉 拿 出 信 来,念 给 丁　淑琴 听[5]:"莉莉 从　中 国

huílai yǐhòu, duì zhōngyī chǎnshēng le hěn dà de xìngqù, xiǎng qù Zhōngguó
回来以后,对 中 医 产 生 了 很 大 的 兴趣,想 去 中 国

liúxué. Tā xiàng yǒuguān fāngmiàn tí chū le shēnqǐng, shàng ge yuè cānjiā le
留学。她 向 有 关 方 面 提 出 了 申请,上 个月 参加了

kǎoshì, zuótiān yǐjīng jiē dào lùqǔ tōngzhī shū. Quán jiā dōu hěn gāoxìng,
考试,昨 天 已经 接 到 录取 通 知 书。全 家 都 很 高 兴,

Lìli　jīdòng de yí yè　méi shuì hǎo jiào. Xiànzài tā zhèngzài zuò zhǔnbèi,
莉莉 激动 得一夜[6]没 睡 好 觉。现 在 她 正 在 作 准 备,

jìhuà　xià yuè zhōngxún　dòngshēn."
计划 下 月 中 旬[7]动 身。"

　　"Jīntiān dōu shí'èr hào le,　hái yǒu yí ge yuè jiù lái le." Dīng Shūqín shuō.
　　"今天 都 十 二 号 了,还 有 一个 月 就 来 了。" 丁　淑琴 说。

"Wǒ děi gǎnkuài gěi Lǎo Chén huí fēng xìn, huānyíng Lìli lái liúxué."

"我 得 赶 快 给 老 陈 回 封 信，欢 迎 莉莉 来 留学。"

"Hǎo. Búguò, shì bu shì děng liǎng tiān zài xiě?"

"好。不过[8]，是 不 是 等 两 天 再 写？"

"Wèi shénme?" Lǐ Wénhàn wèn.

"为 什 么？"李 文 汉 问。

"Wǒmen bú shì yào bān jiā le ma? Děng fángzi dìng le, hǎo gàosu rénjiā xīn

"我 们 不 是 要 搬 家 了 吗？ 等 房 子 定 了，好 告 诉 人 家 新

zhùzhǐ a!"

住 址 啊！"

"Fángzi shénme shíhòu néng dìng xiàlai?"

"房 子 什 么 时 候 能 定 下 来？"

"Fángchǎn guǎnlǐsuǒ de tóngzhì ràng wǒmen hòutiān qù kàn yíxiàr, yàoshi

"房 产 管 理 所 的 同 志 让 我 们 后 天 去 看 一 下 儿，要 是

méi yìjiàn jiù kěyǐ dìng xiàlai."

没 意 见 就 可 以 定 下 来。"

生词 New words

…所	…suǒ	〔名〕	…institute
…员	…yuán	〔名〕	…a person engaged in some field of activity
妻子	qīzi	〔名〕	wife
最近	zuìjìn	〔副〕	recently, of late
连…都…	lián…dōu…		even
应	yìng	〔动〕	to respond, to answer
邀请	yāoqǐng	〔动、名〕	to invite; invitation
应…邀请	yìng…yāoqǐng		at the invitation of…

篇	piān	〔量〕	a piece of (writing)
文章	wénzhāng	〔名〕	article, essay
艺术	yìshù	〔名〕	arts
思想	sīxiǎng	〔名〕	thinking
中医	zhōngyī	〔名〕	traditional Chinese medicine, doctor or practitioner of traditional Chinese medicine
产生	chǎnshēng	〔动〕	to take (an interest in...)
留学	liúxué	〔动〕	to study abroad
有关	yǒuguān	〔动〕	concerned
申请	shēnqǐng	〔动、名〕	to apply; application
参加	cānjiā	〔动〕	to take part in
考试	kǎoshì	〔动、名〕	to examine; examination
录取	lùqǔ	〔动〕	to enroll, to admit
通知	tōngzhī	〔动、名〕	to notify; notification
…书	shū	〔名〕	letter (of...)
激动	jīdòng	〔形〕	excited
夜	yè	〔名〕	night
睡觉	shuì jiào		to sleep
计划	jìhuà	〔动、名〕	to intend, intention; to plan, plan
…旬	…xún	〔名〕	a ten-day period of a month
动身	dòngshēn	〔动〕	to set out
搬	bān	〔动〕	to move (one's house)
房子	fángzi	〔名〕	house
好	hǎo	〔助动〕	so as to, so that
人家	rénjiā	〔代〕	they, others, a pronoun referring to some persons in general
住址	zhùzhǐ	〔名〕	address
房产	fángchǎn	〔名〕	house property
管理	guǎnlǐ	〔动〕	to manage
要是…就…	yàoshi…jiù…		if...then...

Proper nouns :

《唐代艺术史》　　Tángdài Yìshù Shǐ　　*A History of the Arts of the Tang Dynasty*

《中国古代思想史》Zhōngguó Gǔdài Sīxiǎng Shǐ　　*A History of the Thinkings of the Ancients in China*

注 释　Study points :

1. 老陈…已经写了<u>五六篇</u>介绍中国的文章了。

   To express approximate numbers we may, besides using such words as "多", "来" or "左右", also use any two adjacent numbers from one through nine, e.g. "两三天", "四五本", "十三四个", "六七十张", "一百七八十人", etc.

2. 最近他忙得<u>连唐史研究都停下了</u>。

   To show the extent or result of an action, we may use a word (See Lesson 28, Book 1) or a phrase, or a sentence. "连唐史研究都停下" tells the reader how busy the man was:

   He was so busy that he had to cease his own research altogether. A similar construction is also found in the text, i.e. 莉莉激动得一夜没睡好觉.

3. <u>可不是</u>

   This is often used to express agreement. 可不是吗 and 可不 are its variant forms.

4. <u>还有</u>，告诉你一个好消息！

   By the use of "还有", the speaker here lets the hearer know that apart from what he has already said, he has something else to tell the latter, thus preparing him for more information.

5. 李文汉拿<u>出</u>信<u>来</u>，<u>念给丁淑琴听</u>。

   "出来" points to the direction of an action, with the object often being placed in between "出" and "来". (See study point 1 of Lesson 2 for further explanation.)

   "念给丁淑琴听" means that Li Wenhan read out the letter to Ding Shuqin, who listened. "丁淑琴" serves both as the object to "念给" and the subject of the verb "听" (See study point 1 of Lesson 25, Book 1.)

6. 莉莉激动得一夜没睡好觉。

"一夜" means "整夜", namely, the whole night.

7. 现在她正在作准备，计划下月中旬动身。

A month is divided into three 10-day periods:"上旬" being the first 10-day period (from the lst to the 10th) , "中旬" the second (from the 11th to the 20th) and "下旬" the last (from the 21st to the last day of the month).

8. 不过，是不是等两天再写？

"是不是" does not imply a question but reveals a consultative tone on the part of the speaker.

"再" in this context no longer indicates a repetition of an action, but an action that is to be effected in a future time.

词语例解
Study of words and expressions:

1. 一直〔副〕

straight ahead

(1) 一直走，前边就是历史博物馆。

(2) 从这儿一直往北，一会儿你就可以看到火车站了。

all along

(3) 他学习一直很努力。

(4) 四十年了，老张一直住在北京。

2. 连…都/也…

"连…都/也…" is a structure often used to emphasize a certain element in a sentence, namely the subject, verbal predicate, object or the adverbial, etc, the part so emphasized is positioned in between "连" and "都" ("也"), e.g.

(1) 连老年人都喜欢这个电影，你们一定也会喜欢的。 (subject emphasized)

(2) 这种事儿我以前连听都没听说过。 (verbal predicate emphasized)

(3) 他连饭都没吃就去看电影了。 (object emphasized)

(4) 陈先生最近很忙，连星期天也没休息。 (adverbial emphasized)

3. 对〔形〕

right, correct

(1) 你说的对，他说的不对。

(2) 那些汉字你都写对了。

〔介〕

When used as a preposition, it introduces its object to a verb or what is relevant to a verbal predicate into an object-before-verb structure, meaning roughly "to" or "in".

(3) 他对你很热情，你应该感谢他。

(4) 小王对音乐一直很感兴趣。

4. 不过〔连〕

Used at the beginning of the second clause, "不过" indicates a shift in meaning, conveying a tone that is milder than "但是". It often appears in colloquial speech.

yet

(1) 这个公园很美，不过小了一点儿。

(2) 他身体一直很好，不过最近有点儿感冒。

〔副〕

only

(3) 我不过才来了几天，很多事情都不知道。

(4) 你别生气，她不过跟你开玩笑。

5. 要是〔连〕

As a conjunction, "要是" meaning "if", may be put before the subject or after it.

(1) 你要是看见《汉英词典》就给我买一本。

(2) 你要是不喜欢吃西餐，明天我们就吃中餐。

(3) 要是没有时间，你明天就不要来了。

练习 Exercises :

1. Read aloud:

邀请信	申请书	做计划	定房间
太激动	参加考试	有关方面	有关人员
有关的		跟…有关	

介绍中国艺术的文章　　　　　　她可真是个好学生

他早有这种思想了　　　　　　　这个消息该告诉他们一下

2. Rewrite the following sentences after the model:

Model:

> 他很激动。他一句话也说不出来。
> → 他激动得一句话也说不出来。

1) 他很忙。他每天只睡五、六个小时。

2) 这几天太热，我把毛衣脱(tuō, to take off)了。

3) 这个地方真美，跟画儿一样。

4) 这篇文章太长，没人爱看。

5) 他非常着急。他不知道怎么办才好。

6) 他在公园里玩儿，连饭都忘了吃了。

3. Say the following remarks in a consultative tone:

> **a) Use** "是不是"　　　**b) Use** "好吗？"

1) 咱们明天去上海。

2) 先打一个电话，问问他们后天有没有时间。

3) 现在不早了，我们回家去吧。

4) 再等他一会儿，说不定他马上就来。

5) 咱们把这张桌子搬到那边儿去。

4. Make sentences with the following constructions:

1) 应…的邀请

2) 对…产生兴趣

3) 向…提出申请

4) 连…都…

5) 要是…就…

5. Answer the following questions:

1) 李文汉是搞什么的？他和老陈是什么关系？

2) 老陈回美国后为什么那么忙？

3) 李文汉给老陈寄去了什么书？为什么寄这两本书？

4) 老陈在信中告诉李文汉一个什么好消息？

5) 莉莉接到录取通知书，为什么一夜没睡好觉？

6) 丁淑琴为什么让李文汉等两天再给老陈写回信？

6. Write out Lao Chen's letter according to the text.

7. Translate the following sentences into Chinese (using "一直", "对", "不过"):

1) She has been running a fever these days.

2) The car sped, without stopping, all the way to the Beijing Hospital.

3) I said to him, "Come next time. You are welcome."

4) My desk was right opposite the window.

5) The teacher told me that the meaning of this sentence was incorrectly translated.

6) We are very satisfied with his work.

7) Do you know that person properly?

8) The climate there is not fit for me.

9) Your blood pressure is a bit too high, but it will be normal if you have a few days' rest.

10) My elder brother has got a fiancée, but he is not going to get married this year.

2. 1) 他忙得每天只睡五、六个小时。

    2) 这几天热得我把毛衣脱了。

    3) 这个地方美得跟画儿一样。

    4) 这篇文章长得没有人爱看。

    5) 他急得不知道怎么办才好。

    6) 大家在公园里玩儿得连饭都忘了吃了。

7. 1) 这几天她一直在发烧。

    2) 汽车在路上没有停，一直开到了北京医院。

    3) 我对他说："欢迎你下次再来！"

    4) 我的桌子正对着窗户。

    5) 老师对我说，这句话的意思翻译得不对。

    6) 我们对他的工作非常满意。

    7) 你对那个人了解吗？

    8) 那儿的天气对我不合适。

    9) 你的血压有点儿高，不过，你休息几天就会好的。

    10) 大哥已经有了对象，不过，今年还不想结婚。

看房子
Seeing a New Flat

Fángchǎn guǎnlǐsuǒ de Lǎo Wú lǐngzhe Lǐ Wénhàn fūfù hé tāmen de
房　产　管理所　的　老　吴　领着　李　文　汉　夫妇　和　他们　的

érzi　Lǐ Jiàn, nǚ'ér Lǐ Yīng dào le Wénhuà Xīn Cūn shíyī hào lóu sān mén sì
儿子李健，女儿李　英　到　了　文　化　新　村　十　一　号　楼　三　门　四

hào, lái kàn tāmen de xīn jū.
号，来　看　他们　的　新居。

Lǎo Wú kāi le mén, wǔ ge rén jìn le wū. Zhōngjiān shì kètīng, kètīng de
老　吴　开　了　门，五　个　人　进　了　屋。　中　间　是　客厅，客厅　的

11

dōngbiānr shì liǎng jiān wòshì, xībiānr shì shūfáng, nánbiānr yě yǒu yì jiān
东 边儿 是 两 间 卧室，西边儿 是 书 房，南 边儿 也 有 一 间

wòshì.　 Lǐ Wénhàn tāmen kàn le kàn kètīng hé wòshì, juéde hěn mǎnyì.
卧室。李 文 汉 他们 看 了 看 客厅 和 卧室，觉得 很 满意。

　　"Wǒmen kànkan shūfáng ba."　 Lǎo Wú duì Lǐ Wénhàn shuō. Lǐ Wénhàn
　　"我 们 看 看 书 房 吧。"老 吴 对 李 文 汉 说。李 文 汉

zǒujìn shūfáng qu,　 Dīng Shūqín, Lǐ Jiàn, Lǐ Yīng gēn le jìnqu.
走进 书 房 去[1]，丁 淑琴、李 健、李 英 跟 了 进去。

　　"Shūfáng bǐ wòshì dà diǎnr ba?"　 Dīng Shūqín wèn.
　　"书 房 比 卧室 大 点儿 吧？"丁 淑琴 问。

　　"Shì a,　 zhè shì shíbā píngfāngmǐ,　 bǐ wòshì dà sān píngfāngmǐ."　 Lǎo Wú
　　"是 啊，这 是 十八 平 方米，比 卧室 大 三 平 方 米。"老 吴

shuō.
说。

　　"Zhè shūfáng hěn hǎo, yángguāng hěn chōngzú."　　 Lǐ Wénhàn shuō.
　　"这 书 房 很 好，阳 光 很 充 足。"李 文 汉 说。

　　Zhèshí, Dīng Shūqín hé Lǐ Yīng yǐjīng cóng shūfáng zǒu dào yángtái shàng
　　这时，丁 淑琴 和 李 英 已经 从 书 房 走 到 阳台 上

qu,　 Dīng Shūqín dàshēng shuō: "Zhèli huánjìng búcuò, hěn ānjìng, shù hěn duō
去，丁 淑琴 大声 说："这里 环 境 不错，很 安 静，树 很 多，

kōngqì hěn hǎo."　 Lǐ Wénhàn tīng le,　 yě zǒu dào yángtái shànglai.　 Lǐ Yīng
空 气 很 好。"李 文 汉 听 了，也 走 到 阳台 上 来。李 英

shuō: "Bàba,　 lóu hòubiānr yǒu ge cǎopíng, nín kěyǐ zài nàr dǎ quán, sàn bù."
说："爸爸，楼 后边儿 有 个 草坪，您 可 以 在 那儿 打 拳、散 步。

Yíhuìr,　 Lǐ Jiàn yě lái dào yángtái,　 tā duì Lǐ Wénhàn shuō: "Zhèr jiāotōng
一会儿，李 健 也 来 到 阳 台，他 对 李 文 汉 说："这儿 交 通

duō fāngbiàn! Nín kàn, yì chū mén jiù shì qìchē zhàn."　 Lǐ Wénhàn diǎndian
多[2] 方 便！您 看，一 出 门 就 是 汽车 站。"李 文 汉 点 点

tóu.
头。

Lǐ Wénhàn tāmen kàn wán yángtái, chuān guò cāntīng, zǒujìn le chúfáng
李文汉他们 看 完 阳台，穿 过餐厅，走进了厨房。

Dīng Shūqín zǒu guòlai, zǒu guòqu, kàn le yòu kàn, shuō: "Chúfáng xiǎo le
丁 淑琴走 过来，走 过去[3]，看了又 看，说："厨 房 小 了

diǎnr, yàoshi zài dà yìdiǎnr, jiù hǎo le."
点儿，要是 再 大 一点儿，就 好 了。"

"Guànxǐshì zài nǎr?" Lǐ Yīng wèn.
"盥 洗室 在哪儿？"李 英 问。

"Zài chúfáng hòubiānr." Lǎo Wú shuō.
"在厨 房 后 边儿[4]。"老 吴 说。

Wǔ ge rén lái dào guànxǐshì. Guànxǐshì wàijiān shì cèsuǒ, lǐjiān shì yùshì,
五个 人 来 到 盥 洗室。盥 洗室 外 间 是 厕所，里 间 是 浴室，

kěyǐ pényù, yě kěyǐ línyù. Lǐ Jiàn nǐng kāi lóngtóu, shì le shì lěngshuǐ rèshuǐ
可以 盆浴，也可以 淋浴。李 健 拧 开[5]龙 头，试了试 冷 水 热水，

shuō: "Búcuò!" Zhèshí, Lǎo Wú zǒu guòlai, wèn tāmen mǎnyì bù mǎnyì,
说："不错！"这时，老 吴 走 过 来，问他们 满意 不 满意，

yìjiā rén liánshēng shuō "hǎo". Dīng Shūqín shuō: "Fángzi jiù zhèyàng dìng le
一家人 连声 说 "好"。丁 淑琴 说："房 子 就 这样 定了

ba. Xiàyuè zhōngxún wǒmen jiù bānlai."
吧。下月 中 旬 我们 就 搬来。"

🎧 **生词 New words**

领	lǐng	〔动〕	to lead
夫妇	fūfù	〔名〕	husband and wife, couple
新村	Xīn Cūn		New Village
新居	xīn jū		new flat
屋	wū	〔名〕	house, room
客厅	kètīng	〔名〕	drawing room
卧室	wòshì	〔名〕	bedroom

西边儿	xībiānr	〔名〕	(on) the western side, (on) the west (of)
书房	shūfáng	〔名〕	a study
平方（米）	píngfāng(mǐ)	〔名〕	square(metre)
阳光	yángguāng	〔名〕	sunshine
充足	chōngzú	〔形〕	full of, ample
阳台	yángtái	〔名〕	balcony
大声	dàshēng	〔副〕	loudly
环境	huánjìng	〔名〕	environment, surroundings
安静	ānjìng	〔形〕	quiet
空气	kōngqì	〔名〕	air
草坪	cǎopíng	〔名〕	lawn
打拳	dǎ quán		to do *taijiquan*, a kind of traditional Chinese shadow boxing
散步	sàn bù		to take a walk
交通	jiāotōng	〔名〕	transport services
方便	fāngbiàn	〔形〕	easily available, convenient
一…就…	yī...jiù...		as soon as
点头	diǎn tóu		nod
穿（过）	chuān(guò)	〔动〕	walk through
餐厅	cāntīng	〔名〕	dining room
厨房	chúfáng	〔名〕	kitchen
盥洗室	guànxǐshì	〔名〕	toilet
里间	lǐjiān	〔名〕	inner part
外间	wàijiān	〔名〕	outer part
厕所	cèsuǒ	〔名〕	water closet
浴室	yùshì	〔名〕	bathroom
盆浴	pényù	〔名〕	bath
淋浴	línyù	〔名〕	shower
拧	nǐng	〔动〕	to turn (on)
龙头	lóngtóu	〔名〕	water tap
水	shuǐ	〔名〕	water
连声	liánshēng	〔副〕	to speak in unison

注 释 Study points :

1. 李文汉走<u>进</u>书房<u>去</u>。

   Such verbal phrases as "进来", "进去", "出来", "出去", "上来", "上去", "下来", "下去", "回来", "回去", "过来", "过去", "起来" are tagged to other verbs to indicate the direction of an action. "×来" is an indication of the movement towards the speaker, while "×去" points to the movement away from the speaker. Some common patterns are as follows:

   a) subject + verb + ×来(去)

1) 丁淑琴	走	进来了。
2) 汽车	开	出去了。

   b) subject + verb + 进 + object + 来(去)

3) 他们	走	进	客厅	去。
4) 老吴	买	回	飞机票	来了。

   When an object is something movable in conjunction with an action, the following pattern may likewise be used:

   c) subject + verb + 进来(去) + object

5) 老吴	买	回来	飞机票了。
6) 他	拿	过去了	一本画报。

   In pattern c) a numeral-measure word is often found before the object as an attributive modifier, and the action is usually considered as completed. A more idiomatic usage for this type of sentence is the 把 structure, e.g.

   7) 老吴把飞机票买回来了。

   8) 他把那本画报拿过去了。

15

2. 这儿交通<u>多</u>方便！

"多", an adverb, meaning "so", is placed before an adjective for intensification, often having a hyperbolic quality and a strong emotional colour, and mostly found in exclamatory sentences as in:

今天天气多好啊！

3. 丁淑琴走<u>过来</u>，走<u>过去</u>，看了又看。

"过来" or "过去" which is positioned after a verb, suggests the movement of a person or a thing from one place to another, for example:

汽车开过来了。

"×过来，×过去" indicates a repeated action.

4. (盥洗室) <u>在厨房后边儿</u>。

There are three ways of expressing location:

1) 中间是客厅。
2) 南边有一间卧室。
3) 盥洗室在厨房的后边儿。

Verbs like "是", "有", and "在" can all be employed to show a location, but with a differentiation in meaning: "是" is used to show what a place is; "有" what is in a place; and "在" where a thing is.

5. 李健<u>拧开</u>龙头。

Besides being a common verb, "开" may also be used after other verbs to show the "opening" of a thing effected by an action.

词语例解
Study of words and expressions:

1. 开〔动〕

The verb has many meanings, some of the more common ones are given below:

open

(1) 一般商店早上八点开门。

drive

(2) 老陈开车开得很好。

16

turn on

(3) 你把收音机开开，大家想听新闻广播。

attend, have

(4) 下午我要开会，不去看电影了。

2. 满意〔动〕

to be satisfied with

(1) 你满意他刚才说的那些话吗？

〔形〕

satisfied

(2) 他汉语说得很流利，老师很满意。

with satisfaction

(3) 听完他的话，陈先生满意地笑了笑。

3. 跟〔动〕

to follow

(1) 老吴在前面走，李文汉和丁淑琴在后面跟着。

〔介〕

with, to

(2) 她跟陈小姐一起去看电影了。

(3) 我们应该跟老师说说我们的意见。

(4) 这件事儿跟他没关系，不要告诉他了。

(5) 他的汽车跟你的汽车一样。

〔连〕

and

(6) 威尔逊先生跟我都是英国人。

4. 一…就…

This structure shows the occurrence of one action or thing immediately after another.

(1) 你一说我就想起来了，那是十年以前的事儿了。

(2) 客厅太小，她一看就不满意。

5. 穿〔动〕

to wear

(1) 今天外边儿很冷，你穿上大衣吧。

to go or walk, through, across

(2) 往前走，穿过一个小公园，就到那个电影院了。

练 习 **Exercises :**

---

1. Read aloud:

阳光充足	交通方便	大声说话	连声说"好"
厨房不小	穿过大街	环境很好	环境真美
安静的环境	草坪小了点儿	一家人都满意	这新居多好啊

2. Fill in the blanks with the phrases given below:

> 回来（回…来）、回去（回…去）、出来（出…来）、
> 进去（进…去）、下来（下…来）、上去（上…去）、
> 过来（过…来）、过去（过…去）、起来（起…来）

1) 他从行李架上拿 ＿＿＿＿＿ 一个箱子，从箱子里拿 ＿＿＿＿＿ 一件毛衣，又把箱子放 ＿＿＿＿＿ 了。

2) 老张昨天从王府井买 ＿＿＿＿＿ 一个录音机。

3) 他从口袋儿里拿 ＿＿＿＿＿ 一个小本子 ＿＿＿＿＿，记下我的电话号码。

4) 刚才，我看见小李走 ＿＿＿＿＿ 盥洗室 ＿＿＿＿＿ 了。

5) 今天回家我没坐车，我是走 ＿＿＿＿＿ 的。

6) 服务员从桌子上拿 ＿＿＿＿＿ 一支钢笔 ＿＿＿＿＿，问他："先生，这是您的吗？"

7) 一辆出租汽车刚从前边儿开 ＿＿＿＿＿。

8) 我们正谈着话，小王从后边儿跑_____，说："电影已经开始了，快进去吧！"我们就走_____电影院_____了。

9) 在饭店门口儿，我看见老朋友从里边儿走_____了，就立刻走_____跟他谈话。

10) 我们走_____机场休息室_____休息，服务员走_____，问我们喝不喝咖啡。

3. Tell where the speaker is according to the sentences given below:

1) 一辆小汽车开进历史研究所去了。

2) 请大家进屋里去吧。

3) 请等一下儿，我现在就跑上楼去拿照相机，一会儿就下来。

4) 小王从楼下拿上来两瓶啤酒。

5) 我正在看书，妹妹跑进书房来说："哥哥，有你的电话。"

6) 旅客们，不要把行李放在门口儿，请拿进休息室去吧。

4. Rewrite the following sentences with "跟":

1) 我是东北人，小李也是东北人。

2) 我从小陈那儿借了一本杂志。

3) 小莉去游泳了，她的同学也去游泳了。

4) 我们两个人的意见差不多。

5) 他说汉语很流利，说英语也很流利。

6) 无论主人上哪儿去，那条小狗总在他身后。

7) 昨天下雨，今天又下雨，所以这两天我哪儿也没去。

8) 老师常对我们说，语音很重要，语调也很重要。

5. Make sentences, with the expressions given below:

1) 穿过这间屋子

2) 穿毛衣

3) 一高兴就…

4) 一听到这个好消息就…

5) 一下车就…

6) 搬过来，搬过去

6. Make comparisons between the following persons or things after model:

Model:

> 书房大，卧室小（一点儿）
>
> 书房比卧室大一点儿。卧室比书房小一点儿。

1) 厨房小，盥洗室大（两平方米）

2) 东楼的阳台大，西楼的阳台小（一点儿）

3) 汽车站近，电车站远（十五米）

4) 弟弟高，哥哥矮（三公分）

5) 这件衣服新，那件衣服旧（一点儿）

6) 我的围巾长，她的围巾短（一些）

7) 今天，北京的气温是28℃，上海的气温是30℃（高、低）

8) 这块手表六十四元，那块手表八十三元（贵、便宜）

7. Answer the following questions according to the text:

1) 李文汉的新居在什么地方？

2) 他的新居有几间屋子？

3) 他新居的环境怎么样？

4) 丁淑琴对什么最感兴趣？

5) 老李他们决定什么时候搬家？

8. Please describe your house.

9. Translate the following sentences into Chinese (using "开"):

1) The kitchen window was widely open.

2) The driver has been driving for more than four hours.

3) He opened the door to the bedroom, turned on the light, and sat in a chair for a short rest.

4) When will you have the meeting this afternoon?

5) Is this the key unlocking this suitcase?

2. 1) 下来，出来，上去   5) 回来   8) 过来，进…去
     2) 回来   6) 起…来   9) 出来，过去
     3) 出…来   7) 过去   10) 进…去，过来
     4) 进…去

3. 1) 在历史研究所外边儿   3) 在楼下   5) 在书房里
     2) 在屋外   4) 在楼上   6) 在休息室外边儿

4. 1) 我跟小李都是东北人。
     2) 我跟小陈借了一本杂志。
     3) 小莉跟她同学一起去游泳了。
     4) 我的意见跟他的差不多。
     5) 他说汉语跟说英语一样流利。
     6) 无论主人上哪儿去，那条小狗总跟在他身后。
     7) 昨天跟今天都下雨了，所以这两天我哪儿也没去。
     8) 老师常对我们说，语音跟语调都很重要。

9. 1) 厨房的窗户开得很大。
     2) 这司机已开了四个多小时车了。
     3) 他开了卧室的门，把灯打开，坐在椅子上休息一会儿。
     4) 你们下午几点开会？
     5) 这把钥匙是开这个箱子的吗？

布置新居
Fixing Up the New Flat

Lǐ jiā bān jìn le xīn jū,　Lǐ Jiàn hé Lǐ Yīng zhèng zài bùzhì shūfáng. Lǐ Jiàn
李家 搬 进 了 新居，李 健 和 李 英　正　在 布置 书房。李 健

zǒu dào shūguì pángbiānr shuō: "Zhè jǐ ge shūguì dōu kào běi qiáng fàng,
走 到 书柜 旁 边儿 说：“ 这 几 个 书柜 都 靠 北 墙 放，

zěnmeyàng?" Lǐ Yīng shuō: "Hǎo. Xiězìtái kào nánbiānr zhège chuānghu,
怎么 样？” 李 英 说：“好。 写字台 靠 南 边儿 这个 窗 户，

nàbiānr fàng shāfā.　Lái, bāng wǒ bǎ dà shāfā nuó guòqu."
那边儿 放 沙发。来，帮 我 把 大沙发 挪 过去[1]。”

22

Jiājù bǎi hǎo le, Lǐ Yīng zuò zài shāfāshang, ná le yì bǎ shànzi shān le
家具摆 好 了，李 英 坐 在 沙发上，拿了一把 扇子 扇 了

qǐlai, shuō: "Zhèyàng bǎi, kànshàngqu duō shūfu!" Lǐ Jiàn wèn: "Nǐ shuō
起来[2]，说："这样 摆，看 上 去多 舒服！"李 健 问："你 说，

diànshàn fàng zài nǎr hǎo? Lǐ Yīng shuō: "Guò yíhuìr zài shuō. Nǐ xiān bǎ
电扇 放 在 哪儿好[3]？"李 英 说："过 一会儿[4] 再 说。你 先 把

chātóu chāshang, dǎ kāi diànshàn chuīchui, tiān tài rè le!"
插头 插 上，打 开 电扇 吹 吹，天 太 热了！"

Lǐ Jiàn kāi le diànshàn, yòu dǎ kāi lùyīnjī, tīng qǐ yīnyuè lái. Yíhuìr, Lǐ Yīng
李健开了电 扇，又[5]打 开 录音机，听 起 音乐 来。一会儿，李 英

shuō: "Gàn huór ba! Xiān bǎ zhè liǎng fú huàr guà qǐlai. Zhè kě shì bàba zuì
说："干 活儿吧！先 把 这 两 幅 画儿挂 起来。这 可是爸爸最

xīn'ài de dōngxi." Lǐ Jiàn shuō: "Guà zài dōng qiángshang ba, bù hǎo zài ná
心爱 的 东西。"李 健 说："挂 在 东 墙 上 吧，不 好 再拿

xiàlai." Shuō wán, jiù zhàn dào yǐzishang, bǎ huàr guàshang, kàn le kàn,
下来[6]。"说 完，就 站 到椅子上，把 画儿挂 上，看 了看，

shuō: "Tǐng hǎo, jiù zhèyàng le."
说："挺[7] 好，就 这 样 了。"

Zhèshí, Dīng Shūqín cóng wòshì zǒujìn shūfáng lái, wèn: "Lǐ Yīng, chuáng
这时，丁 淑琴 从 卧室 走进 书 房 来，问："李 英， 床

shang de dōngxi ne?"
上 的 东西呢？"

"Bèizi, zhěntou zài bìchúli, chuángdān, tǎnzi zài dà xiāngzili."
"被子、枕 头 在 壁橱里，床 单、毯子在 大 箱 子里。"

"Xiāngzi de yàoshi ne?"
"箱 子 的 钥匙 呢？"

"Nín bú shì shōu qǐlai le ma?"
"您不 是 收 起来了 吗？"

"Ò, qiáo wǒ zhè jìxing!"
"哦，瞧 我 这 记性[9]！"

23

"Mā, nín kàn jiājù zhèyàng bǎi xíng ma?" Lǐ Jiàn wèn.
"妈，您看家具这样摆行吗？"李健问。

"Xíng! Zhèyàng bǎi, kàn qǐlai wūzi kuānchang duō le. Zěnme chuāngliánr
"行！这样摆，看起来屋子宽敞多了。怎么窗帘儿

méi guàshang?"
没挂上？"

"Nín bié zháo jí a, yí jiànjian lái ma!" Lǐ Yīng shuō.
"您别着急啊，一件件[10]来嘛！"李英说。

Dīng Shūqín zǒu dào ménkǒur, yòu huí guò tóu lái shuō: "Duì le, yíhuìr
丁淑琴走到门口儿，又回过头来[11]说："对了，一会儿

bǎ táidēng, diànshìjī, diànbīngxiāng de diànyuán jiǎnchá yíxiàr."
把台灯、电视机、电冰箱的电源检查一下儿。"

"Nín búyòng cāo xīn le, zhè dōu shì wǒ de shìr." Lǐ Jiàn shuō.
"您不用操心了，这都是我的事儿。"李健说。

Tūrán, kètīngli diànhuà líng xiǎng le qǐlai. Dīng Shūqín chūqu jiē diànhuà,
突然，客厅里电话铃响了起来。丁淑琴出去接电话，

huílai shuō: "Nǐ bàba lái diànhuà, shuō Lìli yǐjīng lái le. Zhè háizi, dòngshēn
回来说："你爸爸来电话，说莉莉已经来了。这孩子，动身

qián zěnme bù lái ge diànbào?"
前怎么不来个电报？"

"Nà wǒmen míngtiān qù kànkan tā ba." Lǐ Yīng shuō.
"那我们明天去看看她吧。"李英说。

"Búyòng le, nǐ bàba shuō hòutiān xīngqītiān tā lái."
"不用了，你爸爸说后天星期天她来。"

24

布置	bùzhì	〔动〕	to fix up, to arrange
书柜	shūguì	〔名〕	bookcase
旁边儿	pángbiānr	〔名〕	(by) the side (of)
靠	kào	〔动〕	to stand or lean against
墙	qiáng	〔名〕	wall
写字台	xiězìtái	〔名〕	writing table, desk
窗户	chuānghu	〔名〕	window
挪	nuó	〔动〕	to move
家具	jiājù	〔名〕	furniture
摆	bǎi	〔动〕	to put, to place
扇子	shànzi	〔名〕	fan
扇	shān	〔动〕	to fan
电扇	diànshàn	〔名〕	electric fan
插头	chātóu	〔名〕	plug
插	chā	〔动〕	to plug in
…机	…jī	〔名〕	…machine
活儿	huór	〔名〕	work
幅	fú	〔量〕	a measure word, indicating a work of painting, etc.
画儿	huàr	〔名〕	picture, painting
挂	guà	〔动〕	to hang, to put up
心爱	xīn'ài	〔形、动〕	treasured (procession); to treasure
挺	tǐng	〔副〕	very
被子	bèizi	〔名〕	quilt
枕头	zhěntou	〔名〕	pillow
壁橱	bìchú	〔名〕	a built-in wardrobe
床单	chuángdān	〔名〕	bed sheet
毯子	tǎnzi	〔名〕	blanket
钥匙	yàoshi	〔名〕	key
瞧	qiáo	〔动〕	to look
记性	jìxing	〔名〕	memory

宽敞	kuānchang	〔形〕	spacious
窗帘	chuānglián	〔名〕	window curtain
着急	zháo jí		worried
门口儿	ménkǒur	〔名〕	doorway
电冰箱	diànbīngxiāng	〔名〕	refrigerator
电源	diànyuán	〔名〕	mains
检查	jiǎnchá	〔动〕	to check
台灯	táidēng	〔名〕	desk lamp
操心	cāo xīn		to worry about
突然	tūrán	〔副〕	suddenly
铃	líng	〔名〕	bell
响	xiǎng	〔动〕	to ring

注 释 Study points :

1. 来，帮我把大沙发挪过去。

The thirteen verbal phrases like "上来", "下去" (See study point 1 of Lesson 2), which indicate the direction of a movement, often serve as "other" elements after verbs in a "把" structure. The pattern is formed thus,

subject + 把 + **object** + **verb** + **verbal phrase**　(indicating the direction of an action)

1) 你　把　窗帘　挂　上去。

2) 他　把　东西　买　回来了。

2. 李英坐在沙发上，拿了一把扇子扇了起来。

"起来" (起…来) is used after verbs to indicate:

an upward movement

1) 请大家都站起来。

2) 我把钢笔捡起来了。

26

the start and continuation of an action or a state

3) 他拿了一把扇子扇了起来。

4) 李健打开收音机，听起音乐来。

5) 客厅里的电话响了起来。

6) 天气慢慢冷起来了。

the completion of an action or realization of a purpose

7) 对了，我想起来了，领带放在箱子里了。

the change from an overt to a covert state

8) 钥匙你不是收起来了吗？

or it may be used as a parenthesis [either medial as in (9), or initial as in (10)] to show a supposition or to focus on a certain aspect.

9) 这样摆，看起来屋子宽敞多了。

10) 看起来，他今天不会来了。

3. 电扇放在哪儿好？

"好" is a question marker, appearing at the end of a sentence to solicit the opinion as to which alternative is better, e.g.

我们哪天去长城好？

4. 过一会儿再说。

Here "过一会儿" means "等一会儿", i.e. wait a moment.

5. 李健开了电扇，又打开录音机。

Here "又" shows the occurrence of two consecutive actions.

6. 不好再拿下来。

This is a contracted form of a longer sentence "如果画儿挂在东墙上不好，我们再把它拿下来。"

7. 挺好，就这样了。

"挺", an adverb, meaning "很", often appears in colloquial speech. The adjective or verb which is modified by "挺" frequently takes on a "的" tag, such as "挺大的", "挺高兴的", "挺喜欢的" etc.

27

8. 床上的东西<u>呢</u>？

In a given context, "呢" is placed after a nominal element to ask "在哪儿？", or to ask "怎么样？" The former case is found in "床上的东西呢？", meaning "床上的东西放在哪儿了？", the latter in "这件毛衣太大,那件毛衣呢?", meaning "那件毛衣怎么样?"

9. <u>瞧我这记性</u>。

This sentence means "你看,我的记性多么不好！"

10. <u>一件件</u>来嘛！

"一" plus a measure word may be reduplicated; the reduplicated form serves as an adverbial, meaning one by one, e.g. "一个 (一) 个", "一张 (一) 张", "一本 (一) 本" etc.

11. 丁淑琴走到门口儿，又回<u>过头来</u>说。

"过来", when used after a verb, may indicate that a person or a thing changes his or its course with the change of direction of his or its action.

词语例解
Study of words and expressions:

1. 接〔动〕

   to plug in

   (1) 他把电视机的电源接好了。

   to answer

   (2) 电话铃响了，你去接一下电话。

   to receive or to have got

   (3) 昨天我接到我弟弟一封信。

   to meet, to welcome

   (4) 陈先生不在家，他到火车站接他朋友去了。

2. 干〔动〕

   to do, to work

   (1) 下午他们去参观，你们干什么？

(2) 大家休息一会儿，别干了。

(3) 老王现在干什么工作你知道吗？

3. 多〔动〕

to add

(1) 今年我们学校多了一百个学生。

〔形〕

many, more

(2) 他的中文书很多，英文书不太多。

(3) 你身体不好，要多休息。

(4) 东西这样摆，屋子宽敞多了。

〔副〕

As an adverb, "多" can be used in a question to ask a number or a quantity, or used in an exclamatory sentence for intensification.

(5) 您今年多大年纪？

(6) 这儿的交通多方便啊！

〔数〕

When "多" is tagged to a numeral-measure word, it indicates an approximate number, meaning "about... or so", or "... odd".

(7) 这个城市现在有五百多个工厂。

(8) 他们已经走了一个多小时了。

4. 怎么〔代〕

To enquire about condition or manner, meaning "what's the matter?" or "by what means?".

(1) 他怎么了？是不是病了？

(2) 你们是怎么来的？

To enquire about reason, meaning "why".

(3) 你怎么不把窗帘挂起来？

At initial position of a sentence, it expresses a surprise, meaning "Why!".

(4) 怎么！你不认识这个地方了？

29

A general reference to nature, condition or manner, meaning "no matter how..." in a negative sentence or "to do as one is asked".

(5) 怎么跟他说，他也不同意。

(6) 老师怎么问，你就怎么回答。

5. 突然 〔形〕

sudden

(1) 事情的变化很突然，很多人都不知道。

(2) 他病得太突然了，昨天还好好的。

　　　〔副〕

suddenly

(3) 不知道为什么，收音机突然不响了。

(4) 我们正在上课，突然有人来找他。

练习 Exercises :

1. **Read aloud:**

挺好	挺舒服	挺干净	挺宽敞
挺着急	布置房间	布置工作	好好布置布置
今天他不舒服	这个沙发很舒服	看起来挺舒服	书房很宽敞
他心爱的东西	他记性可不太好	是件操心事	替…操心

2. **Fill in the blanks with verbal phrases which denote the direction of an action:**

1) 他看见门后边儿有衣帽钩，就把大衣挂 _____ 。

2) 刚才他去邮局把包裹领 _____ 了。

3) 小赵从我这儿拿了很多画报 _____ 。

4) 电扇在楼上，哥哥刚拿 _____ 的。

5) 电冰箱放在这儿不合适，一会儿搬 _____ 厨房 _____ 吧。

6) 他从沙发上站了_____。

7) 听到这个消息，他们都高兴得跳了_____。

8) 陈先生把护照从口袋儿里拿_____，给那个人看了看。

9) 每个星期六的下午，父亲或者母亲都把孩子从托儿所接_____。

10) 她找到那本小说以后，一回到宿舍就看_____了。

11) 老李一家已经住进了新居，他们是大前天搬_____的。

12) 你说的这件事，我怎么想不_____了呢？

13) 这音乐听_____像是日本的。

14) 一架飞机向我们飞_____。

15) 雨下了一天了，看_____明天要停了。

3. Practice the "多"：

a) Answer the following questions with "多"

1) 他比小张高吗？

2) 他跑得比小李快吗？

3) 这个房间比旁边那个大一点儿吧？

4) 老张骑车比小李慢吗？

5) 那件衣服跟这件长短一样吗？

b) Rewrite the following sentences using "多"

Model:
> 这里很安静。
> ── 这里多安静啊！

1) 这个城市的风景很美。

2) 他们的房间很大。

3) 小王车开得真快。

4) 他们汉字写得很好。

5) 他站得很高。

31

4. Complete the following sentences with the words given in parentheses:

1) 白天我没有时间看书，只好 _____。（靠）

2) 咱们坐哪里好呢？_____，怎么样？（靠）

3) 那电话是找你的，_____。（接）

4) 他妈妈今天从上海来，_____。（接）

5) _____，电报上说他哥哥病重。（接）

6) 这件事我一点儿也没想到，_____。（突然）

7) 那辆车是向前开的，_____。（突然）

8) 我们搬桌子，_____？（干）

9) 这种工作我们 _____。（干）

5. Make sentences with the phrases given below:

Model:

> 一本本拿
> → 你别着急啊，一本本拿嘛！

一杯杯喝　　　　一件件放　　　　一辆辆开

一瓶瓶摆　　　　一条条试　　　　一把把搬

6. Tell the class how you are going to arrange things in your rooms, using the words given below:

放　挪　接　书柜　沙发　椅子　壁橱　写字台

摆　挂　床　电扇　画儿　台灯　电冰箱　电视机

7. Translate the following sentences into Chinese:

1) Spring has come. It is getting warmer day by day.

2) He opened all the windows one by one.

3) He sorted out the newspapers of the last month one by one.

4) We two wiped all the tables clean one by one.

5) Around ten o'clock in the evening, the guests left one after another.

6) Don't hurry when writing Chinese characters; write them neatly stroke by stroke.

2.
1) 上去	5) 进…去	9) 回去	13) 起来
2) 回来	6) 起来	10) 起来	14) 过来
3) 回去	7) 起来	11) 进去	15) 起来
4) 上去	8) 出来	12) 起来	

7.
1) 春天到了，天气一天天暖和起来了。
2) 他把窗户一个一个都打开了。
3) 他把上个月的报纸一张一张都整理好了。
4) 我们两个人把桌子一张张都擦干净了。
5) 晚上十点左右，客人们一个一个都走了。
6) 写汉字不能着急，一定要一笔一笔地写整齐。

入学
Entering School

4

Lìli   jìn le Zhōngyī Dàxué.
莉莉 进 了　中 医 大 学。

Zhètiān shàngwǔ, tā yào qù bàn rù xué shǒuxù. Gāng yào zǒu, sùshè
这 天　上 午，她 要 去 办 入 学 手续。刚　要　走，宿舍

wàibiānr yǒu rén qiāo mén.　Tā kāi mén yí kàn, yí ge gēn tā niánlíng chà bu duō
外 边 儿 有 人 敲　门ⅲ。她 开 门 一 看，一 个 跟 她 年 龄 差 不 多

de gūniang, dàizhe liǎng jiàn xíngli zhàn zài ménkǒur. Kàn dào Lìli,   gūniang
的 姑 娘，带 着 两　件　行 李 站　在　门 口 儿。看　到 莉莉，姑 娘

shuō: "Wǒ jiào......"
说：“我 叫……”

34

"Nǐ jiào Zhào Yùyīng, wǒ de tóngwū, duì ba?"　Lìli gāoxìng de shuō.
"你叫 赵 玉英，我的 同屋，对吧？" 莉莉 高兴 地 说。

"Yí,　nǐ zěnme zhīdao?"
"咦，你 怎么 知道？"

Lìli shuō, yīnwei liúxuéshēng bàngōngshì de lǎoshī gàosuguo tā,　suǒyǐ
莉莉 说，因为 留学 生 办公室 的 老师 告诉过 她，所以[2]

yí kàn dào lái de rén dàizhe xíngli, jiù zhīdao shì Zhào Yùyīng le.
一 看 到 来 的 人 带着 行李，就 知道 是 赵 玉英 了。

"Wǒ zhēn gāoxìng, yí rù xué, jiù rènshi le ge Zhōngguó péngyou, lái, wǒ
"我 真 高兴，一 入 学，就 认识 了 个 中国 朋友，来，我

bāng nǐ ná xíngli!"
帮 你 拿 行李！"

"Wǒ zìjǐ lái ba." Zhào Yùyīng shuōzhe, bǎ liǎng jiàn xíngli tí le qǐlai.
"我 自己 来[3] 吧。" 赵 玉英 说着，把 两 件 行李 提了 起来。

Lìli qiǎngguò yí jiàn, bāng tā fàng dào chuángbiān.
莉莉 抢过 一 件，帮 她 放 到 床 边。

"Nǐ gāngcái yào chūqu?" Zhào Yùyīng wèn.
"你 刚 才 要 出去？" 赵 玉英 问。

"Wǒ yào qù bàn rù xué shǒuxù. Nǐ yàoshi wǎn lái yíhuìr, wǒ jiù zǒu le. Nǐ
"我 要 去 办 入 学 手续。你 要是 晚 来 一会儿，我 就 走 了。你

bànguo le ma?"
办过 了 吗？"

"Qián jǐ tiān jiù bàn le, búguò wǒ jīntiān cái bān dào xuéxiào lái zhù. Zǒu,
"前 几 天 就 办 了，不过 我 今天 才 搬 到 学 校 来 住。走，

wǒ gēn nǐ qù bàn."
我 跟 你 去 办。"

"Nǐ shōushi dōngxi ba, wǒ zìjǐ qù."
"你 收拾 东西 吧，我 自己 去。"

"Zánmen bú shì péngyou ma, zěnme kèqi qǐlai le?"
"咱们 不 是 朋 友 吗，怎么 客气 起来 了？"

"Hǎo ba, jiù máfan nǐ le." Lìli xiǎng, Zhào Yùyīng zhēn shì ge rèqíng de
"好 吧，就[4] 麻烦 你 了。"莉莉 想， 赵 玉英 真 是 个 热情 的

gūniang.
姑娘。

Zhào Yùyīng dàizhe Lìli lái dào bàngōnglóu de bàodàochù. Lìli bǎ lùqǔ
赵 玉英 带着 莉莉 来 到 办 公 楼 的 报 到 处。莉莉 把 录取

tōngzhīshū, hùzhào, tǐgé jiǎnchábiǎo, zhàopiàn jiāo gěi gōngzuò rényuán.
通 知 书、护 照、体 格 检 查 表、照 片 交 给[5] 工 作 人 员。

Gōngzuò rényuán shuō: "Hùzhào nǐ xiān názhe, xiàwǔ gōng'ānjú lái bàn jūliúzhèng,
工 作 人 员 说："护 照 你 先 拿 着，下午 公 安 局 来 办 居留 证，

nǐ zài dàilai." Ránhòu tā dì gěi Lìli yì zhāng rù xué dēngjìbiǎo, biǎoshang yǒu
你 再 带来。"然 后 他 递给 莉莉 一 张 入 学 登记表，表 上 有

xìngmíng, xìngbié, niánlíng, guójí, chūshēng nián yuè, zōngjiào xìnyǎng, xuélì hé
姓 名、性 别、年 龄、国籍、出 生 年 月、宗 教 信 仰、学 历 和

jiātíng chéngyuán děng xiàng. Tā bǎ biǎo tián hǎo, gōngzuò rényuán gěi tā fā le
家 庭 成 员 等 项。她 把 表 填 好，工 作 人 员 给 她 发了

xuéshēngzhèng hé xiàohuī, gàosu tā: "Xiànzài kěyǐ jiāo fèi qù le. Ò, shí diǎn bàn
学 生 证 和 校 徽，告诉 她："现 在 可 以 交 费[6]去了。哦，十 点 半

yǒu rén gěi nǐmen jièshào xuéxiào de guīzhāng zhìdù, bié wàng le."
有 人 给 你们 介绍 学 校 的 规 章 制度，别 忘 了。"

"Zài nǎr?"
"在 哪儿？"

"Jiàoshìlóu, rènshi ma?"
"教室楼，认识 吗？"

Zhào Yùyīng shuō: "Wǒ rènshi."
赵 玉英 说："我 认识。"

36

Jiāo wán fèi, Zhào Yùyīng yòu gēn Lìli dào túshūguǎn qù lǐng jièshūzhèng,
交　完　费，赵　玉　英　又　跟莉莉到图书馆去领借书证，

shùnbiàn zài túshūguǎn de jièshūchù, yuèlǎnshì zhuàn le zhuàn. Zhè shí yǐjīng shí
顺　便　在图书馆的借书处、阅览室　转了转。这时已经十

diǎn yí kè le, tāmen jiù yìqǐ dào jiàoshìlóu qù le.
点　一刻了，她们就一起到　教室楼去了。

生词 New words

入学	rù xué		to be admitted to a school
宿舍	sùshè	〔名〕	dormitory
敲	qiāo	〔动〕	to knock
姑娘	gūniang	〔名〕	girl
同屋	tóngwū	〔名〕	room-mate
所以	suǒyǐ	〔连〕	therefore, so
办公	bàngōng	〔动〕	to handle official business, work
提	tí	〔动〕	to take up, to lift up
抢	qiǎng	〔动〕	to snatch up
报到	bàodào	〔动〕	to register
…处	…chù	〔名〕	office (of registration)
体格	tǐgé	〔名〕	physique
公安局	gōng'ānjú	〔名〕	the Public Security Bureau
居留	jūliú	〔动〕	to reside
…证	…zhèng	〔名〕	…permit, card
然后	ránhòu	〔副〕	then
递	dì	〔动〕	to pass, to hand
登记	dēngjì	〔动〕	to register
性别	xìngbié	〔名〕	sex
国籍	guójí	〔名〕	nationality
出生	chūshēng	〔动〕	to be born

宗教	zōngjiào	〔名〕	religion
信仰	xìnyǎng	〔动、名〕	to believe in; belief
学历	xuélì	〔名〕	academic record
成员	chéngyuán	〔名〕	member
等	děng	〔代〕	another, etc.
项	xiàng	〔名〕	item
发	fā	〔动〕	to issue
校徽	xiàohuī	〔名〕	school badge
费	fèi	〔名〕	fee
规章	guīzhāng	〔名〕	rules
制度	zhìdù	〔名〕	regulations
教室	jiàoshì	〔名〕	classroom
图书馆	túshūguǎn	〔名〕	library
领	lǐng	〔动〕	to get, to receive
借	jiè	〔动〕	to borrow, to loan
阅览室	yuèlǎnshì	〔名〕	reading room
转	zhuàn	〔动〕	to visit (a place) briefly

Proper nouns :

赵玉英	Zhào Yùyīng		name of a Chinese girl student, a classmate of Lily

---

注 释 Study points :

1. 外边儿<u>有人敲门</u>。

   In Chinese there is a type of sentence, in which the object to its preceding verb serves at once as the subject of a subject-predicate structure that follows. (See Lesson 25, Book 1.) "有人敲门" belongs to this pattern; only, such a sentence goes without a subject and the first verb is " 有(或 '没有') ", for example:

1) 昨天下午有一个人给你打电话。

2) 没有人找你，你不用去了。

2. 因为留学生办公室的老师告诉过她，所以一看到来的人带着行李，就知道是赵玉英了。

According to their structures, Chinese sentences may be classified into simple sentence and compound sentence. The former contains only one subject-predicate structure and the latter contains two, each making up a clause. The relationships between clauses are sometimes expressed by such relative words as "因为…所以…", "不但…而且…", "如果…就…", "要是…就…", "虽然…但是…", "既然…就…" etc. The usages of relative words are rather flexible, you may use either one of a pair or both or none at all, as shown in the following:

1) 因为他病了，所以他没有来上课。

2) 因为他病了，他没有来上课。

3) 他病了，所以他没有来上课。

4) 他病了，没有来上课。

3. 我自己来吧。

In a given context, the verb "来" may be used in place of a specific action as previously mentioned, for example:

A: 我帮你把桌子挪过去吧。

B: 谢谢你。我自己来吧。

In the above illustrations, "来" substitutes the preceding verb "挪", and in the text, "来" replaces the verb "拿".

4. 好吧，就麻烦你了。

"就" serves to connect the preceding discourse, expressing the speaker's consent.

5. 莉莉把录取通知书、护照、体格检查表、照片交给工作人员。

"给" is a preposition, which is used after a verb to bring in the receiver of a thing.

6. 现在可以交费去了。

"交费" here refers to the various prescribed payments for tuition, lodging, textbooks, etc.

词语例解
Study of words and expressions:

1. 差不多〔形〕

   not much different

   (1) 他们两个人的年龄差不多，都不到二十岁。

   (2) 这本书跟那本书差不多，文字都不太难。

   〔副〕

   almost

   (3) 我在中国生活了差不多二十年了。

   (4) 开车时间差不多要到了，我们上车吧。

2. 真〔形〕

   real, true

   (1) 这个消息是真的吗？

   (2) 这幅清代的画是真的。

   〔副〕

   really, indeed

   (3) 这个电影真不错，你应该去看一看。

   (4) 杰克真是一个好学生。

3. 先…再…

   This structure indicates the sequence of events or actions.

   (1) 你先吃点儿东西，吃完再去办事。

   (2) 我先去买票，一会儿你再来。

4. 等〔动〕

   to wait

   (1) 你等一下，我马上就来。

   to wait until

   (2) 等大家都来了，我会宣布一个好消息。

〔助〕

Used as a particle, it indicates an incompleted list of enumerations.

(3) 来中国以后，我已经去过北京、上海、广州等五个城市了。

an "end" word to bring a series of enumerations to a close.

(4) 我们班有美国、英国、加拿大、法国等四个国家的学生。

5. 领 〔动〕

to lead

(1) 老吴把李文汉、丁淑琴领到客厅。

to obtain, to draw

(2) 学生证、借书证都领了，校徽还没领呢。

练习 Exercises :

1. Read aloud:

借书证	工作证	学生证	居留证
学费	房费	书费	交通费
发校徽	发本子	发书	发吃的

把…借给我　　　　　　　借我一本书

借出去了　　　　　　　　体格检查

入学手续　　　　　　　　新同学入学

把…递给我　　　　　　　把…递过来（去）

家庭成员　　　　　　　　代表团成员

2. Rearrange the words and phrases into meaningful sentences:

1) 回，宿舍，去，教室

2) 填，表，领，学生证　　　　　　（先，再）

3) 说，自己，名字，问，人家，名字

4) 他，妹妹，个子，他，一样，高 ⎫
5) 我，他，吃，得，一样，多 ⎭ （跟，差不多）

6) 你，早，来，一会儿，能，买，到 ⎫
7) 他，多，穿，一件，衣服，不，会，病 ⎭ （要是，就）

3. Rewrite the following sentences using "因为…所以…":

1) 那儿风景很美，气候也不错，每年夏天来旅游的人很多。

2) 这本小说的语言美极了，很多人都想买一本。

3) 我最近很忙，没时间来看你，请你原谅。

4) 我对这儿的情况不熟悉，怎么能不请他介绍呢。

5) 莉莉忘了她的地址，一直没给她写信。

4. Make sentences with the words and expressions given below:

一…就…　　递　真　一看　交

5. Complete the following sentences with the words given in parentheses:

1) 你要去外国留学，_____。（先）

2) 天气预报说明天有雨，_____。（所以）

3) 你现在去找他，他不会在，_____。（不过）

4) 他们住的地方离剧场很远，_____。（但是）

5) _____，一下车，就看见了你们。（真）

6) 今天是星期日，我们到商场去，_____。（真）

6. Explain the following words or sentences in Chinese:

1) 同屋

2) 交费

3) 莉莉进了中医大学。

4) "我帮你拿行李。""不，我自己来吧。"

7. Answer the following questions:

1) 赵玉英是谁？

2) 赵玉英为什么跟莉莉一起去办入学手续？

3) 赵玉英什么时候办的入学手续？

4) 在填入学登记表以前，莉莉先交了什么？

5) 什么时候可以去交费？

6) 十点一刻，她们俩为什么去教室楼了？

8. Fill in the form in Chinese:

姓名		性别		国籍		出生年月		年龄	
文化程度				宗教信仰		家庭住址			
学历				家庭成员					

Supplementary Words:

小学	primary school	
中学	middle school	
大学专科	college for professional training, a two- or three-year course at the university level	
肄业	to leave school, not completing the required courses or without a diploma due to failure in the majors	
伊斯兰教	Islamism	
佛教	Buddhism	
基督教	Christianity	

答案 Key

2. 1) 先回宿舍再去教室。

2) 先填表再领学生证。

3) 先说自己的名字，再问人家的名字。

4) 他妹妹的个子跟他差不多一样高。

5) 我跟他吃得差不多一样多。

6) 要是你早来一会儿就能买到。

7) 要是他多穿一件衣服就不会病。

拜访
Paying a Visit

5

Lìli   ànzhào Lǐ Wénhàn xìnli shuō de dìzhǐ lái dào Lǐ jiā. Tā qiāo le qiāo
莉莉 按照 李 文 汉 信里说 的 地址 来 到 李家。她 敲了 敲

mén, kāi mén de shì yí ge tàngzhe duǎn fà, chuānzhe liányīqún de nǚ qīngnián.
门，开 门 的 是 一个 烫 着 短 发，穿 着 连衣裙 的 女 青 年。

Lìli   yí kàn, zhè gūniang zhǎngde hěn xiàng Lǐ Wénhàn, jiù wèn: "Nǐ shì Lǐ
莉莉 一 看，这 姑 娘 长 得 很 像 李 文 汉，就 问："你 是 李

Yīng ba?"
英 吧？"

45

"Shì a, shì a! Nǐ jiù shì Lìli, méi cuò ba? Kuài jìnlai. wǒmen zhèng
"是啊，是啊！你就是莉莉，没错吧？快进来，我们正

děngzhe nǐ ne!" Lǐ Yīng rèqíng de shuō.
等着你呢！"李英热情地说。

Liǎng ge gūniang shǒu lāzhe shǒu, jìn le kètīng.
两个姑娘手拉着手，进了客厅。

"Bàba, māma, Lìli lái le!" Lǐ Yīng dàshēng de hǎnzhe.
"爸爸，妈妈，莉莉来了！"李英大声地喊着。

Lǐ Wénhàn, Dīng Shūqín zǒujìn kètīng. Lìli xiàng tāmen wènhòu: "Bófù,
李文汉、丁淑琴走进客厅，莉莉向他们问候："伯父，

bómǔ, nǐmen hǎo!"
伯母，你们好！"

"Hǎo, hǎo. Háizi, nǐ yě hǎo ba?" Lǐ Wénhàn shuō.
"好，好。孩子，你也好吧？"李文汉说。

"Nǐ bàba, māma hǎo ma?" Dīng Shūqín wèn.
"你爸爸、妈妈好吗？"丁淑琴问。

"Tǐng hǎo de. Bàba māma ràng wǒ dài tāmen xiàng bófù bómǔ wèn hǎo,
"挺好的。爸爸妈妈让我代他们向伯父伯母问好，

zhù nǐmen qiáoqiān zhī xǐ ne!"
祝你们乔迁之喜[1]呢！"

"Xièxie. Tāmen jīnnián hái néng lái ma?" Lǐ Wénhàn wèn.
"谢谢。他们今年还能来吗？"李文汉问。

"Tāmen tài máng le, dàgài lái bù liǎo."
"他们太忙了，大概来不了[2]。"

"Rù xué shǒuxù bàn wán le méiyou?" Lǐ Wénhàn wèn.
"入学手续办完了没有？"李文汉问。

"Bàn wán le, xià zhōu jiù yào shàng kè le." Lìli huídá shuō.
"办完了，下周就要上课了。"莉莉回答说。

"Shēnghuóshang yǒu shénme kùnnan ma?" Dīng Shūqín guānxīn de wèn.
"生活上[3]有什么困难吗？"丁淑琴关心地问。

"Méi shénme kùnnan, yí qiè dōu hěn hǎo."
"没 什 么 困 难，一 切 都 很 好。"

"Hē bēi kāfēi ba." Lǐ Yīng bǎ yì bēi kāfēi dì gěi le Lìli.
"喝杯 咖啡 吧。"李 英 把一杯 咖啡 递给了莉莉。

"Bǐ qùnián lái de shíhòu pàng le yì xiē." Dīng Shūqín bǎ Lìli cóng shàng
"比去 年 来 的时候 胖 了一些。"丁 淑琴把莉莉从 上

dào xià duānxiáng le yíhuìr shuō.
到 下 端 详 了一会儿 说。

"Shì ma? Dàgài shì yīnwei yào dào Zhōngguó lái xuéxí, gāoxìng de, suǒyǐ
"是吗？大概 是 因为 要 到 中 国 来 学习，高兴 的[4]，所以

jiù pàng le." Lìli shuō.
就 胖 了。"莉莉说。

Zhèshí, yí ge gāo gèzi, dàyuē èrshíqī-bā suì de nán qīngnián cóng wàibiānr
这时，一个 高 个子，大约 二十七八 岁 的 男 青 年 从 外边儿

zǒujìn kètīng lái. Tā shuō: "Lìli, nǐ hǎo!"
走进 客厅 来。他 说："莉莉，你 好！"

Lǐ Wénhàn jièshào shuō: "Zhè shì Lǐ Yīng de gēge —— Lǐ Jiàn."
李 文汉 介绍 说："这是 李 英 的哥哥—— 李 健。"

"Lǐ Jiàn gē, nǐ hǎo!" Lìli shuō.
"李 健哥，你 好！"莉莉说。

"Qùnián nǐmen lái de shíhòu ,wǒ hé Lǐ Yīng dōu bú zài. Lǐ Yīng zài wàidì
"去年 你们 来 的时候，我 和李 英 都 不 在。李 英 在 外地

cǎifǎng, wǒ zài Shànghǎi kāi huì, suǒyǐ méi jiànzháo."
采访，我 在 上 海 开会，所以 没 见 着[5]。"

"Jīntiān dōu jiàn le, yǐhòu mànmānr jiù shú le." Dīng Shūqín shuō.
"今天 都 见 了，以后 慢 慢儿 就 熟 了。"丁 淑琴 说。

"Lǐ Yīng jiě, nǐ shì ge jìzhě?" Lìli wèn.
"李英 姐，你 是 个记者？"莉莉问。

"Duì. Lìli, yǐhòu nǐ děi duō bāngbang wǒ de máng, wǒ zhèngzài xué
"对。莉莉，以后 你 得 多 帮帮 我 的 忙，我 正在 学

Yīngyǔ ne!"
英语 呢！"

"Bófù de yīngwén hěn hǎo a, hái yòng de zháo wǒ ma?"
"伯父 的 英文 很 好 啊，还 用 得 着 我 吗[6]？"

"Bàba de yīngwén zài hǎo, yě bǐ bu shàng nǐ zhège Měiguó rén a! Tā néng
"爸爸 的 英文 再 好，也 比 不 上[7] 你 这个 美 国 人 啊！他 能

xiě, néng kàn, dànshì bù cháng shuō. Wǒ zhǔyào shì tígāotígāo kǒuyǔ."
写，能 看，但是 不 常 说。我 主要 是 提高提高 口语。"

"Hǎo a."
"好 啊。"

Jiǔ diǎn bàn, Lǐ Yīng yīnwei yào qù cǎifǎng, suǒyǐ tā gēn Lìli gàocí shuō:
九 点 半，李 英 因为 要 去 采访，所以 她 跟 莉莉 告辞 说：

"Shí diǎn zhōng, Wǒ yǒu cǎifǎng rènwù. Xiàwǔ wǒmen zài hǎohāo liáo ba."
"十 点 钟，我 有 采访 任务。下午 我 们 再 好好 聊 吧。"

🎧 生词 New words

按照	ànzhào	〔介〕	according to
烫	tàng	〔动、形〕	to be permed; permed
发	fà	〔名〕	hair
连衣裙	liányīqún	〔名〕	one-piece dress
拉	lā	〔动〕	to hold (hands)
问候	wènhòu	〔动〕	to greet, to say hello to
乔迁之喜	qiáoqiān zhī xǐ		Best wishes for your new home
今年	jīnnián	〔名〕	this year
大概	dàgài	〔形、副〕	probably
了	liǎo	〔动〕	to finish, a verb indicating possibility

48

困难	kùnnan	〔名、形〕	difficulty; difficult
关心	guānxīn	〔动〕	to show concern for
周	zhōu	〔名〕	week
课	kè	〔名〕	lessons
回答	huídá	〔动〕	to answer
去年	qùnián	〔名〕	last year
胖	pàng	〔形〕	plump, stout
端详	duānxiáng	〔动〕	to look somebody up and down, to size up
个子	gèzi	〔名〕	stature, height
大约	dàyuē	〔副〕	about
外地	wàidì	〔名〕	parts of the country other than where one is
采访	cǎifǎng	〔动〕	to gather news for the press
开	kāi	〔动〕	to hold, to convene
会	huì	〔名〕	meeting
着	zháo	〔动〕	used after a verb to express a purpose that has been realized, or a result
熟	shú	〔形〕	familiar
记者	jìzhě	〔名〕	correspondent, journalist
提高	tígāo	〔动〕	to improve, to raise (the level of)
口语	kǒuyǔ	〔名〕	oral performance
告辞	gàocí	〔动〕	to take leave, to say good-bye
(点)钟	(diǎn) zhōng	〔名〕	o'clock
任务	rènwù	〔名〕	assignment, duty, task

注 释 Study points :

1. 祝你们乔迁之喜呢！

The moving to a better abode is customarily referred to as "乔迁". To congratulate someone on his moving to a new house, people often say "乔迁之喜".

2. 大概来不了。

"Verb (adjective) + 得 + 了" is often used to express the possibility of the realization of an action; the negative form is "verb (adjective) + 不 + 了". For example:

1) 东西不太多，我一个人拿得了。

2) 电影七点半才开始，现在去晚不了。

3. 生活上有什么困难吗？

Here "上" means "方面" (respect), so "生活上" means "生活方面", namely in one's livelihood. Similar phrases are "工作上", "思想上", "教学上", etc.

4. 大概是因为要到中国来学习，高兴的，所以就胖了。

"高兴的" is a complementary explanation of the reason for her becoming "胖" (plump).

5. 李英在外地采访，我在上海开会，所以没见着。

"外地" refers to the parts of the country other than where one is. The verb "着" used after other verbs indicates that the aim of an action has been achieved, or a result materialized. For example:

1) 我买着那本书了。

2) 他已经睡着了，你有事儿跟我说吧。

6. 伯父的英文很好啊，还用得着我吗？

"还用得着我吗？" is a rhetorical question, meaning "用不着我". The pattern of "verb + 得 + 着" expresses the possibility for an action to be carried out, the negative form is "verb + 不 + 着". For example:

1) 谁来的信，你们猜得着吗？

2) 她找不着她的手提包了，你知道放在哪儿吗？

7. 爸爸的英文再好，也比不上你这个美国人啊！

"比 + 得 + 上" means "能够和…相比", that is, the two sides under comparison are more or less on the same plane in so far as their abilities, skills, etc. are concerned. Its negative form is "比 + 不 + 上".

词语例解
Study of words and expressions:

1. 按照 〔介〕
   according to
   (1) 昨天我按照新的地址给李先生打了一封电报。
   (2) 这件事可以按照你的意见去办。

2. 大概 〔形〕
   general
   (1) 一会儿我给你介绍一下这儿的大概情况。

   〔副〕
   probably
   (2) 九点了，今天晚上他大概不会来了。
   (3) 我大概明年五月中旬去中国。
   (4) 买这种大衣大概得一百多块。

3. 从⋯到⋯
   from ... to ...
   (1) 从这儿到邮局大概要走十分钟。
   (2) 从上午八点到现在我一直在家。
   (3) 中国杂技很有意思，从大人到小孩都喜欢看。

4. 再⋯也⋯
   "再" is an adverb of degree. "再 + adjective" is an equivalent to "无论怎样" (no matter how), mostly used in a supposition, expressing concession, with "也" being in collocation in the second half of a sentence.
   (1) 舅舅病了，我们工作再忙也要去看看他。
   (2) 明天天气再冷我们也要去，以后没有时间了。
   (3) 他的中文水平再高也比不上你呀。

5. 主要〔形〕

main

(1) 这篇文章的主要意思是什么？

　　〔副〕

mainly

(2) 我主要想了解一下这个城市三十年来的变化情况。

练 习 Exercises :

1. **Read aloud:**

热情的姑娘　　　　对人热情　　　　困难很大

困难不大　　　　　困难不少　　　　有很多困难

对…很关心　　　　谢谢你对…的关心　问候你们

从左到右　　　　　回答问题　　　　怎么来不了

大概不会错　　　　大约这么多　　　用得着的人

谁也比不上他　　　布置任务　　　　任务不少

2. **Rewrite the following sentences using "…得了" or "…不了" (which expresses possibility or ability):**

1) 这么多行李，他一个人没法拿。

2) 要是买到了飞机票，明天一定能走。

3) 我带的钱不多，不能买太多东西。

4) 不请医生给看看，你的病怎么能好呢？

5) 这点儿汤，我一个人就能把它喝了。

6) 她忙得每天晚上十一、二点才睡觉。

7) 你们都很年轻，我的身体可不能跟你们比！

8) 雨大了，你看他们还会不会来？

3. Make sentences with the expressions given below:

Model:

> 找不着
>
> 下午去找小王，一定找不着他，他下午总是不在。

1) 睡不着   3) 买着   5) 猜不着   7) 见着

2) 没睡着   4) 没买着   6) 猜着   8) 见不着

4. Answer the following questions with the words or constructions given in parentheses:

1) 这件事怎么办好呢？（按照）

2) 汽车什么时候来？（大概）

3) 你们办公的时间是？（从…到…）

4) 你认识他吗？（熟）

5) 这个菜怎么样？（挺）

6) 你今天找他有什么事？（主要）

5. Supposing you are Li Ying (or Li Jian), tell the class about Lily's visit.

6. Translate the following sentences into Chinese:

1) He is very much concerned about my studies.

2) Go through the formalities according to the regulations here.

3) Now will you please make a brief account of this book.

4) I think this person is probably very conversant with medicine.

5) We haven't seen each other since 1964.

6) To go to Shanghai from here, one may either take a train or a plane.

7) However difficult Chinese language may be, I must work hard and master it.

8) However busy she may be after having gone back, she should write me a letter at least!

9) I was just thinking of going to see you when you rang me up.

10) Please note down the main points of his speech.

答案 Key

2. 1) 这么多行李，他一个人拿不了。

2) 要是买到了飞机票，明天一定走得了。

3) 我带的钱不多，买不了太多东西。

4) 不请医生给看看，你的病怎么好得了呢？

5) 这点儿汤，我一个人就喝得了。

6) 她忙得每天晚上十一、二点以前睡不了觉。

7) 你们都很年轻，我的身体可比不了你们。

8) 雨大了，你看他们还来得了来不了？

6. 1) 他很关心我的学习。

2) 按照这里的制度办手续。

3) 现在你把这本书的大概内容介绍一下儿。

4) 我想这个人对医学大概很有研究。

5) 从一九六四年到现在，我们没有见过面。

6) 从这儿到上海，可以坐火车，也可以坐飞机。

7) 汉语再难，我也要努力学好。

8) 她回去以后，再忙也要给我写封信哪！

9) 我正打算去看你，你就打来了电话。

10) 请把他讲的主要内容写下来。

三代人
Three Generations

6

Lǐ Yīng cǎifǎng huílai, gěi Lìli jiǎng le Wáng Cǎiyún yì jiā de shìqing.
李英 采访 回来，给 莉莉 讲 了 王 彩云 一家 的 事情。

Wáng Cǎiyún shì Běijīng yì jiā yīyuàn de hùshi. Yījiǔjiǔlíng nián, tā gēn
王 彩云 是 北京 一家[1] 医院 的 护士。一九九〇 年，她 跟

tāmen yīyuàn de yí ge yīshēng Liú Jiànmín jiéhūn. Dì-èr nián, shēng le yí ge
他们 医院 的 一个 医生 刘 健民 结婚。第二 年， 生 了 一个

nǚ'ér, jiào Xiǎohuá. Liú Jiànmín de fùqin Liú Guóqiáng shì Shànghǎi yí ge
女儿，叫 小华。刘 健民 的 父亲 刘 国 强 是 上海 一个

tuìxiū gōngrén. Yījiǔjiǔ'èr nián, lǎobànr qùshì, tā jiù dào Běijīng, hé érzi zhù
退休 工 人。一九九二 年，老 伴儿 去世， 他 就 到 北京，和[2]儿子住

zài yìqǐ. Yì jiā sān dài rén guòzhe měimǎn xìngfú de shēnghuó.
在一起。一家 三 代 人 过着 美满 幸福 的 生 活。

Tiān yǒu bú cè fēngyún. Shuí yě méi xiǎngdào, yījiǔjiǔsì nián niánchū
天 有 不测 风云。谁[3]也 没 想到，一九九四 年 年初[4]，

Liú Jiànmín dé áizhèng sǐ le. Shīdiào le qīnrén, lǎo shào sān dài hái néng bu
刘 健民 得癌 症 死[5]了。失掉 了 亲人，老 少 三 代 还 能 不

néng zài yìqǐ shēnghuó xiàqu ne?
能 在一起 生 活 下去[6]呢？

Qínláo, shànliáng de Wáng Cǎiyún mòmo de rěnshòuzhe tòngkǔ, dān qǐ
勤劳、善 良 的 王 彩云 默默地 忍 受着 痛苦，担 起

quán jiā de shēnghuó zhòngdàn, zhàogu lǎorén, fǔyǎng nǚ'ér. Liú Guóqiáng
全 家 的 生活 重担， 照 顾 老人，扶养 女儿。刘 国 强

lǎorén jiàn tā hái niánqīng, quàn tā wèi zìjǐ yǐhòu de shēnghuó duō xiǎngxiang,
老人 见 她 还 年轻， 劝 她 为 自己 以后 的 生 活 多 想 想[7]，

dàn Cǎiyún xiǎngde shì : Lǎorén niánjì dà le, shēnbiān yòu méiyǒu qítā qīnrén,
但[8]彩云 想 的 是：老 人 年纪 大了，身 边[9]又 没 有 其他 亲人，

wǒ bú zhàogù shuí zhàogù? Wǒmen shì yì jiā rén, shuí yě bù néng líkāi shuí!
我 不 照 顾 谁 照顾？我 们 是 一 家 人，谁 也 不 能 离开 谁！

Liǎng nián guòqu le, Wáng Cǎiyún yǒu le ge duìxiàng. Tā gàosu lǎorén: " Wǒ
两 年 过去 了，王 彩云 有 了 个 对 象。她 告诉 老人："我

jiéhūn yǐhòu, zánmen háishì shēnghuó zài yìqǐ, zhǐshì duō le yí ge rén."
结婚 以后，咱 们 还是 生 活 在一起，只是 多 了 一个 人。"

Wáng Cǎiyún de duìxiàng xìng Chén, shì Běijīng yí ge zhōngxué de lǎoshī.
王 彩云 的 对象 姓 陈，是 北 京 一个 中 学 的 老师。

Tā yě shì ge xīndì shànliáng de rén. Jiéhūn yǐhòu, Lǎo Chén jiù bān jìn le Wáng
他 也是 个 心地善 良 的 人。结婚 以后，老 陈 就 搬 进了 王

Cǎiyún de jiā, hé lǎorén zhù zài yìqǐ.
彩云 的 家， 和 老人 住 在一起。

Yǒu yí cì, lǎorén bìng le, Wáng Cǎiyún hé Lǎo Chén jiàolai le chūzū qìchē,
有 一次，老人 病 了，王 彩云 和 老 陈 叫来了出租汽车，

sòng tā dào yīyuàn kàn bìng. Lǎorén zài yīyuànli zhù le bàn nián duō, Lǎo Chén
送 他 到 医院 看 病。老人 在 医院里住了半 年 多，老 陈

xiàng érzi yíyàng, liǎng-sān tiān jiù dào yīyuàn qù kànwàng yí cì lǎorén,
像 儿子一样， 两 三 天 就 到 医院 去 看 望 一次老人，

érqiě měi cì dōu yào dài yì xiē lǎorén ài chī de dōngxi qu. Lǎorén gāoxìng de duì rén
而且每次都 要 带 一些 老人 爱吃的 东西去。老人 高 兴 地对人

shuō: "Tā bǎ wǒ dàng fùqin, wǒ yě bǎ tā dàng érzi."
说： "他把我 当 父亲，我也把他 当 儿子。"

Lǎo Chén duì Xiǎohuá jiù xiàng zìjǐ de qīn nǚ'ér yíyàng. Měitiān xià bān
老 陈 对 小 华 就 像 自己的亲女儿一样。每 天 下 班

huílai, zǒng yào bàozhe Xiǎohuá, gěi tā jiǎng gùshi. Qùnián Xiǎohuá shàng
回来，总 要 抱着 小 华，给她 讲 故事。去 年 小 华 上

xué le, Lǎo Chén měitiān dōu yào jiǎnchá tā de xuéxí qíngkuàng, yǒu bù dǒng
学了，老 陈 每 天 都 要 检查她的 学习 情 况，有 不 懂

de dìfang, jiù nàixīn de gěi tā jiǎng.
的地方，就 耐心地给她讲。

Xiǎoliǎngkǒu duì lǎorén hǎo, lǎorén yě tǐtiē tāmen, Tāmen gōngzuò máng,
小 两 口[10] 对 老人 好，老人 也体贴他们。他们 工 作 忙，

lǎorén jiù gěi quán jiā zuò fàn, Xiǎoliǎngkǒu xǐhuan chī shénme, lǎorén jiù zuò
老人 就给 全 家做饭，小 两 口 喜欢 吃什么，老人 就做

shénme.
什么[11]。

Hòulái, Wáng Cǎiyún yòu shēng le ge érzi, yīnwei yéye yǐqián shì ge gāngtiě
后来，王 彩云 又 生 了个儿子，因为爷爷以前是个 钢铁

gōngren, jiù gěi háizi qǐ ge míngzi jiào Xiǎogāng. Xiànzài yì jiā sān dài rén, yòu
工人，就给孩子起个 名字叫 小 钢。 现在一家三 代人，又

guòzhe měimǎn xìngfú de shēnghuó le.
过着 美满 幸福的 生活了。

护士	hùshi	〔名〕	nurse
生	shēng	〔动〕	to give birth to
退休	tuìxiū	〔动〕	to retire
工人	gōngrén	〔名〕	worker
老伴儿	lǎobànr	〔名〕	either one of an old married couple, here it refers to Liu Guoqiang's wife
去世	qùshì	〔动〕	to pass away, to die
美满	měimǎn	〔形〕	perfectly satisfactory, happy
不测风云	bú cè fēngyún		unexpected disaster
…初	…chū	〔名〕	…beginning of…
得	dé	〔动〕	to contract
癌症	áizhèng	〔名〕	cancer
失	shī	〔动〕	to lose
亲人	qīnrén	〔名〕	one's family members (parents, spouse, children); one's immediate blood relations
少	shào	〔形〕	young
勤劳	qínláo	〔形〕	hard-working, industrious
善良	shànliáng	〔形〕	kind-hearted
默默	mòmò	〔副〕	silently
忍受	rěnshòu	〔动〕	to bear, to endure
痛苦	tòngkǔ	〔名、形〕	pain, agony
担	dān	〔动〕	to shoulder, to carry
重担	zhòngdàn	〔名〕	heavy load or burden
照顾	zhàogù	〔动〕	to take care of
抚养	fǔyǎng	〔动〕	to bring up, to rear
劝	quàn	〔动〕	to persuade
其他	qítā	〔指、代〕	other
只是	zhǐshì	〔副、连〕	only
老师	lǎoshī	〔名〕	teacher
心地	xīndì	〔名〕	heart, character

亲	qīn	〔形〕	one's own blood relations
而且	érqiě	〔连〕	and
当	dàng	〔动〕	to treat as
总	zǒng	〔副〕	always
抱	bào	〔动〕	to hold, to carry in one's arms
故事	gùshi	〔名〕	story, tale
耐心	nàixīn	〔形、名〕	patient; patience
小两口	xiǎoliǎngkǒu	〔名〕	the couple
体贴	tǐtiē	〔动〕	to show loving consideration for
钢铁	gāngtiě	〔名〕	iron and steel, steel
起	qǐ	〔动〕	to give (a name) to

Proper nouns :

王彩云	Wáng Cǎiyún	name of a nurse
刘健民	Liú Jiànmín	name of Wang Caiyun's husband
小华	Xiǎohuá	given name of Wang Caiyun's daughter
刘国强	Liú Guóqiáng	name of Liu's father
小钢	Xiǎogāng	given name of the son of Wang Caiyun and her second husband

注 释 Study points :

1. 王彩云是北京一家医院的护士。

   "家" is a measure word here, more examples being "一家工厂", "一家商店", "一家出版社" etc.

2. 一九九二年，老伴儿去世，他就到北京，和儿子住在一起。

   "和", a preposition in this context, means the same as "跟".

3. 谁也没想到。

The interrogative pronoun "谁" may, apart from asking who the person is as in "谁是北京人？", also appears in the following situations:

As in a rhetorical question, implying that there is no one who cannot do it, e.g.

这样做谁不会？

Or referring to an unidentified individual.

你听，外边儿有谁在叫你。

Or indicating any person.

环境这样好，谁都想在这儿住。

谁想去，谁就去。

4. 一九九四年年初

"初" means beginning, we may say "年初", "月初", "世纪初".

5. 刘建民得癌症死了。

"去世" and "死" both mean to die; the former, which belongs to written language is, however, confined to denoting the death of adults only, whereas the latter, often used in colloquial language may refer to the death of any person, or any animal, or plant life.

6. 失掉了亲人，老少三代还能不能在一起生活下去呢？

Here "下去" implies the continuing process of the action as expressed by the verb.

7. 刘国强老人见她还年轻，劝她为自己以后的生活多想想。

The implied meaning of this sentence is that Liu Guoqiang, the father-in-law, gave Wang Caiyun a piece of his mind that she should not incline not to get remarried for the sake of taking care of him.

8. 但王彩云想的是

"但" is an ellipsis of "但是".

9. 身边又没有其他亲人。

"身边" refers to (no dear ones) about the old man.

10. 小两口对老人好，老人也体贴他们。

Young couples are often called colloquially "小两口", and old couples "老两口" with a touch of intimacy for the ones so referred to.

11. 小两口喜欢吃<u>什么</u>，老人就做<u>什么</u>。

The interrogative pronoun "什么" has the following usages in addition to its interrogative use as in "这是什么？"

It may refer to anything indefinite, e.g.

一会儿我到商店去，你买点儿什么吗？

Or it may indicate no exceptions whatsoever within the scope so implied, e.g.

什么痛苦她都忍受了。

什么地方好玩儿，我们就到什么地方去。

大家喜欢吃什么，我就做什么。

词语例解
Study of words and expressions:

1. 过〔动〕

to live, to lead

(1) 孩子们过着幸福的生活。

to pass, to elapse (of time)

(2) 时间已经过了，王小姐怎么还不来呢？

to pass

(3) 一直往前走，过了这条街就到了。

When used after a verb, it indicates the transfer of a person or thing from one place to another along with the action so effected.

(4) 他接过信以后，就把信打开了。

Or when placed after a verb, it shows the change of the course of the object along with the action.

(5) 他回过头对老张说："你先走吧。"

〔词尾〕

When so positioned, it may also refer to an experience or an act one has gone through or performed.

(6) 我去过两次西安了，那是一个很好的城市。

61

2. 还是 〔副〕

still

(1) 五年没见到你了，你还是那样年轻。

To choose a better course after some deliberation

(2) 还是去看京剧吧，电影下星期看。

〔连〕

or

(3) 你比他大还是他比你大？

3. 只是 〔副〕

only

(1) 今天我只是来问一问情况，没有别的事儿。

(2) 我只是听说他到北京来了，但是还没有见到他。

〔连〕

"只是" and "不过" are more or less the same in significance, the former is a milder term, meaning "only" or "yet".

(3) 这儿的环境很好，只是交通不太方便。

4. 像 〔动〕

to resemble, to look like

(1) 她长得像她妈妈。

"像" is often collocated with "一样 ".

(2) 像昨天一样，今天我们还是早点儿去，早点儿回来。

〔介〕

like

(3) 北京有很多有名的公园，像颐和园、北海公园、香山公园等。

〔副〕

it looks like...

(4) 像要下雨了，你去把衣服收进来吧。

"像" and "一样" or "似的" are often used in collocation.

(5) 老陈对老人就像对自己的父亲一样。

(6) 我像在什么地方见过他们似的。

62

5. 总 (是) 〔副〕

always

(1) 星期六晚上，他总是去跳舞。

(2) 早就想来看你们，可总是没有时间。

of course

(3) 他是中国人，中文总比我们好一些。

练习 Exercises :

1. Read aloud:

美满的生活	生活很美满	美满家庭	美满幸福
老少三代	小两口儿	失掉亲人	失掉机会
照顾孩子	照顾病人	忍受痛苦	担起重担
抚养孩子	心地善良	其他问题	常去看望
体贴儿女	耐心教育		

2. Fill in the blanks with the following words:

> 谁　什么　哪儿　哪

1) 他这个句子不会翻译，想找 _____ 问一问。

2) 今天天气很好，你有没有打算去 _____ 玩儿玩儿。

3) 你要是没事，就找本 _____ 书看看吧。

4) 你一个人拿不了这么多东西，还是请 _____ 帮你一下吧。

5) 他早上没吃东西，现在很想吃点儿 _____ 。

6) 这个人我好像在 _____ 地方见过。

7) 她大概就住在附近 _____ 个旅馆里。

8) 我看，这几件衣服 _____ 件也不合适。

9) _____ 天有时间，咱们去看场京剧，好吗？

63

10) 我今天有很多事要办，_____ 也去不了。

11) 我说呀，_____ 想看电影，_____ 就去买票。

12) 在中国 _____ 个城市也没有上海大。

13) 他在商店里转了转，_____ 东西也没买。

14) 他总是 _____ 有困难，就到 _____ 去。

15) 还用客气吗？想吃 _____ 就吃 _____ 好了。

3. Arrange the words and expressions given below so as to make meaningful sentences, using "像…一样":

Model:

> 他，走路，跑，快
>
> 他走路像跑一样快。

1) 这孩子，他爸爸，聪明

2) 他，说中文，中国人，流利

3) 这地方的，风景，画儿，美

4) 我，他，喜欢，运动

5) 今天的，天气，春天，暖和

6) 老陈，老人，善良

4. Complete the following sentences with "只是":

1) _____，但是没有听她唱过。

2) _____，不是大家的意见。

3) 吃了药以后，他 _____，现在还没醒呢。

4) 她中文说得非常好，_____。

5) 这种啤酒不错，_____。

6) 这个书房很宽敞，_____。

5. Answer the following questions:

1) 刘健民得癌症死了以后，为什么王彩云还照顾老人？

2) 老陈是怎样照顾老人的？

3) 老陈对小华怎么样？

4) 老人怎样对待小两口儿？

6. Write a short essay, describing how a happy home should be.

7. Translate the following sentences into Chinese:

1) Do you plan to go home this summer?

2) How fast time flies. We've been in Beijing for two or three months already.

3) That restaurant is closed after eight o'clock.

4) It's already autumn now, yet it is still so hot.

5) Don't hang this picture here, better put it on the northern wall.

6) Do you eat rice or bread?

7) Xiao Wang always takes a walk after the meal in the evening.

8) If only you be careful in searching, the key is sure to be found.

9) The elder brother wants to be an engineer, the younger sister wants to be an actress.

10) He takes medicine as if it were candies, this won't do.

答案 Key

2.
1) 谁	4) 谁	7) 哪	10) 哪儿	13) 什么
2) 哪儿	5) 什么	8) 哪	11) 谁，谁	14) 哪儿，哪儿
3) 什么	6) 什么	9) 哪	12) 哪	15) 什么，什么

7.
1) 今年夏天你打算回家吗？
2) 时间过得真快，来北京已经两三个月了。
3) 过了八点，那家饭馆儿就关门了。
4) 现在已经是秋天了，天气还是这么热。
5) 这张画儿别挂在这儿，还是挂在北墙上吧。
6) 你们吃米饭还是吃面包？
7) 小王吃完晚饭总要去散步。
8) 只要好好找，钥匙总会找到的。
9) 哥哥想当工程师，妹妹想当演员。
10) 他把药当糖吃，这还行！

逛动物园
Visiting the Zoo

Lìli qǐng Zhào Yùyīng péi tā qù guàng dòngwùyuán, Zhào Yùyīng shuō:
莉莉请　赵　玉英　陪她去　逛　动物园，赵　玉英　说：

"Xiǎoháir xǐhuan guàng dòngwùyuán, nǐ yě xǐhuan?"
"小孩儿喜欢　逛　动物园，你也喜欢？"

"Dòngwù hěn kě'ài. Wǒ cóng xiǎor jiù xǐhuan dòngwù, xiànzài xué le
"动物很可爱。我　从　小儿就喜欢　动物，现在学了

Zhōngyī jiù gèng xǐhuan le."
中医就更喜欢了。"

"Wèishénme?"
"为 什 么？"

"Lǎoshī jiǎngguo, Zhōngyī hé dòngwù hěn yǒu guānxi, hěn duō zhōngyào
"老师 讲过， 中 医 和 动 物 很 有 关系，很 多 中 药

dōu shì cóng dòngwù shēnshang láide."
都 是 从 动 物 身 上 来 的。"

"Zhème shuō, wǒ jīntiān yídìng děi péi nǐ qù yí tàng le?"
"这么 说[1]，我 今天 一定 得 陪 你 去 一 趟 了？"

Jìn le dòngwùyuán, Zhào Yùyīng wèn: "Lìli, zánmen xiān kàn shénme
进了 动 物 园， 赵 玉英 问："莉莉，咱们 先 看 什么

dòngwù?"
动 物？"

"Xiān kàn xióngmāo ba."
"先 看 熊 猫 吧。"

"Hǎo."
"好。"

Xióngmāoguǎnli de rén hěn duō, Lìli jǐ dào qiánmian, gěi xióngmāo zhào
熊 猫 馆里 的 人 很 多，莉莉 挤 到 前 面，给 熊猫 照

xiàng. Tā shuō:
相。 她 说：

"Xióngmāo zhè zhǒng dòngwù jì xiàng māo, yòu xiàng xióng, yòu cōngming,
"熊 猫 这 种 动 物既 像 猫，又 像 熊，又 聪 明，

yòu táoqì, zhēn kě'ài!"
又 淘气，真 可爱！"

Chū le xióngmāoguǎn, Zhào Yùyīng shuō: "Zhēn gòu jǐ de! Qiáo, wǒ de
出了熊 猫 馆， 赵 玉英 说："真 够 挤的[2]！瞧，我 的

niǔkòu dōu bèi jǐ diào le yí ge."
钮扣 都 被 挤掉 了 一个[3]。"

"Shì a," Lìli shuō, "Wǒ de bái xié dōu gěi cǎi zāng le."
"是啊，"莉莉 说，"我 的 白 鞋 都[4] 给 踩 脏 了。"

67

Jiēzhe, tāmen yào qù xiàngfáng. Zhào Yùyīng shuō: "Wǒ jìde xiàngfáng
接着，她们要去象房。赵玉英说："我记得象房

yīnggāi wàng nàbiān zǒu."
应该往那边走。"

Tāmen zǒu dào yí zuò fángzi qiánbiānr, kànjiàn ménshang guàzhe kuài
她们走到一座房子前边儿，看见门上挂着块

páizi, shàngmian xiězhe "Yóurén zhǐ bù" sì ge zì.
牌子，上面写着"游人止步"四个字。

"Zhè bú shì xiàngfáng a!" Zhào Yùyīng shuō.
"这不是象房啊！"赵玉英说。

"Bié zhāo jí, zhèr hái yǒu kuài páizi." Lìli shuō wán, jiù zǒu dào páizi
"别着急，这儿还有块牌子。"莉莉说完，就走到牌子

qiánmian, niànzhe shàngmian de zì: "Xiàngfáng yóu cǐ wàng dōng."
前面，念着上面的字："象房由此往东。"

"Zài nàbiānr, kuài zǒu." Zhào Yùyīng shuō.
"在那边儿，快走。"赵玉英说。

Xiàng yě shì rénmen xǐ'ài de dòngwù. Xiàngfánglǐ de rén zhēn duō, dōu zài
象也是人们喜爱的动物。象房里的人真多，都在

kàn yì zhī dà xiàng hé yì zhī xiǎo xiàng tiào wǔ ne! Lìli tāmen kàn le bàn ge
看一只大象和一只小象跳舞呢！莉莉她们看了半个

zhōngtóu cái líkāi xiàngfáng.
钟头才离开象房。

Chū xiàngfáng, xiàng xī zǒu yíhuìr jiù shì shīhǔshān. Yí jìn shīhǔshān de
出象房，向西走一会儿就是狮虎山。一进狮虎山的

dàmén, jiù néng kànjian liǎng kuài páizi, shàngmian xiězhe: "Dòngwù xiōngměng,
大门，就能看见两块牌子，上面写着："动物凶猛，

qǐng wù kàojìn", "Zhùyì ānquán". Tāmen zài lǐmian dāide shíjiān bù cháng,
请勿靠近"，"注意安全"。她们在里面呆的时间不长，

zhuàn le zhuàn jiù chūlai le.
转了转就出来了。

68

Shīhǔshān qiánmian shì yì tiáo xiǎo hé. Zhào Yùyīng tāmen zǒu dào hé biān
狮虎山　前面　是一条　小　河。赵　玉英　她们　走到　河边

kàn le kàn.
看了看。

"Kuài lái kàn, zhèr de yú zhēn duō! Zài zhèr diào yú, duō hǎo a!"　Lìli　jiào le
"快　来　看，这儿的鱼　真　多！在这儿钓　鱼，多　好啊！"莉莉叫了

qǐlai.
起来。

"Diào yú?　Nǐ kàn nà kuài páizishang xiě de shì shénme?"
"钓　鱼？你看那块牌子上　写的是　什么？"

Lìli　huí tóu yí kàn,　páizishang xiězhe:　"Jìnzhǐ diào yú."
莉莉回头一看，牌子上　写着："禁止钓　鱼。"

"Zánmen xiànzài qù nǎr　ne?"　Lìli　wèn.
"咱们　现在去哪儿呢？"莉莉问。

"Tīng shuō,　zhèr yǒu yí ge xīn de páchóngguǎn, zánmen xiān qù kànkan,
"听　说[5]，这儿有一个新的爬虫　馆，咱们　先　去看看，

ránhòu zài qù kàn hóuzi."
然后　再去看　猴子。"

Tāmen zǒu dào yí zuò xīn lóu qiánbiānr,　yí wèn cái zhīdao xīn páchóngguǎn
她们　走到－座新楼　前边儿，－问才知道新爬虫　馆

hái méiyǒu kāi,　dà ménkǒur hái guàzhe "Xièjué cānguān" de dà páizi　ne!
还　没有开，大门口儿还　挂着"谢绝　参观"的大牌子呢！

69

动物园	dòngwùyuán	〔名〕	zoo
陪	péi	〔动〕	to accompany
小孩儿	xiǎoháir	〔名〕	children, kids
动物	dòngwù	〔名〕	animal
可爱	kě'ài	〔形〕	lovely
关系	guānxi	〔名〕	relationship
中药	zhōngyào	〔名〕	traditional Chinese medicine
趟	tàng	〔量〕	a measure word for verbs
熊猫	xióngmāo	〔名〕	giant panda
…馆	…guǎn	〔名〕	a building for animals
挤	jǐ	〔动〕	to elbow (one's way), to push through
…面	…miàn	〔名〕	…part
既…又…	jì…yòu…		both…and , as well as
猫	māo	〔名〕	cat
熊	xióng	〔名〕	bear
淘气	táoqì	〔形〕	naughty
钮扣	niǔkòu	〔名〕	button
被	bèi	〔介〕	a preposition used in passive constructions to introduce the agent
掉	diào	〔动〕	to fall off, to lose
鞋	xié	〔名〕	shoes
踩	cǎi	〔动〕	to step on, to trample
脏	zāng	〔形〕	dirty
接着	jiēzhe	〔连〕	and then
象	xiàng	〔名〕	elephant
座	zuò	〔量〕	block (of house)
牌子	páizi	〔名〕	plate
游人	yóurén	〔名〕	visitor
止步	zhǐ bù		stop here
字	zì	〔名〕	character, word

70

由	yóu	〔介〕	from
此	cǐ	〔代〕	here
跳舞	tiào wǔ		to dance
狮子	shīzi	〔名〕	lion
老虎	lǎohǔ	〔名〕	tiger
凶猛	xiōngměng	〔形〕	ferocious
勿…	wù...	〔副〕	No...
靠近	kàojìn	〔动〕	to get close to
安全	ānquán	〔形、名〕	safe; safety
河	hé	〔名〕	river, stream
钓	diào	〔动〕	to fish
回头	huí tóu		turn back
禁止	jìnzhǐ	〔动〕	to forbid
爬虫	páchóng	〔名〕	reptile
猴子	hóuzi	〔名〕	monkey
谢绝	xièjué	〔动〕	to refuse, to decline

注 释 Study points :

1. <u>这么说</u>，我今天一定得陪你去一趟了？

   "这么说" is a linking phrase that sums up the previous statements and leads to the consequencial events.

2. <u>真够挤的</u>！

   "够＋ adjective ＋ 的", an intensive structure, is frequently used as a predicate, for example:

   1) 今天够冷的。

   2) 这几天他够忙的。

3. 我的钮扣都<u>被</u>挤掉了一个。

A construction expressing passive significance has been mentioned in Study point 1 of Lesson 34, Book 1. The following is another type of passive construction which employs such prepositions as "被", "叫", "让" and "给". A conventional pattern is as follows:

receiver of action + 被 (叫、让、给) **+ agent +verb + other elements**

老人	被		他们	送	进医院了。
画报	叫		小陈	借	走了。

Such a construction is employed only when the passive relationship between the subject and verb is to be emphasized. "被" is used more often in written language and "叫", "让" and "给" in colloquial language. If the agent needs not be mentioned, the construction may be modified as the following:

receiver of action + 被 (叫、让、给) **+ verb + other elements**

我的钮扣	被		挤	掉了。
他的白鞋	给		踩	脏了。

Auxiliary verbs and negative adverbs must be placed before "被", "叫", "让" or "给", for example:

箱子会让人拿走吗？

桌子上的东西没有给风刮掉。

4. 我的白鞋都<u>给</u>踩脏了。

"都" means "甚至" (even) here, the "都" in a previous sentence "我的钮扣都被挤掉了一个" is similar in meaning.

5. <u>听说</u>，这儿有一个新的爬虫馆。

"听说" is a parenthetical expression, pointing out that what the speaker is going to say is something he has heard from somewhere else.

词语例解
Study of words and expressions:

1. 既…也…

"既…也…" joins two expressions of identical or similar structures, implying both statements are true to the selfsame subject. Two minor sentences having identical predicates but different subjects, however, do not fall in this group of constructions employing. The meaning of this structure is "both...and...", "...as well as..." as in (1) or "neither...nor..." as in (2).

(1) 莉莉既懂英文也懂中文。

(2) 他既没有去上课也没有回家，不知道上哪儿去了？

2. 够〔动〕

to suffice, to be enough

(1) 要做的事情这么多，一天的时间够吗？

(2) 这些东西够我们吃三天。

〔副〕

enough

(3) 你给他的帮助够多的了，他一定很感谢你。

(4) 时间够晚了，我得走了。

3. 都〔副〕

The part to be emphasized must be put before "都", but after it in a question.

(1) 他每天晚上都要喝咖啡。

(2) 来中国以后，你都去过什么地方了？

even

(3) 这个句子你都不懂，我更不懂了。

already

(4) 都十二点了，我们该吃饭去了。

4. 给〔动〕

to offer, to give

(1) 他叔叔给了他一支好钢笔。

〔介〕

to

(2) 上午我给李先生打电话了，他说三点钟来。

(passive)

(3) 照相机给张小姐拿走了。

5. 一⋯⋯才⋯⋯

This structure shows that it is only after the occurrence of a certain action will that fresh information come to one's attention.

(1) 我一问才知道，他是新来的英国学生。

(2) 他一提我才想起来，我们是在北京见过面的。

练习 Exercises：

1. Read aloud:

聪明可爱	游人止步	由此往南	注意安全
请勿靠近	请勿吸烟	谢绝参观	禁止放车
关系很好	贸易关系	两国关系	工作关系
当然有关系	真够忙的		

2. Change the following sentences into passive constructions, using such prepositions as "被, 叫, 让, 给":

1) 小陈把那本画报借走了。

2) 他们把电视机搬到楼上去了。

3) 小王把照相机修好了。

4) 医科大学请李教授去做学术报告了。

5) 张大夫治好了陈大爷的病。

6) 她喝完了杯子里的咖啡。

7) 快把窗户关上吧，风把墙上的画儿都刮掉了。

8) 我早就把这件事忘掉了。

3. Change the following passive constructions into active ones:

1) 汽车被父亲开走了。

2) 那些画儿被一个外国人买走了。

3) 那块大蛋糕叫他一个人吃掉了。

4) 他的录音机和磁带都给小李拿走了。

74

5) 他刚出门又让同屋叫回去了。

6) 我的钱给别人借走了。

7) 电冰箱的电源叫李健接好了。

8) 沙发被李英挪到写字台旁边上去了。

4. Make sentences:

1) Use "既⋯又⋯" to indicate a parallelism

(1) 聪明，可爱   (3) 好吃，便宜

(2) 打球，游泳   (4) 善良，勤劳

2) Use the adverb "够" for intensification

Model:
> 光线，好
> ⟶ 这间屋子的光线够好的了！

(1) 客厅，大   (5) 天气，凉快

(2) 招待，周到   (6) 孩子，淘气

(3) 生活，幸福   (7) 骑，快

(4) 沙发，舒服   (8) 楼，高

5. Complete the following sentences:

1) 我走近一看才 _____ 。

2) 我们一问才 _____ 。

3) 你在商店里都 _____ 。

4) 星期几要去参观，我都 _____ 。

5) 都 _____ ，我们快走吧！

6. Translate the following sentences into Chinese using the words or expressions given in parentheses:

1) We all never saw a live giant panda. （都）

2) He has bought all the train tickets we want. （都）

3) Please give me a piece of paper, will you? （给）

4) Lao Wang answered all our questions. （给）

5) Only when he started to talk did I find that he was a foreigner. （一⋯才⋯）

6. 1) 我们都没有见过活的熊猫。

2) 我们要的火车票他都买来了。

3) 请你给我一张纸，好吗？

4) 老王给我们解答了所有的问题。

5) 他一说话我才知道他是个外国人。

坐电车
On the Trolleybus

8

Cóng dòngwùyuán chūlai, Lìli gēn Zhào Yùyīng fēn le shǒu, zuòshang
从　动物园　出来，莉莉跟　赵　玉英　分了手，坐　上[1]

yāolíngsān lù wúguǐ diànchē huí xuéxiào qu. Chēshang hěn jǐ. Zhèshí, cóng
一〇三路无轨电车回学校去。车上　很挤。这时，从

kuòyīnqìli chuán lái le shòupiàoyuán de shēngyīn:
扩音器里　传来了售票员的声音：

"Nǎwèi gěi bào xiǎoháir de ràng ge zuòr?   Hǎo, xièxie! Gāng shàng de qǐng
"哪位给抱　小孩儿的让个座儿？好，谢谢！刚　上的请

wàng qián nuónuo! Láo jià, nín wàng lǐbiānr zhànzhan!"
往　前挪挪！劳驾，您往　里边儿站站！"

77

Lìli jiàn shòupiàoyuán zài zhāohu tā, jiù wàng qián zǒu le zǒu. Tā
莉莉 见 售 票 员 在 招 呼 她，就 往 前 走 了 走。她

pángbiānr de yí ge qīngnián yě wàng qián nuó le nuó, bù xiǎoxīn, cǎi le yí ge nǚ
旁 边儿的一个青 年 也 往 前 挪了挪，不 小心，踩了一个女

tóngzhì de jiǎo.
同 志 的 脚。

"Yò, nǐ méi zhǎng yǎnjīng a, wàng rén jiǎoshang cǎi!"
"哟，你 没 长 眼 睛 啊[2]，往 人 脚 上 踩！"

"Duì bu qǐ, méi kànjiàn." Nàge qīngnián hóngzhe liǎn, gǎnmáng dàoqiàn.
"对 不 起，没 看 见。"那个 青 年 红 着 脸，赶 忙 道 歉。

"Méi kànjiàn yě bù néng cǎi rén jiǎo a, tǎoyàn!"
"没 看 见 也 不 能 踩 人 脚 啊，讨 厌[3]！"

Nàgè nǚ tóngzhì pángbiānr zhànzhe de yí ge lǎotóur shuō: "Tóngzhì, nǐ jiù
那个 女 同 志 旁 边儿 站 着 的 一个 老头儿 说："同 志，你 就

shǎo shuō liǎng jù ba! Rénjia dàoqiàn le jiù xíng le, yòu bú shì gùyì de. Chē
少 说 两 句 吧！人 家 道 歉 了 就 行 了，又[4]不 是 故 意 的。车

zhème jǐ, miǎn bu liǎo shuí pèng shuí yíxiàr."
这么 挤，免 不 了 谁 碰 谁[5]一下 儿。"

Zhèshí, chē dào le Xī'ānmén, kuòyīnqìli yòu chuán lai le shòupiàoyuán de
这时，车 到 了 西安门，扩音器里 又 传 来了 售 票 员 的

shēngyīn:
声 音：

"Xī'ānmén dào le. Dǎo jiǔ lù wúguǐ, shísì lù qìchē de qǐng xià chē. Yāolíngsān
"西安门 到 了。倒 九 路 无 轨、十四 路 汽车 的 请 下 车。一〇三

lù wúguǐ, kāi wǎng Běijīng Zhàn. Qǐng tóngzhìmen xiān xià hòu shàng."
路无轨，开 往 北 京 站。请 同 志 们 先 下 后 上[6]。"

Zhè zhàn xià chē de rén hěn duō, chēshang sōngkuai duō le.　Lìli　zhǎo le ge
这　站　下　车　的　人　很　多，车　上　松　快　多　了。莉莉　找　了　个

zuòr zuò le xiàlai,　cóng shǒutíbāoli tāo chū shǒujuànr, cā le cā liǎnshang de hàn.
座儿坐了下来[7]，从　手提包里掏　出　手　绢儿，擦了擦脸　上　的　汗。

"Méi piào de tóngzhì qǐng mǎi piào!"　Shòupiàoyuán shuō.
"没票的同志请买票！"售　票　员　说。

Lìli　zhè cái xiǎng qǐ, shàng chē yǐhòu hái méi mǎi piào ne. Tā máng bǎ qián
莉莉这才想起，上　车以后还没买　票呢。她忙把钱

dì　gěi shòupiàoyuán.
递给售　票　员。

"Láo jià,　wǒ mǎi yìzhāng piào."
"劳驾，我买一张票。"

"Nǎr shàng de?"
"哪儿上　的[8]？"

"Dòngwùyuán."
"动　物园。"

Zhèshí, yí ge yùnfù zǒu guòlai,　Lìli　gǎnkuài zhàn qǐlai gěi tā ràng le zuòr.
这时，一个孕妇走　过来，莉莉赶快　站　起来给她让了座儿。

Diànchē kāidòng le,　kuòyīnqìli yòu xiǎng qǐle shòupiàoyuán de shēngyīn:
电车开动了，扩音器里又　响　起了售　票　员　的　声　音：

"Xià yí zhàn Wángfǔjǐng. Dào Wángfǔjǐng Bǎihuò Dàlóu de tóngzhìmen
"下一站　王　府井。到　王　府井百货大楼的　同志们

qǐng tíqián zuò hǎo zhǔnbèi. ...... Nàwèi dài yǎnjìng de lǎodàye, nín bú shì yào
请提前　做好准备。……那位戴眼镜的老大爷，您不是要

qù Bǎihuò Dàlóu ma? Bǎihuò Dàlóu jiù zài qiánbiānr. Xià le chē yìzhí wàng nán
去百货大楼吗？百货大楼就在　前边儿。下了车一直往　南

zǒu, béng guǎi wānr, guò le shízì lùkǒu jiù qiáo jiàn le. ...... Wángfǔjǐng dào le,
走，甭　拐　弯儿，过了十字路口就　瞧　见了。…… 王　府井到了，

xià chē de tóngzhì,　qǐng bǎ piào dǎ kāi."
下车的同志，请把票打开。"

79

Zhè yí zhàn xià chē de rén hěn duō, shàng chē de yě bù shǎo. Tū rán, Lìli de
这 一 站 下 车 的 人 很 多，上 车 的 也 不 少。突 然，莉莉 的

yǎnjing yí liàng, tā fāxiàn zuìhòu yí gè tiàoshang chē de bú shì biéren, zhèng shì
眼 睛 一 亮，她 发现 最后 一个 跳 上 车 的 不是 别人， 正 是

Lǐ Yīng.
李 英。

" Lǐ Yīng jiě!"
"李 英 姐！"

"À, shì nǐ! Shàng nǎr qu?"
"啊，是 你！ 上 哪儿 去？"

"Huí xuéxiào."
"回 学 校。"

"Méi xiǎng dào zài zhèr pèngshang nǐ!"
"没 想 到 在 这儿 碰 上[9] 你！"

Lìli kànjian Lǐ Yīng shǒuli názhe yì bāo dōngxi, wèn: "Mǎi dōngxi lai le?"
莉莉 看 见 李 英 手里 拿着 一 包 东西，问："买 东西 来 了？"

"Duì, mǎi le diǎnr máoxiàn, dǎsuàn gěi bàba zhī jiàn máoyī."
"对，买 了 点儿 毛线，打算 给 爸爸 织 件 毛衣。"

" Ò, nǐ kě bié wàng le, xīngqītiān péi wǒ qù Xīdān Shāngchǎng mǎi
"哦，你 可 别 忘 了，星期天 陪 我 去 西单 商 场 买

dōngxi." Lìli xiàozhe shuō.
东西。" 莉莉 笑 着 说。

"Wàng bu liǎo! Xīngqītiān shàngwǔ jiǔ diǎn."
"忘 不 了！星期天 上 午 九 点。"

80

电车	diànchē	〔名〕	trolleybus, tram
分手	fēn shǒu		to part company, to say good-bye
无轨	wúguǐ	〔名〕	trolleybus
扩音器	kuòyīnqì	〔名〕	loudspeaker
传	chuán	〔动〕	to come, to transmit
售票员	shòupiàoyuán	〔名〕	conductor
让	ràng	〔动〕	to offer (one's seat) to somebody
座儿	zuòr	〔动〕	seat
招呼	zhāohu	〔动、名〕	to beckon; beck
小心	xiǎoxīn	〔形、动〕	careful; take care
赶忙	gǎnmáng	〔副〕	hastily
讨厌	tǎoyàn	〔形〕	disgusting
道歉	dàoqiàn	〔动〕	to apologize
故意	gùyì	〔副〕	intentionally, deliberately
免不了	miǎn bu liǎo		one cannot help …, it's unavoidable
碰	pèng	〔动〕	to bump, to touch
倒	dǎo	〔动〕	to change to (another bus)
松快	sōngkuai	〔形〕	less crowded
掏	tāo	〔动〕	to take out
手绢儿	shǒujuànr	〔名〕	handkerchief
擦	cā	〔动〕	to wipe
脸	liǎn	〔名〕	face
汗	hàn	〔名〕	sweat
忙	máng	〔副〕	hurriedly
孕妇	yùnfù	〔名〕	pregnant woman
开动	kāidòng	〔动〕	to start (to move)
市场	shìchǎng	〔名〕	market
提前	tíqián	〔动〕	in advance
百货	bǎihuò	〔名〕	general merchandise
甭	béng	〔副〕	not

弯儿	wānr	〔名〕	corner, turn
十字	shízì	〔名〕	cross(road)
打开	dǎ kāi		to show (a ticket)
亮	liàng	〔形〕	to brighten
发现	fāxiàn	〔动〕	to find, to see
跳	tiào	〔动〕	to jump (onto)
别人	biéren	〔代〕	other (person)
包	bāo	〔量〕	a package of
毛线	máoxiàn	〔名〕	knitting wool
织	zhī	〔动〕	to knit
商场	shāngchǎng	〔名〕	bazaar, market

Proper nouns :

西安门	Xī'ānmén	a place in the north of the City of Beijing proper
北京站	Běijīng Zhàn	Beijing Railway Station
王府井	Wángfǔjǐng	a busy thoroughfare in the centre of Beijing
百货大楼	Bǎihuò Dàlóu	the Department Store in Wangfujing Street
西单商场	Xīdān Shāngchǎng	the Xidan Bazaar in the west of the City of Beijing proper

注 释 Study points :

1. <u>坐上</u>一〇三路无轨电车回学校去。

   "上" when used after a verb has mainly the following meanings: implying an upward movement

   1) 他们都爬上长城了。

implying a result or realization of purpose

2) 他坐上汽车走了。

3) 我弟弟今年没考上大学。

implying a "closing" action

4) 天气很冷，你把窗户关上吧。

implying an existence or an addition to

5) 画儿已经挂上了，窗帘还没弄好。

2. 你没长眼睛啊。

It is a term of blame, upbraiding someone for his wrong doing as a result of not having seen something clearly.

3. 讨厌

It is a term of blame.

4. 人家道歉了就行了，又不是故意的。

"又" is used here to emphasize a negative statement.

5. 免不了谁碰谁一下儿。

Both "谁" (shuí) refer to any unidentifiable person.

6. 请同志们先下后上。

It is the conductor's stock phrase used upon the arrival of a bus or trolley at stop, reminding passengers of the regulation that no one is allowed to embark before the last one on the vehicle has disembarked.

7. 莉莉找了个座儿坐了下来。

"下来" indicates a downward movement.

8. 哪儿上的？

This is an elliptical form of "你是哪儿上的车？"

Such ellipsis is often used in conversation.

9. 没想到在这儿碰上你！

"碰上" means "遇到", that is "to encounter".

词语例解
Study of words and expressions:

1. 让〔动〕

   to give the ownership of something to another person

   (1) 他买了两本画报，让给小吴一本。

   to ask...to do

   (2) 陈先生让我写一篇介绍北京历史的文章。

   to make way

   (3) 劳驾，大家给让条路。

   〔介〕

   as a preposition in passive structure

   (4) 帽子让人挤掉了。

2. 免不了〔动〕

   unavoidable

   (1) 学习一种外语，碰到一些困难是免不了的。

   (2) 你刚来中国，生活上免不了会有些不习惯的地方。

   (3) 他们已经三十年没见面了，现在一见面，免不了要多说一会儿。

3. 忙〔动〕

   to busy

   (1) 好几天没见到你了，你忙什么呢？

   〔形〕

   to be busy

   (2) 上星期工作很忙，这星期好一些。

   (3) 老陈真是个大忙人。

   〔副〕

   in a hurry, hurriedly

   (4) 她想起还没有买车票，忙把钱递给售票员。

4. 准备〔动〕

to prepare, to get ready

(1) 一会儿有两个朋友要来，我现在准备点儿吃的东西。

to plan

(2) 他准备下个月中旬去法国旅行。

〔名〕

preparation

(3) 考试快到了，大家要作好准备。

5. 正〔副〕

in process of

(1) 他们正上课呢，你一会儿来吧。

about to, just now

(2) 我们正要去找你，你来了。

precisely, just

(3) 我要说的正是这个事儿，你怎么知道的？

6. 可〔副〕

It is an intensifier often used colloquially, meaning "very" as in (1) and (3), and "at last" as in (2).

(1) 他对人可好了，大家都喜欢他。

(2) 你可来了，我们等了你一个小时了！

(3) 威尔逊先生汉语说得可流利啦！

练习 Exercises :

1. Read aloud:

1) 打开窗户　　　　打开收音机　　　　提前回国

向…道歉　　　　向…打招呼　　　　跟…分手

85

2) 哪位给抱小孩的让个座儿？

　　　老人　　　老大娘　　　老大爷　　　病人

2. Fill in the blanks with "上" or "下":

1) 一架飞机飞 _____ 了蓝天。

2) 请您坐 _____ 慢慢说。

3) 小王骑 _____ 自行车出去了。

4) 每天睡觉前，他都要检查一下门关 _____ 了没有。

5) 听到这个消息，她激动得流 _____ 了眼泪。

6) 足球票很难买，不知道他能不能买 _____ 。

7) 他刚钓了一会儿，就钓 _____ 了一条大鱼。

8) 进了屋子，她脱 _____ 大衣，穿 _____ 了一件新毛衣。

9) 您走以前，请把地址留 _____ 。

10) 他从书架上拿 _____ 一本小说递给了我。

3. For intensification, rewrite the following sentences with "可":

1) 这件事很重要，你一定不要忘了。

2) 昨天晚上她睡得很早。

3) 我不知道这是怎么一回事。

4) 我今天累了，不想看电视了。

5) 这两个菜的味道真不错。

6) 我觉得这个问题太难了。

4. Make sentences with given words and expressions:

1) 忙得很

2) 忙把

3) 有准备

4) 出国的准备

5) 免不了，要着急

6) 让他去

5. Translate the following sentences into Chinese:

1) You've just begun with your job, you are bound to have some difficulties.

2) The recorder is not here, it was taken away by Wang Dong.

3) He is waiting for you, hurry up and come in.

4) The size is just right, I'll take this.

5) Xiao Wang loves to talk and laugh just like his elder brother.

答案 Key

2. 1) 上   3) 上   5) 下   7) 上   9) 下
2) 下   4) 上   6) 上   8) 下，上   10) 下

5. 1) 你新参加工作，免不了会有些困难。
2) 录音机不在，让王东拿去了。
3) 他正等你呢，快进来吧。
4) 大小正好，就要这件吧。
5) 小王正像他哥哥一样，爱说爱笑。

在西单商场
In the Xidan Bazaar

9

Lìli   yuē Lǐ Yīng xīngqītiān gēn tā yìqǐ qù mǎi dōngxi.   Tāmen yuē hǎo jiǔ
莉莉 约李 英 星期天 跟 她一起去买 东西。她们 约 好 九

diǎn zài Xīdān Bǎihuò Shāngchǎng ménkǒur jiàn miàn, kěshi Lìli zǎoshang xǐng
点 在 西单 百货 商 场 门口儿见 面,可是 莉莉 早上 醒

lai yí kàn biǎo, yǐjīng bā diǎn bàn le.   Tā méi chī zǎofàn jiù lái dào shāngchǎng,
来一看 表,已经 八 点 半了。她没 吃 早饭就来到 商 场,

jiàn le Lǐ Yīng, bù hǎo yìsi de shuō: "Duì bu qǐ,   wǒ lái wǎn le."
见了李 英,不好意思地 说:"对不起,我 来 晚了。"

"Méi shìr,   wǒ yě gāng lái le jǐ fēn zhōng. Zǒu, jìnqu ba."
"没事儿[1],我 也 刚 来了几分 钟。走,进去吧。"

88

Jìn le shāngchǎng, Lìli duì Lǐ Yīng shuò: "Wǒ zài Měiguó kànjiàn yǒude
进了 商 场，莉莉对李 英 说："我 在 美 国 看 见 有的

huáqiáo fùnǚ chuān qípáor, Běijīng yǒu rén chuān ma?"
华 侨 妇女 穿 旗袍儿[2]，北京 有人 穿 吗？"

"Yě yǒu rén chuān, búguò bǐjiào shǎo. Wǒ xiǎng kěnéng shì yīnwei qí chē
"也 有人 穿，不过 比较 少。我 想 可能 是 因为 骑车

a shénme de bù fāngbiàn."
啊什么 的[3]不 方 便。"

"Lǐ Yīng jiě, nǐ shuō zhè zhǒng yīfu zěnmeyàng?" Lìli kànjiàn yíge nǚ
"李 英 姐，你 说 这 种 衣服怎么 样？"莉莉看 见 一个女

qīngnián chuān de yīfu, wèn Lǐ Yīng.
青 年 穿 的衣服，问 李 英。

"Zhè shì zhè liǎng nián cái liúxíng de yàngzi."
"这是 这 两 年 才 流行 的 样子。"

"Nǐ qiáo nàge nǚ háizi chuān de qúnzi duō hǎokàn!"
"你 瞧 那个女 孩子 穿 的裙子多 好 看！"

"Zhēn búcuò! Xiàtiān Běijīng chuān qúnzi de rén hěn duō."
"真 不错！夏天 北京 穿 裙子的人 很 多。"

"Wǒ yě mǎi yí jiàn gēn tā nà jiàn yíyàng de qúnzi, nǐ shuō hǎo bu hǎo?"
"我 也买 一 件 跟 她 那 件 一样[4]的 裙子，你 说 好 不 好？"

"Hěn hǎo. Nǐ chuānshang yídìng xiǎnde gèng miáotiao, búguò yánsè hái
"很 好。你 穿 上 一 定 显得 更 苗 条，不过 颜色还

kěyǐ zài qiǎn yìdiǎnr."
可以 再 浅 一点儿。"

Mǎi wán qúnzi, liǎng ge rén yìbiān guàng shāngchǎng, yìbiān tánlùn
买 完 裙子 两 个人一边 逛 商 场，一边 谈论

Zhōngguó fùnǚ de dǎban.
中 国 妇女的 打扮。

"Wǒ fāxiàn Zhōngguó fùnǚ yě hěn ài dǎban." Lìli shuō.
"我 发现 中 国 妇女也很 爱打扮。"莉莉说。

"Shì ma?"
"是吗？"

"Tàng fà de, chuān gāogēnxié de, tú kǒuhóng de, huà méimao de hěn
"烫 发的、穿 高跟鞋的、涂 口红 的、画 眉毛 的 很

duō, dài xiàngliàn, jièzhi de yě bù shǎo. Hěn duō rén chuān yīfu hěn jiǎngjiu.
多，戴 项 链、戒指的也不少。很 多 人 穿 衣服很 讲究。

Dāngrán, bù tú kǒuhóng, bú huà méimao de yě hěn duō."
当 然，不涂口红、不画 眉毛 的也很 多。"

"Wǒ kàn nǐ bú shì yě bù tú kǒuhóng, bú huà méimao ma?"
"我 看你不是也不涂口红，不画 眉毛 吗？"

"Nà shì yīnwei wǒ bù xǐhuan yòng huàzhuāngpǐn, wǒ yìbān bú huàzhuāng."
"那是因为我不喜欢 用 化妆品，我一般不化妆。"

"Qíshí, wǒ juéde niánqīng gūniang bù tú zhèxiē dōngxi yě hěn piàoliang."
"其实，我觉得 年轻 姑娘 不涂这些 东西也很 漂亮。"

"Duì, bǐrú nǐ."
"对，比如你。"

"Wǒ bú piàoliang, túshang kǒuhóng, huàshang méimao jiù gèng nánkàn
"我 不 漂亮，涂上 口红、画上 眉毛 就 更 难看

le, lián nán péngyou yě zhǎo bu zháo."
了，连 男 朋友[7]也找 不着。"

Lìli tīng le rěn bu zhù xiào qǐlai.
莉莉听了忍不住 笑起来。

Tāmen yòu mǎi le liǎng kuài féizào, yì tiáo máojīn hé yìxiē biéde dōngxi.
她们 又 买了两 块肥皂，一条 毛巾和一些 别的 东西。

Zhèng yào wàng wài zǒu de shíhòur, Lìli hūrán shuō: "Děng yì děng, wǒ hái
正 要 往 外走 的时候儿，莉莉忽然 说："等 一等，我还

yào mǎi yí kuài dàngāo."
要买一块 蛋糕。"

"Zěnme, hái méi dào zhōngwǔ jiù è le?"
"怎么，还没到 中午就饿了？"

"Wǒ hái méi chī zǎofàn ne!"
"我还没 吃早饭呢！"

生词 New words

约	yuē	〔动〕	to make an appointment
醒	xǐng	〔动〕	to awake
不好意思	bù hǎo yìsi		abashed
旗袍儿	qípáor	〔名〕	a traditional garment with up-to-the-knee slits at the sides
骑	qí	〔动〕	to ride (a bike)
什么的	shénme de	〔助〕	or the like
流行	liúxíng	〔形〕	fashionable, in vogue
裙子	qúnzi	〔名〕	skirt
好看	hǎokàn	〔形〕	nice-looking
显得	xiǎnde	〔动〕	to look
苗条	miáotiao	〔形〕	slender, slim
漂亮	piàoliang	〔形〕	pretty
浅	qiǎn	〔形〕	light (colour)
谈论	tánlùn	〔动〕	to talk about
妇女	fùnǚ	〔名〕	women
打扮	dǎban	〔动〕	to dress up
高跟鞋	gāogēnxié	〔名〕	high-heeled shoes
涂	tú	〔动〕	to apply
口红	kǒuhóng	〔名〕	lipstick
画	huà	〔动〕	to pencil (the eyebrows), to paint
眉毛	méimao	〔名〕	eyebrows
项链	xiàngliàn	〔名〕	necklace
戒指	jièzhi	〔名〕	finger-ring

讲究	jiǎngjiu	〔动、形〕	to be particular about
当然	dāngrán	〔形、副〕	certainly, of course
化妆品	huàzhuāngpǐn	〔名〕	makeup, cosmetics
一般	yìbān	〔形〕	generally
化妆	huàzhuāng	〔动〕	to put on makeup, to make up
其实	qíshí	〔副〕	in fact
比如	bǐrú	〔动〕	for example
难看	nánkàn	〔形〕	ugly
忽然	hūrán	〔副〕	suddenly
块	kuài	〔量〕	(a) cake (of)
肥皂	féizào	〔名〕	soap
毛巾	máojīn	〔名〕	towel
饿	è	〔形〕	hungry

注释 Study points :

1. 没事儿，我也刚来了几分钟。
   "没事儿" means "没关系", namely "never mind".

2. 我在美国看见有的华侨妇女穿旗袍儿。
   The object to a verb may be a word, a phrase or a clause. "有的华侨妇女穿旗袍儿" is a clause, serving as the object to the verb "看见". Other similar examples in this text are:
   我发现有的中国妇女也很爱打扮。
   我觉得年轻姑娘不涂这些东西也很漂亮。

3. 我想可能是因为骑车啊什么的不方便。
   In colloquial language, "什么 + 的", when tagged to one element or a series of elements in parallel, means "等等".

4. 我也买一件跟她那件一样的裙子。
   "跟…一样" in the above sentence is an attributive modifier.

92

5. 我看你<u>不</u>是也<u>不</u>涂口红，不画眉毛<u>吗</u>？

"不是…吗？" is a rhetorical question, intensifying an affirmative significance, (See Lesson 11, Book 1.) 不是 + 不（没有）…吗？intensifies a negative significance, carrying a heavier negative tone than an ordinary negation.

6. 那是<u>因为我不喜欢用化妆品</u>。

"因为我不喜欢用化妆品。" serves as the object to "是" to express the reason. A similar sentence in this text is 我想可能是因为骑车啊什么的不方便.

7. 连<u>男朋友</u>也找不着。

"男朋友" refers to a boy friend or fiancé.

词语例解
Study of words and expressions:

1. 可能〔形〕

possible

(1) 我看这是不可能的事情。

(2) 星期三以前，我把这本书看完是可能的。

〔副〕

possibly

(3) 他可能不来了，我们不要等他了。

(4) 陈先生他们可能要坐火车去，不过现在还没定。

2. 再〔副〕

again

to indicate a repetition or continuation of an action (or of a state), which is, mostly, yet to be completed

(1) 昨天他去了，他说明天他再去一次。

Placed before an adjective, it expresses the meaning "even more".

(2) 你穿这样的旗袍儿很好看，不过颜色可以再浅一点儿。

(3) 声音再大一点儿，太小了听不清楚。

and, something added

(4) 你给我买一条毛巾、一把牙刷，再买一块肥皂。

before, then

to do one thing before doing another

(5) 我们打完电话再去寄信吧。

(6) 大家先听一遍录音再看课文。

3. 一边…一边

Used before two verbs, this structure indicates two actions taking place simultaneously, meaning "...while...".

(1) 我们一边喝茶一边聊。

(2) 大家可以一边听一边写，有什么问题可以问。

4. 一般〔形〕

ordinary, average

(1) 这篇文章的内容很一般，没有什么新东西。

(2) 在中国一般的人都会骑车。

〔副〕

normally

(3) 星期天我一般都在家。

5. 其实〔副〕

in fact, as a matter of fact

(1) 看起来他像四十多岁，其实才三十七岁。

(2) 有人说这儿夏天很热，其实一点儿也不热。

6. 比如

for example

It is used to begin a series of enumerations or examples.

(1) 我的兴趣跟他的不一样，比如我喜欢唱歌，他喜欢打球。

(2) 很多国家都有中国饭馆，比如美国、英国、加拿大、日本等国都有。

1. Read aloud:

a)
长得好看	字写得难看
好看的画儿	显得很宽敞
不爱打扮	喜欢打扮
打扮得很漂亮	布置得很讲究
一般情况	特殊照顾

b) 1) A: 真对不起,今天人太多,您得等一会儿。

B: 没事儿,您忙您的。

2) A: 您看,一不小心,把杯子掉地下了。

B: 没事儿,您别着急。

3) A: 您家环境怎么样?

B: 不错,上街啊,买菜什么的,都挺方便。

2. Finish the sentences with "…是因为…":

Model: 我晚上不去看电影,是因为有朋友来玩儿。

1) 我没有给小李写信,_____。

2) 她不喜欢涂口红,_____。

3) 小王喜欢穿高跟鞋,_____。

4) 小陈不想跟大家一起去公园,_____。

5) 他们不打算坐飞机去广州,_____。

6) 我身体不太好,_____。

7) 他生气,_____。

8) 我不喝酒,_____。

3. Rewrite the following sentences with "再":

1) 这本书我已经看过了，不过，我还想看一遍。

2) 别着急，时间还早，我们聊一会儿。

3) 今天没有时间了，明天回答大家的问题，好不好？

4) 这条裙子的颜色红点儿就好了。

5) 明天冷，他想穿大衣，戴上手套。

6) 你们坐一会儿，等他来了，你们走也不晚。

7) 快把病人送到医院去吧，不送去就危险了。

8) 他每天早上跑一跑，打打拳。

4. Use "一边⋯一边⋯" to express two actions taking place simultaneously:

1) 喝茶，看电视		4) 洗澡，唱歌	
2) 上学，工作		5) 听报告，在本子上记	
3) 散步，谈话		6) 逛公园，听音乐	

5. Arrange the following words and expressions so as to make meaningful sentences, using "跟⋯一样" as an attribute:

Model:
> 买一把扇子，这把
> → 我要买一把跟这把一样的扇子。

1) 买一条围巾，这条，颜色

2) 穿一件衬衫，哥哥那件

3) 有一块手表，他那块

4) 穿一双高跟鞋，那双，样子

5) 借一辆自行车，小王

6. Write a dialogue:

Two friends discuss how to dress well for a party.

7. Translate the following sentences into Chinese:

1) I'll help you if possible.

2) It is impossible for me to come back in two days as you want.

3) Yesterday I found that she looked pale.

4) In fact, the film is not interesting.

5) They generally have four lessons in the morning.

6) She looks pretty in one-piece dress, and in qipao as well.

答案 Key

7. 1) 如果可能我一定帮你。

2) 你要我两天就回来是不可能的。

3) 昨天我发现她脸色很苍白。

4) 其实这部电影没有什么意思。

5) 他们上午一般都有四节课。

6) 她穿连衣裙好看，穿旗袍也好看。

逛陶然亭公园
Visiting the Taoranting Park

10

Lìli qùnián suí bàba māma lái Běijīng shí, yuánlái dǎsuan qù Táorántíng
莉莉 去年 随爸爸 妈妈 来 北京 时，原来 打算 去 陶然亭

Gōngyuán, hòulái yīnwei shíjiān bú gòu le, méi lái de jí qù. Yí ge xīngqītiān de
公 园，后来 因为 时间 不 够 了，没 来 得及 去。一个 星期天 的

xiàwǔ, tā yuē le Zhào Yùyīng yìqǐ qù guàng Táorántíng.
下午，她 约 了 赵 玉英 一起 去 逛 陶然亭。

Gōngyuánli yǒu shān yǒu shuǐ, jǐngsè xiùlì. Tāmen yánzhe húbiān xiǎolù
公 园里有 山 有 水，景色 秀丽。她们 沿着 湖边 小路

98

wàng qián zǒu, hūrán tīngjian yǒu rén hǎn: "Yùyīng! Yùyīng!"   Zhào Yùyīng
往　前　走，忽然　听见　有人　喊："玉英！玉英！"　赵　玉英

huí tóu yí kàn, zhǐ jiàn húmiànshang huá guòlai yì zhī xiǎo chuán; yí ge pàng
回头　一看，只见　湖面　上　划　过来一只　小　船[1]；一个胖

xiǎohuǒzi huázhe jiǎng, tā duìmiàn zuòzhe yí ge piàoliang de gūniang, dǎzhe yì
小　伙子划着　桨，他对面　坐着一个漂　亮　的姑　娘，打着一

bǎ nílóngsǎn.
把尼龙　伞[2]。

　　"Gēge,　nǐmen yě lái le?"　Zhào Yùyīng duì nà xiǎohuǒzi shuō, "Lái, wǒ
　　"哥哥，你们　也来了？"　赵　玉英　对那　小　伙子说，"来，我

gěi nǐmen jièshào yíxiàr,　Zhè shì Měiguó tóngxué Chén Lìli,　wǒ de tóngwū."
给你们　介绍　一下儿，这是美国　同学　陈莉莉，我的同屋。"

Yòu duì Lìli shuō: "Tā shì wǒ gēge Zhào Yùxǐ, nàwèi shì wǒ gēge de nǚ péngyou
又　对莉莉说："他是我哥哥赵　玉喜，那位是我哥哥的女朋　友

Sòng Xiǎolì."
宋　晓丽。"

　　Lìli　diǎndian tóur,　gēn tāmen dǎ zhāohu.
　　莉莉点　点　头儿，跟他们　打　招呼。

　　"Huānyíng nǐ lái Zhōngguó xuéxí,　Lìli!"　Zhào Yùxǐ shuō, "Xiàlai gēn
　　"欢　迎你来　中　国　学习，莉莉！"　赵　玉喜说，"下来跟

wǒmen yìqǐ huá chuán ba!" Shuōzhe, tā bǎ chuán kào le àn. Zhào Yùyīng hé
我们　一起划　船　吧！"说着，他把　船　靠[3]了岸。赵　玉英　和

Lìli　tiàoshang xiǎo chuán. Zhào Yùyīng zuò zài Zhào Yùxǐ hòubiānr; Lìli　zuò
莉莉跳　上　小　船。赵　玉英　坐　在　赵　玉喜后边儿；莉莉坐

zài Sòng Xiǎolì pángbiānr.
在宋　晓丽　旁边儿。

　　"Gēge,　xiǎoxīn diǎnr, bié bǎ chuán nòng fān le!"　Zhào Yùyīng duì gēge
　　"哥哥，小　心　点儿，别把　船　弄　翻了！"　赵　玉英　对哥哥

yǒudiǎnr bú fàng xīn.
有点儿不　放　心。

"Fàng xīn ba, kàn wǒ de jìshù!" Zhào Yùxǐ yòng lì huá le jǐ xiàr. "Zàishuō,
"放 心 吧，看 我 的技术！" 赵 玉喜用 力 划了几下儿。"再 说[4]，

jiùshì fān le yě bú yàojǐn, wǒ huì yóuyǒng, kěyǐ bǎ nǐmen jiù shànglai."
就是 翻了也不要紧，我 会 游泳，可以把你们 救 上 来。"

Sòng Xiǎolì tīng le, rěn bú zhù xiào le qǐlai.
宋 晓丽听了，忍 不 住 笑 了起来。

"Xiào shénme!" Zhào Yùxǐ tíng zhù jiǎng, "Nǐmen bù xiāngxìn? Lìli, nǐ
"笑 什 么！" 赵 玉喜停 住 桨，"你们 不 相 信？莉莉，你

kàn wǒ xiàng bu xiàng yóuyǒng yùndòngyuán?"
看 我 像 不 像 游泳运动员？"

Lìli xiào le xiào, bù zhīdao zěnme huídá cái hǎo.
莉莉笑 了笑，不 知道 怎么 回答 才 好。

"Gēge, nǐ jiù huì chuī niú!" Zhào Yùyīng jiē guòlai shuō. Shuōzhe, tā
"哥哥，你 就 会 吹 牛！" 赵 玉英 接 过来 说。说 着，她

cóng shǒutíbāoli ná chū yí ge píngguǒ, yòu ná chū yì bǎ xiǎodāor, xiāo qǐlai.
从 手提包里拿 出 一个 苹果，又 拿出 一 把 小 刀儿，削 起来。

"Chuī niú?" Zhào Yùxǐ fàngxia jiǎng, liǎng shǒu bǐhuazhe shuō, "Kàn, zhè
"吹 牛？" 赵 玉喜放 下 桨，两 手 比划着 说，"看，这

shì wāyǒng, zhè shì diéyǒng, zhè shì ......"
是 蛙泳，这是 蝶泳，这是……"

Kànzhe tā de yàngzi, gūniangmen hāha dà xiào qǐlai. Zhào Yùyīng yí bù
看 着 他 的 样子，姑 娘 们 哈哈大 笑 起来。赵 玉英一不

xiǎoxīn, shǒuli de píngguǒ diào jìn húli.
小 心，手里的 苹果 掉 进湖里。

Zhào Yùxǐ tīng dào shēngyīn, liánmáng wèn: "Shénme diào le?"
赵 玉喜听到 声 音，连 忙 问："什么 掉 了？"

Zhào Yùyīng rěn zhù xiào, shuō: "Zāo le, wǒ de biǎo diào zài shuǐli le!
赵 玉英 忍 住 笑，说："糟了，我 的 表 掉 在 水里了！

Nǐ bú shì yóuyǒng yùndòngyuán ma? Kuài xià shuǐ gěi wǒ lāo qǐlai ba!"
你 不 是 游 泳 运 动 员 吗？ 快 下 水 给 我 捞 起 来 吧！"

    Zhào Yùxǐ hóngzhe liǎn, zhāojí de shuō: "Ò, Ò, shì a, kěshi ......" Húmiàn
    赵 玉喜红着脸，着急地说："哦，哦，是啊，可是……"湖 面

shang yòu xiǎng qǐ gūniangmen de xiào shēng ......
上 又 响 起姑 娘 们 的 笑 声……

    Lìli shuō: "Kàn nǐ jí de! Tā diào de shì píngguǒ!"
    莉莉 说："看 你 急的[5]！ 她 掉 的 是 苹 果！"

🎧 生词 New words

随	suí	〔动〕	to accompany
原来	yuánlái	〔副、形〕	originally; original
来得及	lái de jí		There is still enough time...
山	shān	〔名〕	hill, mountain
景色	jǐngsè	〔名〕	scenery
秀丽	xiùlì	〔形〕	beautiful
沿着	yánzhe	〔介〕	along
湖	hú	〔名〕	lake
喊	hǎn	〔动〕	to shout
划	huá	〔动〕	to row
船	chuán	〔名〕	boat
小伙子	xiǎohuǒzi	〔名〕	a young man
桨	jiǎng	〔名〕	oar
打（伞）	dǎ (sǎn)	〔动〕	to hold (an umbrella)
尼龙	nílóng	〔名〕	nylon
伞	sǎn	〔名〕	umbrella
同学	tóngxué	〔名〕	classmate
打（招呼）	dǎ (zhāohu)	〔动〕	to greet, to acknowledge

岸	àn	〔名〕	bank
弄	nòng	〔动〕	to make
翻	fān	〔动〕	to turn over
技术	jìshù	〔名〕	skill
用力	yòng lì		to exert oneself in doing...
再说	zàishuō	〔连〕	besides, what's more, moreover
就是…也…	jiùshì...yě...		even if, a construction often used in an unreal conditional sentence
不要紧	bú yàojǐn		It doesn't matter
游泳	yóuyǒng	〔动、名〕	swim
救	jiù	〔动〕	to save, to rescue
忍住	rěn zhù		(cannot) help (...ing), to suppress
运动员	yùndòngyuán	〔名〕	sportsman, athlete
吹牛	chuī niú		to boast
接 (过来)	jiē (guòlai)	〔动〕	to take (up)
苹果	píngguǒ	〔名〕	apple
小刀儿	xiǎodāor	〔名〕	pocket-knife
削	xiāo	〔动〕	to peel off
比划	bǐhua	〔动〕	to gesture
蛙泳	wāyǒng	〔名〕	breaststroke
蝶泳	diéyǒng	〔名〕	butterfly stroke
连忙	liánmáng	〔副〕	promptly, at once
捞	lāo	〔动〕	to fish up
…声	...shēng	〔名〕	sound of...

Proper nouns :

陶然亭公园	Táorántíng Gōngyuán	the Taoranting Park, in the south of the city of Beijing proper
赵玉喜	Zhào Yùxǐ	Zhao Yuying's brother
宋晓丽	Sòng Xiǎolì	Zhao Yuxi's girl friend

注释 Study points :

1. 只见<u>湖面上划过来一只小船</u>。

   There is a type of sentence in Chinese that expresses the existence of a person or a thing at a place or a period of time, or his/its appearance or disappearance. The pattern is as follows:

   words or phrase (place or time) + verb + phrase (person or thing)

湖面上	划过来	一只小船。	(appearance)
桌子上	放着	一个手提包。	(existence)
上午	开走了	两辆汽车。	(disappearance)

   More illustrations of this type can be found in the text:

   他对面坐着一个漂亮的姑娘。 (existence)

   湖面上又响起了姑娘们的笑声。 (appearance)

   "过来" indicates the movement of a person or an object from one place to another. The same meaning is also implied in "'哥哥，你就会吹牛！'赵玉英接过来说。" (See the text.)

2. 他对面坐着一个漂亮的姑娘，<u>打着一把尼龙伞</u>。

   The subject of a sentence may be omitted either under the condition that the context makes it unnecessary to have a subject or that an element in the preceding clause can act as its subject. Therefore the subject of "打着一把尼龙伞" is "姑娘" in the previous clause but is omitted from the second clause.

3. 他把船<u>靠</u>了岸。

   "靠" is here a verb, meaning "to draw alongside".

4. <u>再说</u>，就是翻了也不要紧。

   Here "再说" indicates an idea further explained, meaning "moreover".

5. <u>看你急的</u>！

   "看你急的！" means "看把你急成这个样子！" (See how worried you are.)

1. 来得及

   This phrase implies that there is enough time for doing something; it is followed only by a verb. Its negative form is "来不及" or "没来得及".

   (1) 火车十一点半开，现在刚十点，你马上去还来得及。

   (2) 时间太晚了，今天来不及通知每个人了。

2. 打〔动〕

   Here are some of the meanings of the verb "打":

   to hold (an umbrella, etc.)

   (1) 下雨了，很多人都打着伞。

   to make (a phone call, a cable, etc.)

   (2) 上午我给李小姐打电话了，她说下午她不来了。

   to play (a ball game)

   (3) 他会打篮球，不会打乒乓球。

   to have (injection)

   (4) 今天下午你去打针了没有？

   to fight

   (5) 几个孩子互相打起来了。

3. 弄〔动〕

   This word is often used to replace other verbs:

   make (clear)

   (1) 你先把这几个问题弄清楚，我们再谈别的。

   put (out of order)

   (2) 电视机昨天晚上给小王弄坏了。

   get

   (3) 请你给我弄点儿水来。

4. 就是 〔副〕

would (not...at all)

(1) 我跟他说了好几次了，他就是不想去划船。

only

(2) 这一课不难，就是生词多了一些。

〔连〕

To express a supposition and concession, often used in conjunction with "也" , meaning "even if..."

(3) 就是没有汽车，我们走也要走去。

5. 不知道…好

In between "不知道" and "好" there must be an interrogative construction, to express the idea that it is difficult to make a choice. "才" may sometimes be used before "好" for emphasis.

(1) 杂技、京剧、电影都不错，我也不知道看什么好。

(2) 你对我的帮助太大了，我真不知道怎么感谢你才好。

(3) 你也要去，他也要去，大家都想去，弄得我也不知道叫谁去好。

(4) 这几张画儿都很好看，他也不知道买哪张好。

练习 Exercises :

1. Read aloud:

a) 打电话，打球，打针，打伞，打招呼，打电报，打毛衣，打水，打行李，打包裹，打鱼，打开门，打开灯，打开窗户，打开收音机

有技术，提高技术

忍住笑，忍住疼痛，忍不住

b) 1) A: 咱们听音乐吧。

B: 听什么！都十一点了，该睡觉了。

2) A: 我马上走。

B: 走什么！吃了饭再走不晚。

3) A: 帮我准备一下吧，明天去公园。

   B: 准备什么！明天去看杂技，不去公园了。

4) A: 这个电影真好。

   B: 好什么！一点儿意思也没有。

5) A: 这把尼龙伞很便宜。

   B: 便宜什么！比那把贵多了。

6) A: 颐和园太远了。

   B: 远什么！坐车二十分钟就到。

2. Answer the following questions:

1) 你让朋友给你弄来过球票吗？

2) 自行车坏了，你能弄好它吗？

3) 他洗脸的时候，是不是把盥洗室弄得地上都是水？

4) 你这样做会不会把你的衣服弄脏？

5) 要是找不到钥匙，你能用别的方法把箱子弄开吗？

6) 汉语语法你都弄清楚了吗？

7) 是谁把椅子弄倒的？

8) 这屋里的东西太多，你能不能弄走一些？

3. Try to express where the difficulty lies, using "不知道…(才) 好":

1) 图书馆里的书很多，_____。

2) 我想去看小王，可是他很忙，_____。

3) 见了你们有很多话要说，_____。

4) 他不会跳舞，音乐一响，_____。

5) 这儿有很多地方可以游览，_____。

6) 他又想搞贸易，又想搞翻译，_____。

106

4. Complete the following dialogues:

1) A: 小心点儿吧，别把它弄坏了。

   B: 不会。（就是，修理）

2) A: 我捞不行，还是你捞吧。

   B: （就是）

3) A: 小王他们家你怎么没去？

   B: （来得及）

4) A: 现在去，大概要关门了。

   B: （来得及）

5) A: 什么？票没带来？那咱们…

   B: （看你急的）

6) A: 真对不起呀，我没照顾好你。

   B: （看你说的）

5. Change the following sentences into existential ones after the model:

Model:

> 一辆汽车从院子里开出来了。
> → 院子里开出来一辆汽车。

1) 台灯在桌子上摆着。

2) 一个漂亮的姑娘从汽车上跳下来。

3) 一条小船从西边划过来。

4) 两辆自行车放在楼门口儿。

5) 一张登记表从桌子上掉下去了。

6) 几位外国朋友坐在最前边的座位上。

6. Answer the following questions according to the text:

1) 莉莉在陶然亭公园遇见的两个新朋友是谁？

2) 赵玉喜的游泳技术怎么样？

3) 赵玉喜是个爱吹牛的人吗？

4) 赵玉英的表真的掉进水里了吗？

7. **Translate the following sentences into Chinese:**

1) It's already half past six now; It is too late to go to the mess for a meal.

2) It's still early; there is time enough for a cup of coffee before going to the cinema.

3) He has written you three letters, hasn't he? It would be proper for you to reply him once.

4) Don't be anxious about going hungry, I've brought along something to eat.

答案 Key

7. 1) 现在已经六点半了，来不及去食堂吃饭了。

2) 现在还早，喝点儿咖啡再去看电影还来得及。

3) 他不是已经给你来了三封信了吗？你应该回他一封才对。

4) 就是饿了也不要紧，我这儿带着吃的东西呢。

健康长寿
Good Health and a Long Life

11

Yì tiān xiàwǔ, Lìli lái Lǐ Yīng jiā bāngzhù Lǐ Yīng liànxí shuō Yīngyǔ.
一 天 下午，莉莉来李 英 家 帮助李 英 练习说 英语。

Yí ge duō xiǎoshí yǐhòu, Lǐ Yīng shuō: "Wǒmen xiūxi yíhuìr. Zǒu, dào
一个多 小时以后，李英 说："我们 休息一会儿。走，到

wàibiānr sànsan bù qu!" Liǎng ge rén xià le lóu, lái dào lóu wàibiānr de
外 边儿散散步去！" 两 个人 下了楼，来 到 楼 外 边儿的

cǎopíngshang, kànjiàn yí wèi lǎorén, zhèngzài cǎopíngshang dǎ tàijíquán, Lǐ
草 坪 上，看见一位 老人，正在草坪 上 打太极拳，李

Yīng shuō: "Nàwèi jiù shì wǒ gēn nǐ shuōguo de chángshòu lǎorén Chén
英　　说：“那位　就[1]是　我　跟　你　说　过　的　长　寿　老人　陈

yéye. Lái, wǒ dài nǐ qù jiànjian tā."
爷爷。来，我　带　你　去　见　见　他。”

Tāmen zǒu dào lǎorén shēnbiān, lǎorén yǐjīng dǎ wán tàijíquán, kāishǐ zuò
她们　走　到　老人　身边，老人　已经　打　完　太极拳，开始　作

shēn hūxī.
深　呼吸。

"Chén yéye, nín dǎ quán na?" Lǐ Yīng shuō.
“陈　爷爷，您　打　拳　哪？”李英　说。

"Shì a, gāng dǎ wán."
“是　啊，刚　打　完。”

"Chén yéye, nín duō dà niánjì le?" Lìli wèn.
“陈　爷爷，您　多　大　年纪了？”莉莉　问。

"Jiǔshisān le."
“九十三了。”

"Biékàn Chén yéye jiǔshisān le, kě ěr bù lóng, yǎn bù huā, bèi bù túo."
“别看[2]陈　爷爷九十三了，可耳不　聋，眼　不　花，背　不　驼。”

Lǐ Yīng shuō.
李英　说。

"Chén yéye, nín shēntǐ zhème hǎo, chī le shénme gāojí bǔyào le ba?" Lìli
“陈　爷爷，您　身体这么　好，吃了什　么　高级补药了吧？”莉莉

wèn.
问。

Chén yéye xiào le xiào, shuō: "Bǔyào wǒ kě cónglái méi chīguo."
陈　爷爷笑了笑，说：“补药[3]我可从来没吃过。”

"Nà, nín shì zěnme zuò dào jiànkāng chángshòu de ne?" Lìli wèn.
“那，您　是　怎么　做到　健康　长　寿　的呢？”莉莉问。

Lǎorén mō le mō húzi, shuō: "Qíshí a, wǒ niánqīng de shíhòur, shēntǐ hěn
老人　摸了摸胡子，说：“其实啊，我　年　轻　的时候儿，身体很

110

bù hǎo, chángcháng shēng bìng. Hòulái, wǒ yǒu yí ge péngyou, shì zhōngyī, tā
不好，常 常 生 病。后来，我 有 一个 朋友，是 中 医，他

gàosu wǒ zhème jǐ tiáo bǎochí jiànkāng de jīngyàn, jiù shì: shēnghuó yào yǒu
告诉 我 这么 几条 保持 健康 的 经验， 就 是：生 活 要 有

guīlǜ, ànshí shuì jiào, ànshí qǐ chuáng; bù chōu yān, bù hē jiǔ, duō chī sù,
规律，按时 睡 觉，按时 起 床； 不 抽 烟，不 喝酒，多 吃素，

shǎo chī hūn. Hái yǒu, jīngshén yúkuài shǎo shēng qì, duì shēntǐ yě dà yǒu
少 吃 荤[4]。还 有，精神 愉快 少 生 气，对 身体 也 大 有[5]

hǎochù. Súhuà shuō: 'Xiào yi xiào, shí nián shào; chóu yi chóu, bái le tóu!' "
好 处。俗话 说：'笑 一笑，十 年 少；愁 一 愁，白 了 头[6]！'"

"Duì, wǒ kàn Chén yéye zǒngshì lèhēhē de, guài bu de jiànkāng chángshòu
"对，我 看 陈 爷爷 总是 乐呵呵的，怪 不 得 健康 长 寿

ne!" Lǐ Yīng shuō.
呢！"李 英 说。

"Chú le zhèxiē yǐwài, hái yǒu biéde ma?" Lìli wèn.
"除了 这些 以外，还 有 别的 吗？"莉莉 问。

"Zài yǒu, duō huódònghuódòng duì shēntǐ yě yǒu hǎochu." Lǎorén shuō,
"再 有，多 活 动 活动 对 身体 也 有 好处。"老 人 说，

"Yóuqí yào zài wū wài huódòng, néng jiēchù yángguāng hé xīnxiān kōngqì."
"尤其 要 在 屋 外 活动， 能 接触 阳 光 和 新鲜 空气。"

"Chén yéye, nín duànliàn shēntǐ dōu zuò xiē shénme huódòng a?" Lìli
"陈 爷爷，您 锻炼 身体 都 做 些 什么 活 动 啊？"莉莉

yòu wèn.
又 问。

"Wǒ měitiān dōu dǎ quán, zǒu lù, liàn qìgōng."
"我 每天 都 打拳、走 路、练 气功。"

"Zǒu lù yě shì hěn hǎo de duànliàn." Lìli shuō.
"走 路 也 是 很 好 的 锻炼。"莉莉 说。

"Duì, wǒ chī wán fàn dōu yào chūlai zǒu yi zǒu."
"对，我 吃 完 饭 都 要 出来 走 一走。"

111

"Fàn hòu bǎi bù zǒu, huó dào jiǔshijiǔ, shì bu shì?" Lǐ Yīng shuō.
"饭 后 百 步 走，活 到 九 十 九，是 不 是 [7] ？"李 英 说。

"Duì, duì, jiù shì zhège dàolǐ!" Lǎorén liánlián diǎn tóu.
"对，对，就 是 这个 道理！"老人 连连 点 头。

"Kàn lái, súhuàli hái dà yǒu xuéwèn na!" Lìli shuō, "Yǒu shíjiān de
"看 来[8]，俗 话里还大 有 学 问 哪！"莉莉说，"有 时间 的

huà, wǒ hái yào zài lái xiàng Chén yéye qǐngjiào."
话，我 还要 再 来 向 陈 爷爷 请 教。"

"Hǎo a, shénme shíhòur lái, wǒ dōu huānyíng a!"
"好 啊，什么 时候儿 来，我 都 欢 迎 啊！"

Gàobié le Chén yéye, Lǐ Yīng duì Lìli shuō: "Nǐ shi xué zhōngyī de, Chén
告别 了 陈 爷爷，李 英 对 莉莉 说："你 是 学 中 医的，陈

yéye jiànkāng chángshòu de jīngyàn, nǐ yídìng hěn gǎn xìngqù ba?"
爷爷 健康 长 寿 的经验，你 一定 很 感 兴趣 吧？"

"Jiànkāng chángshòu shì yì mén xuéwèn, xiànzài quán shìjiè dōu zài yánjiū
"健康 长 寿 是 一 门 学问，现 在 全 世界 都 在 研究

tā. Zhōngguó rén de jiànkāng chángshòu jīngyàn, wǒmen xué zhōngyī de yīnggāi
它。中 国 人的健康 长 寿 经验，我们 学 中 医的 应该

hǎohāor yánjiūyánjiū."
好 好儿 研究 研究。"

生词 New words

长寿	chángshòu	〔名〕	long life, longevity
太极拳	tàijíquán	〔名〕	a kind of traditional Chinese shadow boxing
别看	biékàn	〔连〕	although
耳	ěr	〔名〕	ear
聋	lóng	〔形〕	deaf
眼	yǎn	〔名〕	eye

花	huā	〔形〕	dim eyesight
驼 (背)	tuó (bèi)	〔动〕	to hump, hunch
高级	gāojí	〔形〕	high quality
补药	bǔyào	〔名〕	tonic
从来	cónglái	〔副〕	at all times
生病	shēng bìng		to fall ill
摸	mō	〔动〕	to feel
胡子	húzi	〔名〕	beard, moustache
保持	bǎochí	〔动〕	to keep
经验	jīngyàn	〔名〕	experience
素	sù	〔形〕	vegetable (dish)
荤	hūn	〔形〕	meat (dish)
精神	jīngshén	〔名〕	spirit, mind
好处	hǎochu	〔名〕	good (do good to one's health)
俗话	súhuà	〔名〕	common saying
愁	chóu	〔动〕	to worry
乐呵呵	lèhēhē	〔形〕	cheerful, buoyant
尤其	yóuqí	〔副〕	especially
接触	jiēchù	〔动〕	to contact, have a breath (of fresh air)
新鲜	xīnxiān	〔形〕	fresh
锻炼	duànliàn	〔动〕	to have physical training
练	liàn	〔动〕	to practice, to do
气功	qìgōng	〔名〕	a system of deep breathing exercises
步	bù	〔量、名〕	step, a measure word for steps
活	huó	〔动〕	to live
道理	dàolǐ	〔名〕	reason, truth, principle
连连	liánlián	〔副〕	again and again
学问	xuéwèn	〔名〕	learning
请教	qǐngjiào	〔动〕	to consult, to ask for advice
告别	gàobié	〔动〕	to say good-bye
感	gǎn	〔动〕	to find (something interesting)
门	mén	〔量〕	subject, discipline

注 释 Study points :

1. 那位<u>就</u>是我跟你说过的长寿老人陈爷爷。

   "就" is used here for emphasis to affirm what follows.

2. <u>别看</u>陈爷爷九十三了，<u>可</u>耳不聋，眼不花，背不驼。

   "别看" presents a statement which is often followed by a conjunction like "可是" or "但是" that expresses a shift in meaning and introduces a conclusion opposite to the previous statement. "可是", "但是" can sometimes be shortened to "可", "但". In the above sentence, "可" is short for "可是".

3. <u>补药</u>我可从来没吃过。

   An object can sometimes be transposed to the beginning of a sentence either for emphasis or because of its length. "补药" is thus initially placed for emphasis. A similar transposition of object occurs elsewhere in the text, i.e.

   中国人的健康长寿经验，我们学中医的应该好好研究研究。

4. <u>多</u>吃素，<u>少</u>吃荤。

   "多" and "少" are adjectival modifiers to the verb, implying an increase or decrease respectively over the original amount or quality.

5. 精神愉快少生气，对身体<u>大有</u>好处。

   "大有…" means "很有…", but is a bit stronger in tone.

6. <u>笑一笑</u>，<u>十年少</u>，<u>愁一愁</u>，<u>白了头</u>。

   This is a common saying which literally means that laughter can make one ten years' younger, whereas worries can make one's hair turn grey, that is, to become old before one's time.

7. <u>饭后百步走</u>，<u>活到九十九</u>，<u>是不是</u>？

   Being also a common saying, it means that regular after-meal walking exercises can help one prolong his life. In the sentence, "是不是" can be replaced by "对不对". This interrogative form is not really a question. It indicates the speaker's affirmative attitude towards what he has said before, and an affirmative answer is always expected.

8. <u>看来</u>，俗话里还大有学问哪！

   "看来" is a parenthesis, indicating an estimation according to the circumstances.

词语例解
Study of words and expressions:

1. 从来 〔副〕

 always, at all times

 (1) 对工作，他从来都是这样认真的。

 (2) 这种事情我从来没有听说过。

2. 除了…以外

 Exclusive of what is previously mentioned, this structure can be an equivalent of "except", often followed by "都" or "全".

 (1) 这次旅行，除了王小姐以外，大家都想去西安。

 (2) 除了星期天上午以外，别的时候他全在家。

 Inclusive of what is previously stated, it can be an equivalent of "besides", often followed by "还" or "也".

 (3) 昨天去参观展览会的除了小张以外，还有小李和我。

 (4) 明天去长城，除了王小姐以外，陈小姐、丁小姐也想去。

3. 怪不得 〔动〕

 not to blame

 (1) 这次考试没有考好，怪不得别人，是我自己没有准备好。

 (2) 那是你的错，怪不得我。

 〔副〕

 no wonder, so that's why

 (3) 他病了，怪不得这几天没有见到他。

 (4) 怪不得威尔逊先生汉语说得那样好，他在中国学过五年汉语呢。

4. 尤其 〔副〕

 especially, particularly

 (1) 他喜欢打拳，尤其喜欢打太极拳。

 (2) 这几天天气都很热，尤其是昨天。

 (3) 没有想到你会做中国菜，尤其没有想到做得那么好。

115

5. …的话

It is put at the end of a clause of supposition, often used with conjunctions like "如果", "要是", etc.

(1) 要是明天没有事儿的话，我带你到动物园玩儿玩儿。

(2) 如果你忙的话，明天就不要来了。

练习 Exercises :

1. Read aloud:

有学问	有道理	有经验	有精神
有好处	有接触	锻炼身体	跟...有接触
练长跑	不停地练	大有问题	大有希望
感兴趣	有兴趣	没有兴趣	兴趣在这儿

2. Complete the following sentences, using "多" or "少" to modify the verb:

1) 学习外语要 ＿＿＿＿＿＿＿＿＿＿。（说、写）

2) 这儿风景好，交通又方便，＿＿＿＿＿＿＿＿＿。（住）

3) 他太胖了，你让他 ＿＿＿＿＿＿＿＿＿。（活动）

4) 他们爱吃水果，＿＿＿＿＿＿＿＿＿。（带）

5) 我知道他有办法，＿＿＿＿＿＿＿＿。（花钱、办事）

6) 大家喜欢跟他一起工作，因为他总是 ＿＿＿＿＿＿＿＿。（说话、工作）

3. Rewrite the following sentences after the models:

a) Use the fronted object

Model:
> 我从来没吃过补药。
> → 补药我从来没吃过。

116

1) 我们从前没见过那位先生。

2) 你给他介绍介绍划船的经验。

3) 他一来就办好手续了。

4) 我去过好几次那家饭馆儿了。

b) Use "别看…可（可是，但是）" to express a shift in meaning

Model:

> 老人家九十三了，吃得不少
>
> —→ 别看老人家九十三了，可吃得不少。

1) 她常常吃补药，病没有好。

2) 他们年龄不大，学问不少。

3) 人长得不高，跑得不慢。

4) 学习时间不长，成绩不小了。

4. Complete the following dialogues, offering a supposition by using "…的话":

Model:

> A: 你应该研究一下他的经验。
>
> B: 有时间的话，我一定向他请教。

1) A: 请到我们的新居来玩儿玩儿啊！

   B:（时间）

2) A: 这个展览真不错，你看不看？

   B:（时间）

3) A:（喜欢，送）

   B: 这太感谢您了。

4) A:（没有空），就不要来了。

   B: 我有空，我来。

5. Answer the following questions with the words or expressions given in parentheses:

1) 你没有学过太极拳吗？（从来）

2) 他喜欢做中国菜吗？（从来）

3) 他们爱听什么音乐？（尤其）

4) 这几辆小汽车好不好？（尤其）

5) 他父亲上个月住院了，你知道吗？（怪不得）

6) 你每天都散步吗？（除了…以外）

7) 他们家好几代人都长寿，你听说了吗？（怪不得）

8) 你们几个人都去看京剧吗？（除了…以外）

6. How do you express yourself in the following situations?

1) 用汉语跟一位朋友谈话，请他注意身体健康。

2) 朋友病了，用中文给他写一封信，告诉他应该注意的事情。

7. Learn some common sayings:

1) 饭后走百步，不用进药铺。

   药铺　　yàopù　　　　　the herbal medicine shop

2) 衣带变长，寿命变短。

   带　　　dài　　　　　　belt

   变　　　biàn　　　　　　become

   寿命　　shòumìng　　　　life-span

3) 有钱难买老来瘦。

   瘦　　　shòu　　　　　　thin

答案 Key

3. a)　(1) 那位先生我们以前没见过。

　　　　(2) 划船的经验你给他介绍介绍。

　　　　(3) 手续他一来就办好了。

　　　　(4) 那家饭馆儿我去过好几次了。

　　b)　(1) 别看她常常吃补药，可病没有好。

　　　　(2) 别看他们年龄不大，可学问不少。

　　　　(3) 别看人长得不高，可跑得不慢。

　　　　(4) 别看学习时间不长，可成绩不小了。

118

一封家信
A Letter to Family

Tóngxuémen chà bu duō dōu yǐjīng shuì le, Lìli hái zài gěi jiāli xiě xìn.
同　学　们　差　不　多　都　已经　睡　了，莉莉　还　在　给　家里　写　信。

Xiàmian shì tā xiě gěi bàba māma de yì fēng jiāxìn:
下　面　是　她　写　给　爸爸　妈妈　的　一　封　家信：

Qīn'ài de bàba māma:
亲　爱　的　爸爸　妈妈：

　　Nǐmen hǎo!
　　你们　好！

119

Lái Zhōngguó yǐjīng bàn ge duō yuè le. Yí ge rén yuǎn lí jiāxiāng, zǒng
来 中 国 已经 半 个 多 月 了。一个 人 远 离 家乡, 总

miǎn bu liǎo yào xiǎng jiā, dànshì, yúkuài de xuéxí shēnghuó hé Zhōngguó
免 不 了 要 想 家[1],但是,愉快 的 学习 生 活 和 中 国

lǎoshī, tóngxué de yǒuhǎo rèqíng, yòu chángcháng shǐ wǒ wàngjì le zìjǐ shì
老师、同 学 的 友好 热情,又[2] 常 常 使我 忘 记了自己是

shēnghuó zài guówài.
生 活 在 国外。

Wǒmen shàng kè yǐjīng yǒu liǎng ge xīngqī le. Zhèli měi zhōu xuéxí wǔ tiān,
我们 上 课已经 有 两 个 星期 了。这里 每 周 学习 五 天,

měitiān shàngwǔ bā diǎn dào shí'èr diǎn shàng sì jié kè; xiàwǔ yǒushí zài
每天 上 午 八 点 到 十 二 点 上 四节课;下午 有 时 在

shíyànshì zuò shíyàn, sì diǎn yǐhòu shì tǐyù duànliàn shíjiān. Měitiān duànliàn
实验室 做 实验,四点 以 后 是 体育 锻 炼 时间。每天 锻炼

de shíhòu, cāochǎngshang de rén hěn duō; dǎ qiú de dǎ qiú, pǎo bù de pǎo bù.
的时候,操 场 上 的人很 多;打球的打球,跑步的跑步。

Xiànzài wǒ chú le dǎ wǎngqiú yǐwài, zhèng xuézhe dǎ pīngpāngqiú.
现 在 我 除了打 网 球以外, 正 学着打乒乓球。

Jiāo wǒmen zhōngyī jīchǔ lǐlùn de shì yí wèi wǔshí duō suì de Zhōu jiàoshòu.
教 我们 中医基础理论的是一位 五十多 岁的 周 教授。

Tā de jiàoxué jīngyàn hěn fēngfù. Tā jiāo de suīrán shì lǐlùn, dàn zǒng shì jiǎng de
他的 教学 经验 很 丰富。他 教的虽然 是理论,但 总 是 讲 得

hěn shēngdòng, tóngxuémen dōu ài tīng tā de kè. Tā duì wǒmen de xuéxí yāoqiú
很 生 动,同学们 都爱听他的课。他对我们的 学习要求

shífēn yángé, wǒmen zuòyèli nǎpà yǒu yì diǎnr xiǎo de cuòwù, tā dōu yào
十分 严格,我们 作业里哪怕有一点儿小 的 错误,他 都 要

rènzhēn de gěi gǎizhèng guòlai; bù dǒng de dìfang zhǐyào wèn tā, tā zǒngshì
认 真 地给 改 正 过来;不 懂 的地方只要 问他,他总是

nàixīn de gěi wǒmen jiǎngjiě.
耐心 地给 我 们 讲解。

120

Wǒ de tóngwū Zhào Yùyīng shì ge rèqíng de gūniang. Tā búdàn zìjǐ kèkǔ
我 的 同 屋 赵 玉英[3] 是 个 热 情 的 姑 娘。她 不 但 自 己 刻 苦

xuéxí, érqiě hái zhǔdòng bāngzhù biérén. Yǒushí, wǒ de bǐjì jì bú xiàlai,   tā
学 习,而 且 还 主 动 帮 助 别 人。有 时,我 的 笔 记 记 不 下 来[4],她

jiù bǎ tā de bǐjì jiè gěi wǒ. Tā kàn dào wǒ xuéxí gǔdài Hànyǔ yǒu kùnnan, jiù
就 把 她 的 笔 记 借 给 我。她 看 到 我 学 习 古 代 汉 语 有 困 难,就

měitiān bāng wǒ bǔxí.
每 天 帮 我 补 习。

　　Lǐ Wénhàn bófù de xīnjū, wǒ yǐjīng qùguo liǎng cì. Bófù, bómǔ shēntǐ
　　李 文 汉 伯 父 的 新 居,我 已 经 去 过 两 次。伯 父、伯 母 身 体

dōu hěn hǎo. Lǐ Jiàn gē,   Lǐ Yīng jiě yě dōu jiàn dào le.
都 很 好。李 健 哥、李 英 姐 也 都 见 到 了。

　　Shíjiān bù zǎo le,   yǐjīng shì yèli shíyī diǎn le. Jīntiān jiù xiě dào zhèli ba.
　　时 间 不 早 了,已 经 是 夜 里 十 一 点 了。今 天 就 写 到 这 里 吧。

Xīwàng bàba,   māma duō zhùyì shēntǐ. Jiàn dào gūgu qǐng dài wǒ wèn hǎo.
希 望 爸 爸、妈 妈 多 注 意 身 体。见 到 姑 姑 请 代 我 问 好。

　　Zhù
　　祝

Shēntǐ jiànkāng
身 体 健 康[5]

　　　　　　　　　　　　　　　　　　Nǚ'ér   Lìli
　　　　　　　　　　　　　　　　　　女 儿[6] 莉 莉

　　　　　　　　　　　　　　　　　　Jiǔ yuè èrshíwǔ rì yú Běijīng
　　　　　　　　　　　　　　　　　　九 月 二 十 五 日 于[7] 北 京

　　Suí xìn jìshang wǒ hé tóngwū Xiǎo Zhào de zhàopiàn yì zhāng.
　　随 信 寄 上 我 和 同 屋 小 赵 的 照 片 一 张[8]。

家信	jiāxìn	〔名〕	a letter to (or from) one's family
亲爱	qīn'ài	〔形〕	dear
家乡	jiāxiāng	〔名〕	hometown, native land
想	xiǎng	〔动〕	to think of, long for
友好	yǒuhǎo	〔形〕	friendly
使	shǐ	〔动〕	to make, to cause
忘记	wàngjì	〔动〕	to forget
国外	guówài	〔名〕	abroad
有时	yǒushí	〔副〕	sometimes
实验	shíyàn	〔名、动〕	experiment
体育	tǐyù	〔名〕	physical training
操场	cāochǎng	〔名〕	sports ground
打 (球)	dǎ (qiú)	〔动〕	to play (ball games)
球	qiú	〔名〕	ball
跑步	pǎo bù		to run
网球	wǎngqiú	〔名〕	tennis
乒乓球	pīngpāngqiú	〔名〕	table tennis
基础	jīchǔ	〔名〕	basis
理论	lǐlùn	〔名〕	theory
教授	jiàoshòu	〔名〕	professor
教学	jiàoxué	〔名〕	teaching
丰富	fēngfù	〔形〕	rich, abundant
虽然	suīrán	〔连〕	although
生动	shēngdòng	〔形〕	lively, vivid
十分	shífēn	〔副〕	very
严格	yángé	〔形〕	strict
作业	zuòyè	〔名〕	school assignment, homework
哪怕	nǎpà	〔连〕	even though
错误	cuòwù	〔名、形〕	mistake; wrong
认真	rènzhēn	〔形、副〕	serious; seriously
改正	gǎizhèng	〔动〕	to correct

讲解	jiǎngjiě	〔动〕	to explain
不但…而且…	búdàn...érqiě...		not only...but also...
刻苦	kèkǔ	〔副〕	assiduously
笔记	bǐjì	〔名〕	notes
记	jì	〔动〕	to write down
补习	bǔxí	〔动〕	to take lessons after school
于	yú	〔介〕	in (a place)

注 释 Study points :

1. 总免不了要<u>想家</u>。
   "想家" means "to be homesick".

2. 但是，愉快的学习生活和中国老师、同学的友好热情，<u>又</u>常常使我忘记了自己是生活在国外。
   "又" here indicates a change in tone, often used with "但是", "可是", "却", etc.

3. 我的<u>同屋赵玉英</u>是个热情的姑娘。
   "同屋" is in apposition to "赵玉英", referring to the same person.

4. 有时，我的笔记<u>记不下来</u>。
   "记不下来" means "not being able to write down" or "having no ability to take notes". Its affirmative form is "记得下来". Here "下来" indicates the completion of an action.

5. <u>祝身体健康</u>
   "祝" means "祝愿" (to wish) here; "祝身体健康" is a complimentary close written after the body of a letter.

6. <u>女儿莉莉</u>
   The sender's name should be duly signed at the end of a letter, with his/her relationship to the recipient made clear by adding daughter or son, brother or sister, etc. to the name. But if the letter is from a parent to his/her child, only dad or mom will suffice, there is no need to give his/her name.

123

7. 九月二十五日<u>于</u>北京

"于" is a literary form word, meaning "在", generally used in written form only.

8. <u>随信寄上</u>我和同屋小赵的照片一张。

If photos or something else are enclosed in a letter, write "随信寄上…" as a postscript.

词语例解
Study of words and expressions:

1. 打球的打球，跑步的跑步。

This structure corresponds to "有的…，有的…".

(1) 星期六晚上，同学们看电影的看电影，听音乐的听音乐。

(2) 公园里的人很多，划船的划船，散步的散步。

2. 丰富 〔形〕

rich

(1) 他的工作经验很丰富，你应该向他学习。

〔动〕

to enrich

(2) 我们要努力学习，丰富自己的知识。

3. 十分 〔副〕

very

(1) 他干什么工作都十分认真，不懂的地方，都要问一问。

(2) 她爱人死了以后，她过着十分痛苦的生活。

4. 哪怕 〔连〕

even, even though

(1) 小赵每天都要锻炼身体，哪怕是刮风下雪，她也要锻炼。

(2) 今天的作业，哪怕到夜里十二点，我也要把它做完。

5. 只要

"Just (give him a ring)" as in (1), "so long as..." as in (2).

(1) 你只要给他打个电话，他马上就可以把东西送来。

(2) 我可以教你们唱中国歌，只要你们有兴趣。

6. 借〔动〕

to borrow

(1) 下午我要到图书馆借本书，你去不去？

(2) 你不是要借《汉英词典》？我这儿有一本。

to lend

(1) 雨伞我借给小张了。

(2) 你能借我一点儿钱吗？我的钱不够了。

练 习 Exercises :

1. **Read aloud:**

友好代表团	我们要友好下去	可爱的家乡	丰富的经验
不要忘记	语言很生动	严格的要求	十分认真
理论基础	很有耐心	改正错误	生活很刻苦

2. **Use "…的…，…的…" to indicate parts or groups after the model:**

Model:
> 公园里的人真多，有的划船，有的爬山，有的照相。
> 公园里的人真多，划船的划船，爬山的爬山，照相的照相。

1) 星期天，全家都很忙，有的去买东西，有的去看电影，有的去看朋友。

2) 大家搬啊，摆啊，一会儿就把书房布置好了。

3) 老虎大叫一声，有的小孩哭起来，有的叫了起来。

4) 几个小孩儿在操场上玩着，跑啊，跳啊，玩得真高兴。

125

3. **Express good wishes, using the words or expressions given below:**

愉快　　健康　　生活美满　　好　　长寿

4. **Practice conveying one's regards to someone through someone else:**

a) **Model:**

> 代我问××好。　　代我向××问好。

1) 姑姑　　　2) 伯父　　　3) 张老师

b) **Model:**

> 给我带个好。
> → 您回国见到他们，给我带个好。

1) 王教授　　2) 李先生　　3) 你父母

c) **Model:**

> 替我问××好。
> → 替我问王教授好。

1) 你全家　　2) 伯母　　　3) 大哥

5. **Use "下来" to express the completion or result of an action:**

Model:

> A: 他的地址你记下了吗？
> B: 记下来了。（记）

1) A: 到站了吗？

B: 可不，车慢慢地 _____ 。（停）

2) A: 你为什么不记笔记呀？

B: 我听不懂他的话，_____ 。（记）

3) A: 你快念哪！

B: 对不起，很多字我不认识，_____ 。（念）

4) A: 旅行的日子定没定？

B: 你还不知道？早 _____ 。（定）

6. Complete the following sentences with the words given in parentheses:

1) 他对我们_____。（十分）

2) 他们看了好几个房间，_____。（十分）

3) _____，也应该去问老师。（哪怕）

4) _____，他也不会对你特殊照顾。（哪怕）

5) _____，他总是欢迎你的。（只要）

6) _____，我一定想办法帮助你。（只要）

7. Translate the following sentences into Chinese, using the verb "上":

1) The class has already begun, hurry up and go in.

2) Let's go upstairs quickly.

3) Come along, let's go to the theatre to watch the Beijing opera.

4) Put on this overcoat.

5) He became a teacher last year.

答案 Key

7. 1) 已经上课了，快进去吧。

2) 咱们快上楼吧。

3) 走吧，上剧场看京剧去。

4) 你穿上这件大衣吧。

5) 去年他当上老师了。

看电影以后
After the Movie

13

Kàn wán diànyǐng, Zhào Yùyīng hé Lìli cóng diànyǐngyuànli chūlai.
看 完 电 影，赵 玉 英 和 莉莉 从 电 影 院里 出来。

Tāmen kàn le kàn biǎo, yǐjīng shì xiàwǔ wǔ diǎn duō zhōng le.
他们 看了看 表，已经 是 下午 五点 多 钟 了。

"Zhège diànyǐng zhēn cháng, yǎn le chà bu duō liǎng ge bàn xiǎoshí." Zhào
"这个 电影 真 长，演了差不多 两个半 小时。"赵

Yùyīng dǎ le ge hāqiàn.
玉英 打了个哈欠。

"Nǐ bù xǐhuan zhège diànyǐng?" Lìli wèn.
"你 不 喜欢 这个 电 影？"莉莉 问。

"Yǒu yìdiǎnr."
"有 一点儿。"

"Wèi shénme?"
"为 什么？"

"Bùrú yuánzhù nàme gǎnrén."
"不如 原 著 那么 感人。"

"Yuánzhù?"
"原 著？"

"Duì, Zhège diànyǐng shì gēnjù yí bù xiǎoshuō gǎibiān de. Wǒ kànguo nà
"对。这个 电 影 是 根据一部 小 说 改编 的。我 看过 那

bù xiǎoshuō. Wǒ juéde gǎibiān de bú tài hǎo. Yǒu xiē qíngjié gēn yuánzhù yě bù
部 小 说。我 觉得 改编 得 不太 好。有 些 情节 跟 原 著 也 不

yíyàng. Yóuqí shì jiéwěi, bù yīnggāi ràng zhǔréngōng sǐ qù."
一样。尤其是 结尾，不 应 该 让 主人 公 死去。"

"Wǒ bù tóngyì nǐ de kànfǎ. Wǒ juéde zhèyàng jiéwěi hěn gǎnrén, yě hěn
"我 不 同意 你的 看法。我 觉得 这样 结尾 很 感人，也 很

hélǐ. Zhǐyǒu zhèyàng, cái néng gèng hǎo de tǐxiàn diànyǐng de zhǔtí."
合理。只有 这 样，才 能 更 好 地体现 电影 的 主题。"

"Kěshì zài yuánzhùli, tā bìng méiyǒu sǐ!"
"可是在 原 著里，他 并[1] 没有 死！"

"Zhè méi guānxi. Gǎibiān de rén gēnjù jùqíng fāzhǎn de xūyào, kěyǐ ràng tā
"这 没 关系。改编 的 人 根据 剧情 发展 的 需要，可以 让 他

sǐ; zhè jiàozuò yìshù de zài chuàngzào."
死；这 叫 做 艺术 的 再 创 造。"

"Zhèyàng de zài chuàngzào kǒngpà bù héshì."
"这 样 的 再 创 造 恐怕 不合适。"

"Wǒ rènwéi zhè shì kěyǐ de." Lìli jiānchí zìjǐ de yìjiàn.
"我 认为 这 是 可以 的。"莉莉 坚持 自己 的 意见。

"Kàn lái, nǐ hěn xǐhuan zhège diànyǐng?" Zhào Yùyīng wèn.
"看来，你很喜欢 这个 电影？"赵 玉英 问。

"Dāngrán. Yàoshì yǒu jīhuì, wǒ hái xiǎng zài kàn yí biàn. Wǒ juéde dǎoyǎn
"当 然。要是 有机会，我还 想 再看一遍。我觉得导演

hěn yǒu shuǐpíng; yǎnyuánmen yě yǎnde hěn hǎo, yóuqí shì nàge nán zhǔjué.
很 有 水平[2]；演 员 们 也 演得 很 好，尤其是那个男 主角。

Tīng shuō tā háishi dì-yī cì shàng yínmù ne, shì ma?"
听 说 他 还是 第一次 上 银幕[3]呢，是 吗？"

"Shì de, tā qùnián gāng cóng diànyǐng xuéyuàn bì yè, shì ge hěn yǒu cáihuá
"是 的，他去年 刚 从 电影 学院毕业，是个很 有 才华

de yǎnyuán. Búguò, yǒu xiē dìfang tā de biǎoyǎn shì bu shì bú gòu zìrán?"
的演 员。不过，有 些 地 方 他 的 表 演是 不是 不 够 自 然？"

"Bù, wǒ kě méi yǒu zhèzhǒng yìnxiàng. Wǒ juéde tā yǎn de quèshí hěn
"不，我可没有 这 种 印象。我觉得他演得 确实很

zìrán, hěn zhēnshí."
自然，很 真实。"

"Shì ma?"
"是 吗？"

"Dāngrán!"
"当 然！"

"Nǐ juéde diànyǐng de yīnyuè hé chāqǔ zěnmeyàng?" Zhào Yùyīng wèn.
"你觉得 电影 的 音乐和插曲怎么 样？" 赵 玉英 问。

"Nǐ shuō ne?"
"你 说 呢[4]？"

"Wǒ xiǎng xiān tīngting nǐ de yìjiàn."
"我 想 先 听听你的意见。"

"Chāqǔ zhēn búcuò, hěn hǎotīng, tǐng yǒu Zhōngguó míngē de tèsè, yīnyuè
"插曲 真 不错，很 好听，挺有 中 国 民歌的特色，音乐

kě bù zěnmeyàng."
可不 怎么 样[5]。"

130

"Shì ma?" Zhào Yùyīng hěn chījīng.
"是吗？"赵玉英很吃惊。

"Wǒ juéde yīnyuè tài dāndiào le, yuè tīng yuè méi yìsi."
"我觉得音乐太单调了，越听越没意思。"

"Zhēn yíhàn!"
"真遗憾！"

"Yíhàn shénme?"
"遗憾什么？"

"Zuò qǔ de rén bú shì biéren."
"作曲的人不是别人。"

"Shuí?"
"谁？"

"Wǒ jiùjiu."
"我舅舅。"

生词 New words

电影院	diànyǐngyuàn	〔名〕	cinema
打 (哈欠)	dǎ (hāqian)	〔动〕	to yawn
哈欠	hāqian	〔名〕	yawn
原著	yuánzhù	〔名〕	original work
感人	gǎnrén	〔形〕	touching, moving
根据	gēnjù	〔动、名〕	to base; basis
部	bù	〔量〕	a work (of literature)
小说	xiǎoshuō	〔名〕	novel
改编	gǎibiān	〔动〕	to adapt
情节	qíngjié	〔名〕	plot
结尾	jiéwěi	〔名、动〕	ending; to end
主人公	zhǔréngōng	〔名〕	leading character, hero/heroine

死	sǐ	〔动〕	to die
同意	tóngyì	〔动〕	to agree
看法	kànfǎ	〔名〕	view, a way of looking at a thing
合理	hélǐ	〔形〕	reasonable
只有…才…	zhǐyǒu...cái...		only...can...
体现	tǐxiàn	〔动〕	to express, to embody
主题	zhǔtí	〔名〕	theme
剧情	jùqíng	〔名〕	the story of a play
发展	fāzhǎn	〔动、名〕	to develop; development
恐怕	kǒngpà	〔副〕	to be afraid...
认为	rènwéi	〔动〕	to think
坚持	jiānchí	〔动〕	to insist
导演	dǎoyǎn	〔名、动〕	director; to direct
水平	shuǐpíng	〔名〕	level
主角	zhǔjué	〔名〕	leading role
银幕	yínmù	〔名〕	motion-picture screen
才华	cáihuá	〔名〕	talent, gift
表演	biǎoyǎn	〔动〕	to act
印象	yìnxiàng	〔名〕	impression
真实	zhēnshí	〔形〕	real
插曲	chāqǔ	〔名〕	song in a film or a play
好听	hǎotīng	〔形〕	pleasant to hear
民歌	míngē	〔名〕	folk song
特色	tèsè	〔名〕	distinguishing feature
吃惊	chījīng		to be surprised
单调	dāndiào	〔形〕	monotonous, dull
越…越…	yuè...yuè...		the more...the more...
遗憾	yíhàn	〔形、动〕	regretful, to pity
作曲	zuò qǔ		to compose, to write music

1. 他<u>并</u>没有死。

    When used before "不", "没(有)", "无", "非", etc., "并" intensifies the force of negation, often found in a sentence where a shift of meaning is required, e.g.

    只要你努力学习，汉语语法并不难。

2. 我觉得导演很<u>有水平</u>。

    "有+水平（办法、研究、经验…）" implies a favourable appraisal of someone, whose performance is of top level. The phrase can be modified by adverbs of degree.

3. 听说他还是第一次<u>上银幕</u>呢。

    "第一次上银幕" means "to make one's debut on a screen". "上" indicates "to appear on ...".

4. <u>你说呢</u>？

    "你说呢？" means "你的意见是什么呢？" ("What do you think of it?"). It is often used in conversation when the speaker wants to hear the opinion of the hearer first before answering his question.

5. 音乐可<u>不怎么样</u>。

    "不+怎么样" is a euphemism for "不好".

词语例解
Study of words and expressions:

1. 根据〔介〕

    according to

    (1) 根据天气预报，今天晚上要下雨。

    (2) 根据大家的意见，从明天开始，由张老师教大家打太极拳。

〔名〕

grounds

(3) 我这样说是有根据的。

2. 只有…才…

Only...can...

(1) 只有他太太才会了解他的事情。

(2) 只有小孩才这样说。

3. 当然 〔形〕

natural

(1) 你不喜欢他，他很生气，这是当然的。

〔副〕

certainly, of course

(2) 你们都去，我当然也去。

(3) 你不说，我当然不知道你要干什么。

(4) 当然，北京冬天比上海冷。

4. 上 〔动〕

Some of the numerous meanings of the verb "上" are summarized as follows:

to go from a lower position to a higher position

(1) 陈先生和陈太太他们上楼来了。

to go to a place

(2) 我上书店买本书去。

to study or work at a scheduled time

(3) 老陈不在家，他上班去了。

(4) 周教授正在给学生上课。

to appear on

(5) 这是他第二次上银幕了。

used after a verb to indicate a movement towards a higher place

(6) 小赵和小王都跑上山去了。

used after a verb to indicate the result or the aim achieved

(7) 买票的人很多，我没有买上。

(8) 李小姐当上记者了。

used after a verb to indicate the state of being closed

(9) 门和窗户都关上了。

used after a verb to indicate the state of something being put on somebody or something else

(10) 你穿上这件衣服，一定更漂亮。

used alone as a noun of locality to indicate a high position

(11) 陈太太把小赵从上到下端详了半天。

used as a noun of locality following a noun to indicate surface, scope or respect

(12) 桌子上放着两本书。

(13) 书上这一句话是什么意思我还不清楚。

(14) 你学习上有什么困难没有？

When used as a noun of locality, "上 + noun" is similar to an adjective, indicating a previous occurrence in order of time.

(15) 上星期我没有去医院看病。

(16) 莉莉是上个月到的。

(17) 你这一次来比上一次胖多了。

5. 确实〔形〕
true, authentic
(1) 这个消息是确实的，不信你可以去问李老师。

〔副〕
really, indeed
(2) 这一年她的中文水平确实提高了，现在已经能听中文广播了。

(3) 我确实不会抽烟。

6. 越…越…
This structure indicates that A develops along with the development of B. Only verbs and adjectives can be put after "越".
(1) 这本小说越看越有意思。

(2) 你越说，他越不高兴。

练习 Exercises :

1. Read aloud:

十分感人　　　我有看法　　　不能同意　　　发展很快
坚持到底　　　水平不高　　　印象很深　　　真实情况
有地方特色　　合理要求

2. Make sentences after the given pattern:

1) Use "越…越…"

Model: 听
→ 越听越没意思。

看　　想　　坚持　　走　　吃　　愁

2) Use "只有…才…"

Model: 这样
→ 只有这样，才能体现电影的主题。

你去　　多写　　坚持锻炼　　听他讲完　　刻苦学习

3. Complete the following dialogues with the words given in parentheses:

1) A: 你说他会去吗？
   B: 这是他的工作，＿＿＿＿＿＿＿＿＿＿＿＿＿＿＿。（当然）

2) A: 我看他不会来。
   B: 我们不开车去请他，＿＿＿＿＿＿＿＿＿＿＿＿。（当然）

3) A: 这个京剧是改编的吧？
   B: 对了＿＿＿＿＿＿＿＿＿＿＿＿＿＿＿＿＿。（根据）

4) A: 对不起，老张走了。
   B: ＿＿＿＿＿＿＿＿＿＿＿＿＿＿＿＿＿＿＿。（遗憾）

5) A: 听说小王又住院了。

   B: 不，_____。（恐怕）

4. Answer the following questions:

a) Use "可不怎么样"

1) 你觉得这个城市怎么样？

2) 他这个人学习不坏吧？

3) 他们生活很好吧？

4) 他这两年身体好不好？

5) 这本杂志有意思吗？

b) Use "并不…(并没)"

1) 听说，他家很难找，是吗？

2) 这辆小汽车大概跑得很快，是不是？

3) 他已经是个大导演了。你知道不？

4) 他们这星期办手续，没告诉你吗？

5) 你认为他的水平很高吗？

5. How do you express yourself in the following situations:

1) 向朋友介绍你看过的一篇小说。

2) 讨论一个话剧的好坏。

6. Translate the following sentences into Chinese, using the words or expressions given in parentheses:

1) He is a veteran actor. It is not the first time for him to be on the screen.（上）

2) He is a man who loves reading; he always takes a book along even when he goes to the park.（上）

3) How fast this town grows!（真）

4) The song in the film is very pleasant to hear, but it doesn't play a supporting role to the plot.（并）

5) I am afraid that your view point is not right.（恐怕）

6) How is it that he is speaking faster and faster?（越…越…）

6. 1) 他是个老演员了，并不是第一次上银幕。

2) 他是个爱读书的人，上公园去还带本书。

3) 这个城市发展真快！

4) 那个电影的插曲很好听，可是跟剧情并没有关系。

5) 恐怕你的看法是不对的。

6) 他怎么越说越快呢？

看望赵玉英的父母
Calling on Zhao Yuying's Parents

14

"Dōng, dōng, dōng!" Yǒu rén qiāo mén.
　"咚，咚，咚！"有 人 敲 门。

　　Zhào shěnr kāikai mén, jiàn shi nǚ'ér Zhào Yùyīng, jiù wèn: "Jiù nǐ yí ge
　　赵　婶儿开开门，见是女儿 赵 玉英，就 问："就[1]你一个

rén huílai de?" Zhào Yùyīng wàng pángbiānr yì shǎn, zhǐzhe shēn hòu de Lìli
人 回来的？" 赵 玉英 往 旁 边儿一闪，指着 身 后 的 莉莉

shuō: "Néng yí ge rén huílai ma? Kàn, zhè jiù shì wǒ de Měiguó tóngxué Lìli."
说："能 一个 人 回来吗[2]？看，这 就 是 我的 美国 同 学莉莉。"

"Ò,　kě lái le. Kuài jìn wū, wūli zuò!"
"哦，可来了。快 进 屋，屋里坐！"

Zhào shīfù cóng chúfángli zǒu chūlai, gēn Lìli wò shǒu, shuō: "Huānyíng
赵 师傅从 厨房里走 出来，跟 莉莉握 手，说：" 欢 迎

nǐ, Lìli!"
你，莉莉！"

"Dàbó, dàmā, wǒ zǎo jiù xiǎng lái kàn nǐmen le, kěshì gāng lái Zhōngguó,
"大伯，大妈，我 早 就 想 来 看 你们 了，可是 刚 来 中 国，

shìr tèbié duō, yìzhí méi kòngr. Nǐmen shēntǐ tǐng hǎo de ba?"
事儿特别 多，一直 没 空儿。你们 身体挺 好 的吧？"

"Hǎo, hǎo, Nǐ qǐng zuò, hē diǎnr chá, chī kuài táng." Zhào shěnr yìbiān
"好，好。你 请 坐，喝点儿 茶，吃 块 糖。" 赵 婶儿一边

shuō, yìbiān mángzhe gěi Lìli dào chá ná táng.
说，一边 忙着给莉莉 倒 茶拿糖。

"Dàmā, nín bié kèqi, yǐhòu wǒ hái yào cháng lái ne!"
"大妈，您别客气，以后 我 还要 常 来呢！"

"Duì, yǒu kòngr cháng lái wánr, jiù gēn zài zìjǐ jiā yíyàng. Nǐ yí ge rén líkāi
"对，有 空儿 常 来玩儿，就 跟 在自己家一样。你一个 人 离开

fùmǔ, lái Běijīng xuéxí, shēnghuóshang yǒu shénme yào bāngmáng de, jiù gēn
父母，来北京 学习，生 活 上 有 什 么 要 帮 忙 的，就跟

dàmā shuō, huòzhě gēn Yùyīng shuō, qiānwàn bié bù hǎo yìsi."
大妈 说，或 者 跟 玉 英 说，千 万 别 不 好 意思。"

"Wǒ shàng le Zhōngyī Dàxué yǐhòu, yǐjīng gěi nín nǚ'ér tiān le bù shǎo máfan.
"我 上 了 中 医 大 学 以后，已经 给 您 女儿 添 了 不 少 麻烦。

Wǒ zhēn bù zhīdao zěnyàng gǎnxiè tā cái hǎo."
我 真 不 知道 怎样 感谢她才 好。"

"Lìli, bié zhème shuō, nà shì yīnggāi de!" Zhào Yùyīng shuō.
"莉莉，别 这么 说，那是 应 该 的！"赵 玉英 说。

140

"Duì, yì jiā rén bù shuō liǎng jiā huà ma!" Zhào shīfù shuō, "Nǐmen
"对，一家人不说两家话[3]嘛！"赵师傅说，"你们

zuòzhe shuō huà, wǒ děi qù zuò fàn le." Shuō wán, jiù zǒu jìn le chúfáng.
坐着说话，我得去做饭了。"说完，就走进了厨房。

"Dà bó hái huì zuò fàn?" Lìli wèn Zhào shěnr.
"大伯还会做饭？"莉莉问赵婶儿。

"Nǐ dàbó zuò fàn de shǒuyì hái bú cuò, gòu de shàng bàn ge chúshī. Yíhuìr,
"你大伯做饭的手艺还不错，够得上半个厨师。一会儿，

nǐ chángchang tā de shǒuyì. Tā shì chǎngli de chējiān zhǔrèn, shēngchǎn de shìr
你尝尝他的手艺。他是厂里的车间主任，生产的事儿

tā dōu děi guǎn, píngshí nǎr yǒu shíjiān gù zhèxiē jiāwù shì. Hǎozài wǒ xiànzài
他都得管，平时哪儿有时间顾这些家务事。好在我现在

yǐjīng tuìxiū, píngshí jiāwù shì zhǔyào shì wǒ zuò; xīngqītiān huò féng nián guò
已经退休，平时家务事主要是我做；星期天或逢年过

jié, nǐ dàbó hé Yùyīng tāmen wèi le ràng wǒ xiūxi, qiǎngzhe zuò fàn, xǐ yīfu,
节[5]，你大伯和玉英他们为了让我休息，抢着做饭、洗衣服、

shōushi wūzi, wǒ jiù bú yòng cāo xīn le."
收拾屋子，我就不用操心了。"

"Dàmā, tuìxiū yǐhòu, chú le jiāwù shì yǐwài, nín hái yǒu shénme biéde
"大妈，退休以后，除了家务事以外，您还有什么别的

huódòng ma?"
活动吗？"

"Yǒu. Měitiān zǎochen qǐlai yǐhòu, wǒ dōu dào gōngyuán qù zǒuzou,
"有。每天早晨起来以后，我都到公园去走走，

hūxīhūxī xīnxiān kōngqì, zuòzuo cāo, dǎda tàijíquán."
呼吸呼吸新鲜空气，做做操，打打太极拳。"

"Nín huì dǎ tàijíquán?"
"您会打太极拳？"

141

"Dǎ de bù hǎo, huódònghuódòng shēntǐ jiùshì le. Xiàwǔ yǒu shíhòu kànkan
"打得不好，活动活动 身体就是了。下午有时候看看

diànshì, tīngting guǎngbō. Yǒu shíhòu jiēdào jūmín wěiyuánhuì yǒu xiē huódòng,
电视，听听 广播。有时候街道居民 委员会[6]有些活动，

wǒ yě cháng qù cānjiā."
我也常去参加。"

"Dōu yǒu xiē shénme huódòng?"
"都有些什么活动？"

"Shénme dǎsǎo wèishēng a, xiǎoháir dǎ yùfángzhēn a, bāngzhù tiáojiě jiātíng
"什么打扫卫生啊，小孩儿打预防针啊，帮助调解家庭

jiūfēn a."
纠纷啊。"

"Jiātíng jiūfēn bù hǎo tiáojiě ba?"
"家庭纠纷不好调解吧？"

"Hái hǎo, bǐrú, qián xiē tiān, yǒu yì jiā liǎngkǒuzi chǎo jià, wèi de shì
"还好，比如，前些天，有一家两口子吵架，为的是

zhàngfu zài jiā bú gàn huór. Wǒmen gěi tā jiǎng le jiǎng dàolǐ. Tā jiēshòu le
丈夫在家不干活儿。我们给他讲了讲道理。他接受了

pīpíng, hòulái, liǎngkǒuzi biànde hěn hǎo, zài yě bù chǎo jià le."
批评，后来，两口子变得很好，再也不吵架了。"

"Dàmā, kànlái, nín yì tiān dào wǎn yě shì tǐng máng de."   Lìli shuō.
"大妈，看来，您一天到晚也是挺忙的。"莉莉说。

"Kěbu."
"可不。"

Zhào Yùyīng chā zuǐ shuō: "Wǒ mā de tuìxiū shēnghuó suīrán máng, dànshì
赵玉英插嘴说："我妈的退休生活虽然忙，但是

fēngfù duōcǎi."
丰富多采。"

"Shēnghuó ma, máng yìdiǎnr yě hǎo."
"生活嘛，忙一点儿也好。"

142

咚	dōng	〔象声〕	rat-a-tat
婶儿	shěnr	〔名〕	aunt
闪	shǎn	〔动〕	to dodge to one side
师傅	shīfù	〔名〕	master worker (a qualified worker as distinct from an apprentice)
握手	wò shǒu		to shake hands
大伯	dàbó	〔名〕	uncle, a polite form of address for an elderly (man)
大妈	dàmā	〔名〕	aunt, a polite form of address for an elderly (woman)
倒（茶）	dào(chá)	〔动〕	to pour (a cup of tea)
千万	qiānwàn	〔副〕	an expression used adverbially to express sincere exhortation
厨师	chúshī	〔名〕	cook
家务	jiāwù	〔名〕	household chores
车间	chējiān	〔名〕	workshop
主任	zhǔrèn	〔名〕	head, director, chairman
生产	shēngchǎn	〔名、动〕	production; to produce
顾	gù	〔动〕	attend to
好在	hǎozài	〔连〕	fortunately, luckily
平时	píngshí	〔名〕	(in) normal times, on weekdays
逢	féng	〔动〕	to come upon
过	guò	〔动〕	to spend
节	jié	〔名〕	festival, holiday
为了	wèi le	〔介〕	in order to
就是了	jiùshì le		a particle
广播	guǎngbō	〔动、名〕	to broadcast; broadcasting
居民	jūmín	〔名〕	resident
委员会	wěiyuánhuì	〔名〕	committee
打扫	dǎsǎo	〔动〕	to sweep, to clean

143

卫生	wèishēng	〔名〕	sanitation
预防	yùfáng	〔动〕	to prevent
调解	tiáojiě	〔动〕	to mediate, to patch up
纠纷	jiūfēn	〔名〕	(family) quarrel, dispute
吵架	chǎo jià		to quarrel
丈夫	zhàngfu	〔名〕	husband
接受	jiēshòu	〔动〕	to accept
批评	pīpíng	〔名、动〕	criticism; to criticise
变	biàn	〔动〕	to become
看来	kànlái		it seems...
插嘴	chā zuǐ		interrupt, to break in
丰富多采	fēngfù duōcǎi		rich and varied

Proper nouns :

赵婶儿	Zhào shěnr	Aunt Zhao, mother of Zhao Yuying
赵师傅	Zhào shīfù	Master Zhao, father of Zhao Yuying

注 释 Study points :

1. <u>就</u>你一个人回来的？

   "就" means "仅仅" (only) here. "的" carries an affirmative tone.

2. <u>能一个人回来吗</u>？

   Sometimes, questions do not express interrogation in Chinese. The interrogative form is used to indicate a kind of affirmation or negation. The affirmative form indicates negation and the negative form affirmation. This kind of questions are called rhetorical questions, which can be used to make sentences more forceful. The question "能一个人回来吗？" in the text means "(我)不可能一个人回来。" [It is impossible for (me) to come back all alone.] Other similar rhetorical questions in the text are:

   平时哪儿有时间管这些家务事！

(On weekdays, he has no time to do family chores.)

怎么不听 (They listen to her words anyhow.)

3. <u>一家人不说两家话</u>。

This is a common saying, meaning "咱们像一家人一样，不必说客气话。" (We are like members of the same family, we don't need to stand on ceremony.)

4. <u>够得上半个厨师</u>。

"够得上" implies one being up to a certain level of skill.

"半个厨师" means one being about half as good as a chief in cooking.

5. 星期天或<u>逢年过节</u>。

"逢年过节" refers to the time where people spend New Year's Day (or the Spring Festival) or other festivals.

6. <u>街道居民委员会</u>

It is the mass neighbourhood organization in China's urban areas established under the guidance of the basic organization of the state power on the basis of residential distribution. The committee, which is composed of a certain number of members elected by the residents, is in charge of public affairs and welfare establishments, assists in maintaining public security, mediates civil disputes and reflects suggestions, criticisms and demands of the people to the government.

7. 有一家<u>两口子</u>吵架，<u>为的是</u>丈夫<u>在家不干活儿</u>。

"两口子" is often used in colloquial speech, referring to husband and wife. "为的是" is used here to introduce an explanation to why they quarrelled. "在家不干活儿" means that the husband is unwilling to do family chores.

词语例解
Study of words and expressions:

1. 早〔名〕

morning

(1) 今天从早到晚，小赵一直在复习中医基础理论。

〔形〕

early

(2) 时间还早呢，刚七点半。

(3) 他每天都起得很早。

〔副〕

long ago as in (4), for a long time as in (5)

(4) 叔叔的信早收到了，但包裹还没收到。

(5) 我早就想来看你们了，因为忙，一直没有来。

2. 刚 〔副〕

just as in (1), a moment ago, just now as in (2)

(1) 李先生和李太太刚从中国旅行回来。

(2) 汽车刚开走，你要早点儿来就好了。

barely

(3) 学了半个月，他现在刚会游泳。

(4) 这次语音考试他刚及格。

3. 特别 〔形〕

peculiar, out of the ordinary

(1) 这个人很特别，别人学习的时候他休息；别人休息的时候他学习。

〔副〕

especially, particularly

(2) 我特别喜欢这个电影，演员演得很自然，音乐也很有特色。

(3) 大家要注意声调练习，特别是第三声的练习。

4. 或者〔连〕

The conjunction "或者" in Chinese is used in statements only, never in alternative questions.

(1) 今年夏天他要到上海或者杭州去旅行。

(2) 或者你去，或者我去，一会儿我们自己商量商量。

(3) 每天下午我们都锻炼身体，或者打球，或者跑步，或者游泳。

5. 千万 〔副〕

It is used to express sincere exhortation, meaning "must" as follows:

(1) 你千万记着告诉他，不要忘了。

(2) 大家千万别这样做，这样做不好。

6. 找 〔动〕

to call on

(1) 下午我要到北京大学找一个朋友。

to look for, to try to find

(2) 我刚把钢笔丢了，我得找一找。

(3) 你找什么？词典在这儿呢。

to give change

(4) 找你一块三毛五，你点一下儿。

练习 Exercises :

1. Read aloud:

跟…握手	家务劳动
讲民主	参加选举
当上了主任	就爱操心
讲究卫生	他可走了
就你们俩	能三年才回来吗
哪有一点儿空儿啊	千万要记住啊
够得上半个翻译	一家人怎么说两家话

2. Answer with rhetorical questions:

Model:

> A: 他大概早把我忘了。
>
> B: 他哪儿会忘了你！你们是老同学了。

1) 他一个人去？（能）

2) 这台电视机坏了吧？（怎么）

3) 他是这么说的，他说这件事情办不好了！（哪儿）

4) 你说，他真是这样一个人吗？（怎么）

3. Rewrite the following sentences:

a) Use "可" to emphasize one's wish that something has happened or been accomplished at long last

Model:　　┌─────────────────────────┐
　　　　　│ 他来了。　→ 他可来了。 │
　　　　　└─────────────────────────┘

1) 他说了。

2) 吃的东西他买回来了。

3) 他俩的纠纷解决了。

4) 住旅馆的登记表填完了。

5) 录取通知书寄来了。

b) Use "可" to emphasize approval

Model:　　┌───────────────────────────────┐
　　　　　│ 他真有办法！　→ 他可真有办法！ │
　　　　　└───────────────────────────────┘

1) 他们工作忙着呢！

2) 他能去那个地方工作，真不容易！

3) 他们的生活很美满。

4) 他歌儿唱得特别好听！

5) 那件连衣裙很好看。

4. Make sentences with "千万" and the given words or expressions to indicate one's exhortation:

Model:　　┌───────────────────────────┐
　　　　　│ 这样做　→ 千万不要这样做。 │
　　　　　└───────────────────────────┘

1) 来，晚

2) 消息，告诉，忘

3) 年轻，经验，多，请教

4) 好好，说，吵架

5) 再，来，买

5. Complete the following sentences with the words given in parentheses:

1) 这里的人我不认识，_____。（刚）

2) _____，现在走不远。（刚）

3) _____，你没看见？（早）

4) 他很忙，_____。（早、晚）

5) 他们几个都不错，_____。（特别）

6. Translate the following sentences, using the given words:

1) Comrade, whom do you want to see? （找）

2) That shoe has been found. （找）

3) Here is your change. （找）

4) It will be fine whether you go to his home or he goes to your school. （或者）

5) I especially don't want to cause trouble to anyone. （特别）

答案 Key

6. 1) 同志，你找谁呀？

2) 那只鞋找到了。

3) 这是找你的钱。

4) 你去他家或者他到你们学校来都好。

5) 我特别不愿给人家添麻烦。

在厨房里
In the Kitchen

15

 Zhào shīfù yì zǒujìn chúfáng, jiù wén dào le yì gǔ hú wèir.
赵　师傅一走进厨房，就　闻　到了一股糊味儿。

"Shénme wèir,　Yùxǐ?"
"什么味儿，玉喜？"

"Zāogāo, yú hú le!"　Zhèngzài kàn shū de Zhào Yùxǐ máng bǎ méiqì zào
"糟糕，鱼糊了！"正在看书的赵玉喜忙把煤气灶

guān le.
关了。

"Jiào nǐ jiān yú jiù jiān yú,　kàn shénme shū!　Yú hú le,　hái zěnme chī?　Nǐ
"叫 你 煎鱼 就 煎鱼，看　什么 书[1]！鱼 糊 了，还 怎么 吃[2]？你

yào　xiǎng gàn jiù hǎohāor gàn. Nǐ kàn, nǐ bǎ chúfáng gǎo chéng le shénme
要[3] 想　干 就 好好儿 干。你 看，你 把 厨房 搞　成 了 什么

yàngzi?　Guō cháo tiān, wǎn cháo dì,　yóu, yán, jiàng, cù bǎi de nǎr dōu shì!
样子[4]？ 锅　朝　天，碗　朝 地，油、盐、酱、醋 摆 得 哪儿 都 是！

Èrshi hǎo　jǐ le,　shénme shì yě bú huì zuò!"
二十 好[5] 几 了，什 么 事 也 不 会 做！"

"Shuí shuō wǒ shénme yě bú huì zuò! Zhèxiē tiān zǎoshang nín chī　de jīdàn
"谁　说 我 什么 也 不 会 做！这些 天 早 上　您 吃[7] 的 鸡蛋

bú dōu shì wǒ jiān de ma?"
不 都 是 我 煎 的 吗？"

"Bié tí nǐ de jiān jīdàn le,　bú shì xián, jiù shì dàn. Kuài gàn huór ba!"
"别 提 你 的 煎 鸡蛋 了，不 是 咸，就 是 淡。快　干 活儿 吧！"

"Shì!　Nín shuō ba, xiànzài wǒ zuò shénme?"
"是！您 说 吧，现在 我 做　什么？"

"Bǎ　tǔdòur, huánggguā, làjiāo xǐ yi xǐ,　qiē hǎo."
"把 土豆儿，黄　瓜，辣椒 洗一洗，切　好。"

Zhào Yùxǐ xǐ wán cài,　kāishǐ qiē tǔdòur,　qiē le méi jǐ dāo,　tū rán "yō" le
赵　玉喜 洗 完 菜，开始 切 土豆儿，切 了 没 几 刀[7]，突然 "哟" 了

yì　shēng, shǒuzhǐ bèi càidāo qiēqu le yí kuài pí.
一 声，手指 被 菜刀　切去 了 一 块 皮。

"Yāo　zěnme la?　Hái méi gàn duōshao huór,　yāo jiù téng le?"
"腰[8] 怎么 啦？还 没 干 多 少 活儿，腰 就 疼 了？"

"Wǒ...... wǒ xiǎng wènwen nín, yào...... yào bú yào qiē diǎnr cōngtóu?" Zhào
"我……我 想　问问 您，要……要 不 要 切 点儿 葱头？" 赵

Yùxǐ zhuǎn guò shēn lai,　bǎ shǒu fàng zài shēnhòu.
玉喜 转　过 身 来，把 手 放 在 身后。

"Bié piàn wǒ, wǒ dōu kànjiàn le. Qiēzháo shǒuzhǐ le ba?"
"别 骗 我，我 都 看 见 了。切 着　手指 了 吧？"

151

"Qiē le yì xiǎo kuài pí, méi shìr."
"切了一小 块皮，没事儿。"

"Suàn le, suàn le! Háishì wǒ zìjǐ lái ba. Nǐ xiānqù shàng diǎnr yào, ránhòu
"算了，算了！还是我自己来吧。你 先去 上[9]点儿药，然后

bǎ mǐfàn zhēngshang, jiù méi nǐ de shì le."
把米饭 蒸 上，就 没你的事了。"

Zhào shīfù lìngwài jiān le liǎng tiáo yú, fàngshang jiàngyǒu, yán, cōng,
赵 师傅另外煎了两 条鱼，放 上 酱 油、盐、葱、

jiāng, wèijīng, táng, gàishang guō mèn le yíhuìr, chéng dào dà pánzili. Ránhòu
姜、味精、糖、盖上 锅 焖了一会儿，盛 到大 盘子里。然 后

yòu bǎ ròu hé cài qiē hǎo, kāishǐ chǎo cài. Bù yíhuìr, chúfáng de zhuōzishang
又把肉和菜切好，开始 炒 菜。不一会儿[10]，厨 房 的 桌子上

jiù bǎi mǎn le yì pánpán chǎo hǎo de cài.
就摆 满了一盘盘 炒 好的菜。

Zhèshí, Zhào Yùxǐ zǒujìn chúfáng shuō: "Bàba, fàn zhuōr yǐjīng bǎi hǎo
这时，赵 玉喜走进厨 房 说："爸爸，饭 桌儿已经 摆 好

le. Hē shénme jiǔ ne?"
了。喝 什么酒呢？"

"Ná yì píng máotái, zài lái liǎng píng píjiǔ."
"拿一瓶 茅台，再来 两 瓶 啤酒。"

"Hǎo." Zhào Yùxǐ zhuǎn shēn yào zǒu, Zhào shīfù wèn: "Nǐ zhēng de
"好。"赵 玉喜 转 身要走，赵师傅问："你 蒸 的

mǐfàn dào shíhòu le ba? Zěnme hái wén bú dào fàn wèir ne?"
米饭到 时候了吧？怎么还 闻 不到[11]饭味儿呢？"

"Shì a! Wǒ kànkan. Āiyā, wǒ wàng le diǎn huǒ le!"
"是啊！我 看看。哎呀，我 忘了点 火了！"

闻	wén	〔动〕	to smell
股	gǔ	〔量〕	whiff
糊	hú	〔形〕	(of food) burnt
味儿	wèir	〔名〕	smell, odour
糟糕	zāogāo	〔形〕	too bad, how terrible
煤气	méiqì	〔名〕	coal gas
灶	zào	〔名〕	cooker
煎	jiān	〔动〕	to fry (in shallow oil)
锅	guō	〔名〕	pot, pan
朝	cháo	〔动〕	to face, towards
地	dì	〔名〕	ground, floor
油	yóu	〔名〕	oil
盐	yán	〔名〕	salt
酱	jiàng	〔名〕	thick sauce made from soya beans, flour, etc.
提	tí	〔动〕	to mention
咸	xián	〔形〕	salty
淡	dàn	〔形〕	insipid, tasteless
土豆儿	tǔdòur	〔名〕	potato
黄瓜	huángguā	〔名〕	cucumber
辣椒	làjiāo	〔名〕	hot pepper, chilli
切	qiē	〔动〕	to slice, cut
刀	dāo	〔名〕	knife
哟	yō	〔叹〕	oh
手指	shǒuzhǐ	〔名〕	finger
皮	pí	〔名〕	skin
腰	yāo	〔名〕	waist
葱头	cōngtóu	〔名〕	onion
骗	piàn	〔动〕	to deceive
蒸	zhēng	〔动〕	to steam
酱油	jiàngyóu	〔名〕	soy sauce

葱	cōng	〔名〕	scallion
姜	jiāng	〔名〕	ginger
味精	wèijīng	〔名〕	gourmet powder
盖	gài	〔动〕	to cover
焖	mèn	〔动〕	to braise
盛	chéng	〔动〕	to dish out
盘子	pánzi	〔名〕	plate
炒	chǎo	〔动〕	to stir-fry
满	mǎn	〔形〕	full
点	diǎn	〔动〕	to light
火	huǒ	〔名〕	cooker, stove

注 释 Study points :

1. 叫你煎鱼就煎鱼，看什么书！
   When placed after a verb or an adjective, "什么" implies a negation, "看什么书", therefore, means "should not read books".

2. 鱼糊了还怎么吃？
   It is a rhetorical question, meaning "鱼糊了就不能吃了。" (The burnt fish is not eatable.) (See also Study point 2 of Lesson 14.)

3. 你要想干就好好儿干。
   "要" means "要是" in this context, indicating a supposition, often used in colloquial speech.

4. 你把厨房搞成什么样子？
   This sentence means "You have made a mess of the kitchen". "什么" is used here to express displeasure.

5. 二十好几了，什么事也不会做！
   Used before the numeral "几", "好" as an adverb, emphasizes a big number.

6. 这些天早上<u>您吃</u>的鸡蛋不都是我煎的吗？

In Chinese, an attribute can either be a word, or a phrase, or a clause. The particle "的" should be placed before the head word modified by a phrase or a clause. In the above sentence, "您吃" is a clause that is used to modify "鸡蛋". A similar structure also occurs in the text: 你蒸的米饭到时候了吧？

A phrase that is used as an attribute is found in the text as follows:

正在看书的赵玉喜忙把煤气灶关了。

7. 切了没几<u>刀</u>。

"刀" is a verbal-measure word here.

"没（有）+ numeral-measure word" implies a small amount (a few cuts).

8. <u>腰</u>怎么啦？还没干多少活儿，腰就疼了？

"腰" (yāo), "哟" (yō), "要" (yào) are similar in pronunciation. Zhao Yuxi uttered the sound of "哟" implying a slight surprise when his finger was cut. By using a homophone, Master worker Zhao asked "腰怎么啦？" (What's wrong with your waist?), pretending not to know what had happened. For fear of being scolded, Zhao Yuxi equivocated by using another homophone "<u>要不要切点儿葱头</u>？" (Do you want me to cut up some scallions?).

9. 你先去<u>上点儿药</u>。

"上药" means to apply ointment, etc. to the wound.

10. <u>不一会儿</u>

"不一会儿" means "a little while".

11. 怎么还<u>闻不到</u>饭味儿呢？

"闻不到" means "cannot smell". Its affirmative form is "闻得到".

词语例解
Study of words and expressions:

1. 提〔动〕

to raise, to ask

(1) 同学们提了很多问题，周教授一个个作了回答。

(2) 大家有什么意见都可以提。

155

to mention

(3) 见到老陈，你就别提昨天的事了。

to carry

(4) 他提着箱子跟着小赵走了。

2. 不是…就是…

either...or...

(1) 星期天赵大伯不是做饭、洗衣服，就是收拾屋子。

(2) 不是明天下午，就是后天下午，我们要打扫一次环境卫生。

3. 转 〔动〕

to turn back as in (1), and a turn for the better as in (2)

(1) 他上车后转过身来对我说："回去吧，下星期见！"

(2) 最近张太太的病情好转，大夫说过几天就会好的。

(to change) to

(3) 天气预报说，明天晴转阴。

to pass on

(4) 请你把这封信转交给李先生。

4. 算 〔动〕

to reckon up

(1) 你算一下，一共多少钱？

to include

(2) 算这一次，我来过北京三次了。

to count as

(3) 我们认识已经十年，算是老朋友了。

"算 + 了" means "Let it be"

(4) 算了，别说了，越说越生气。

5. 另外 〔形〕

other

(1) 今天我们就复习到这儿，另外的几课明天再复习。

156

〔副〕

another

(2) 那辆汽车坏了，昨天我另外买了一辆新的。

〔连〕

besides, in addition

(3) 咖啡、茶都准备好了，另外我又准备了一些水果。

练 习 Exercises :

1. Read aloud:

装满一车	茶水倒得太满
屋里人都满了	满上这一杯
眼睛朝哪儿看	你一直朝前走
这菜炒得很不错	你想骗谁

2. Make sentences with the given words and expressions after the models:

a) Use "不是…就是…"

> **Model:** 咸，淡
> → 不是咸，就是淡。

1) 跑，跳   3) 学外语，写文章
2) 洗衣服，做饭   4) 打球，跑步

b) Use "要…就…"

> **Model:** 想，干，好
> → 你要想干就好好干。

1) 想，坐，好   3) 愿意，去，马上

2) 打算，买，早   4) 不想，骑车，坐车

3. Answer the following questions with the words given in parentheses:

1) 这个菜他不爱吃，怎么办？（另外）

2) 小张的信呢？（转）

3) 在家有什么要说的话没有？（提）

4) 听说，小李字写得好看，是吗？（提）

5) 他说的跟你说的是一回事吗？（另外）

4. Underline the attributes:

1) 小王买的书放在哪儿了？

2) 正在看电视的小赵马上把电视关了。

3) 他炒的菜味儿好。

4) 你煎的鸡蛋挺好吃。

5) 他导演的电影大受欢迎。

6) 去年他见过的那个姑娘今年上大学了。

5. Make sentences after the given model:

a) Model:

> 煎鱼，看书
>
> → 叫你煎鱼就煎鱼，看什么书！

1) 看书，看电影   3) 吃饭，抽烟

2) 休息，看报   4) 打电话，写信

b) Model:

> 饭，糊，吃
>
> → 饭都糊了，还怎么吃？

1) 自行车，坏，骑   4) 地址，丢，找

2) 收音机，响，听   5) 水，没有，洗

3) 眼镜，找不到，看

6. How do you express yourself in the following situations?

1) 在饭馆要菜。

2) 向朋友介绍炒菜前要做的事儿（洗菜、切菜）。

3) 在商店买菜。

7. Translate the following sentences into Chinese:

1) Help yourself to the drink as you please, don't stand on ceremony.

2) When shall we go? Is it the time?

3) The suggestion they offered is very good.

4) Please reckon up how much we must pay.

5) He is a man over thirty, yet he is not married!

答案 Key

7. 1) 你要喝什么就喝什么，别客气。

2) 什么时间走，到点了吧？

3) 他们提的意见很好。

4) 你算一算，一共要用多少钱？

5) 三十好几的人了，还没结婚哪！

孩子不能生得太多
Birth Control

16

Fànhòu, Zhào shěnr hé Lìli jìxù tán jiācháng.
饭 后， 赵 婶儿和莉莉继续 谈 家 常。

"Dàmā, nín shì shénme shíhòu tuìxiū de?"
"大妈，您 是 什么 时候 退休 的？"

"Dàqiánnián. Wǒ shì tíqián tuìxiū de."
"大 前 年。我 是提前 退休 的。"

"Nín wèi shénme tíqián tuìxiū ne?"
"您 为 什么 提前 退休 呢？"

"Wǒ de yāo bù hǎo, wān yāo gàn huór, yí huìr jiù téng. Yǒu shíhòu téng
"我的 腰 不 好， 弯 腰 干 活儿， 一会儿就 疼。有 时候 疼

de wǒ bàntiān zhí bu qǐlai, yóuqí yīn tiān xià yǔ gèng bù hǎoshòu."
得我 半天 直 不起来，尤其阴 天 下 雨 更 不 好 受。"

"Nín zěnme dé le zhème ge máobìng?"
"您 怎么 得了 这么 个 毛病？"

"Shēng háizi làoxia de. Wǒ sānshiyī suì nànián shēng Yùyīng, dāngshí lǎodà
"生 孩子落下的。我 三十一岁那年 生 玉英，当时 老大

jiǔ suì, lǎo'èr liù suì duō, lǎosān cái sān suì. Jiāli háizi duō, máng bu guòlai. Nǐ
九岁，老二 六岁 多，老三 才 三岁。家里孩子多， 忙 不 过来。你

dàbó chǎngli de shìr yòu duō, zhǐhǎo shénme dōu zìjǐ gàn, yuèzili méi xiūxi hǎo,
大伯 厂里的事儿又 多，只好 什 么 都 自己干，月子里没 休息 好，

jiù lèi chu le zhège máobìng."
就累 出了 这个 毛 病。"

"Dàmā yígòng shēng le jǐ ge háizi?"
"大妈一共 生 了几个孩子？"

"Sì ge. Lǎodà, lǎo'èr dōu shì guīnǚ, Tāmen dōu zài wàidì gōngzuò, Yù xǐ
"四个。老大、老二都 是 闺女，她们 都 在 外地 工 作，玉喜

shì lǎosān, Yùyīng shì lǎosì."
是老三，玉英 是 老四。"

"Sì ge háizi bù shǎo a!"
"四个孩子不 少 啊！"

"Kě bu shì ma! Ài, háizi duō le, dàren shòu lèi hái bú suàn, háizi yě shòu
"可不 是 嘛！唉，孩子多了，大人 受 累还不 算，孩子也 受

zuì, Yǒu le bìng yě zhàogu bú guòlai. Yǒu yì nián, lǎodà, lǎo'èr dōu dé le bìng,
罪，有了病 也 照顾不 过来。有 一年，老大、老二都 得了 病，

chàdiǎnr méi bǎ dàren lèi sǐ. Háizi duō le zhēn shì méiyǒu shénme hǎochu!"
差 点儿 没 把大人累死[2]。孩子多了 真 是 没有 什 么 好处！"

"Xiànzài Zhōngguó zhèngfǔ bú shì zài dàlì tíchàng jìhuà shēngyù ma?"
"现 在 中 国 政 府不是 在大力提倡 计划 生 育吗？"

"Yàoshi zǎo tíchàng jìhuà shēngyù, Zhōngguó rénkǒu yě jiù bú huì zhèyàng

"要是 早 提倡 计划 生育，中国 人口 也就不会 这样

duō le. Kě dāngshí shèhuìshang zhòngnánqīngnǚ de sīxiǎng hěn yánzhòng. Wǒ

多了。可 当时社会上 重 男 轻 女的思想 很 严 重。我

shēng le liǎng ge nǚ'ér yǐhòu, xīnli yě shì zhèyàng xiǎng, méiyǒu érzi bùxíng.

生 了 两 个 女儿以后，心里也是 这样 想，没 有 儿子不 行[3]。

Hòulái shēng le Yùxǐ, wǒ běnlái bù xiǎng zài yào le, kě háizi tā yéye hái xián bú

后 来 生 了 玉喜，我 本来 不 想 再要 了，可孩子他爷爷还 嫌 不

gòu, shuō shénme duōzǐduōfú, fēi zài yào yí ge bù kě. Méi xiǎng dào, lǎosì

够，说 什么 多子多福，非再 要 一个不可。没 想 到，老四

yòu shì yí ge yātou. Wǒmen zhèr yǒu ge línjū, wèi le yào ge érzi, yìlián shēng le

又 是 一个丫头。我 们 这儿有 个邻居，为 了 要 个儿子，一连 生 了

qí ge, zhí dào dì-qī ge cái shì érzi."

七个，直 到 第 七个才是 儿子。"

"Dàmā, xiànzài tíchàng yí duì fūfù zhǐ shēng yí ge háizi, dàjiā zuò de dào

"大妈，现 在 提 倡 一 对 夫妇只 生 一个孩子，大家 做 得 到

ma?"

吗 ？"

"Bǎ dàolǐ jiǎng qīngchu, zài jiāshang gè zhǒng cuòshī, dà bùfen rén háishì

"把 道理讲 清 楚，再 加 上 各 种 措 施，大 部分 人 还 是

néng zuò dào de. Dāngrán, yě yǒu xiē rén xiǎng bu tōng, tèbié shì yǒu xiē

能 做 到 的。当 然，也 有 些 人 想 不 通[5]，特别是 有 些

nóngcūn dìqū, wèntí kěnéng duō yìxiē."

农 村 地区，问题可 能 多 一些 。"

"Zhōngguó rénkǒu zhèyàng duō, bú kòngzhì bùxíng. Bùrán de huà, shēngchǎn

"中 国人口 这样 多，不 控 制不行。不然 的话，生 产

jiànshè gǎo bu hǎo, rénmín de shēnghuó shuǐpíng yě nán tígāo."

建 设 搞 不 好，人 民 的 生 活 水 平也难 提高。"

"Duì, shì zhège dàolǐ."

"对，是 这个 道理。"

162

继续	jìxù	〔动〕	to go on
家常	jiācháng	〔名〕	the daily life of a family, small talk
大前年	dàqiánnián	〔名〕	three years ago
直	zhí	〔动、形〕	to straighten; straight
好受	hǎoshòu	〔形〕	comfortable
毛病	máobìng	〔名〕	illness, ailment
落	lào	〔动〕	to result
只好	zhǐhǎo	〔副〕	to have to
月子	yuèzi	〔名〕	month of confinement after giving birth to a child
闺女	guīnǚ	〔名〕	daughter, maiden
受累	shòu lèi		to be put to much trouble
算	suàn	〔动〕	to include, to count
受罪	shòu zuì		to have a hard time
差点儿	chàdiǎnr		nearly
大人	dàren	〔名〕	parents, adult
政府	zhèngfǔ	〔名〕	government
大力	dàlì	〔副〕	energetically, vigorously
提倡	tíchàng	〔动〕	to encourage, to advocate
人口	rénkǒu	〔名〕	population
社会	shèhuì	〔名〕	society
重男轻女	zhòngnánqīngnǚ		to regard men as superior to women
严重	yánzhòng	〔形〕	serious
本来	běnlái	〔形〕	original
嫌	xián	〔动〕	to dislike
多子多福	duōzǐduōfú		more kids, greater bliss
非…不可	fēi...bù kě		must, not...unless
丫头	yātou	〔名〕	girl (Northern dialect)
邻居	línjū	〔名〕	neighbour
一连	yìlián	〔副〕	successively, in succession

163

直到	zhídào	〔动〕	until
加	jiā	〔动〕	to add
措施	cuòshī	〔名〕	measure
部分	bùfen	〔名〕	part
通	tōng	〔动〕	to understand (to allow oneself to be persuaded)
农村	nóngcūn	〔名〕	rural area, countryside
地区	dìqū	〔名〕	area
控制	kòngzhì	〔动〕	to control
不然	bùrán	〔连〕	otherwise
生产	shēngchǎn	〔动、名〕	to produce; production
建设	jiànshè	〔动〕	to build, to construct

注 释 Study points :

1. 家里孩子多，忙不过来。

"忙不过来" means "to be unable to finish doing something for lack of time or energy", its affirmative form is "忙得过来".

Another sentence of similar structure is found in the text:

有了病也照顾不过来。

2. 差点儿没把大人累死。

When used after certain verbs, "死" indicates an extreme state.

3. 没有儿子不行。

In Chinese, there is a kind of sentence which has two negative adverbs. The double negation makes an affirmation, implying an emphatic affirmative tone. The following patterns are commonplace:

不…不… 　没有…没有… 　没有…不… 　不…没有… 　非…不(可)…

This kind of sentences occur elsewhere in the text:

没有儿子不行。

164

说什么多子多福，非再要一个<u>不可</u>。

人口是<u>非</u>控制<u>不可</u>的。

4. 大家<u>做得到</u>吗？

"做得到" means "能做到" (to be able to do something). Its negative form is "做不到".

5. 也有些人<u>想不通</u>。

"想不通" means "having not got one's thinking straightened out owing to the unthorough grasp of the situation." Its affirmative form is "想得通".

词语例解
Study of words and expressions:

1. 得〔动〕

to contract, to have

(1) 听说他舅舅得癌症死了。

〔助〕

used before complement to indicate degree or possibility

(2) 他汉语说得非常流利，汉字也写得很漂亮。

(3) 你买得到十七号的飞机票吗？

〔助动〕

must, should, to have to, to need

"得" here should be read as "děi"

(4) 陈大爷的长寿经验，我得好好儿研究研究。

2. 才〔副〕

The word indicates the speaker's opinion that what is being talked about happened not long ago , meaning "刚" (just).

(1) 他上午才到的北京。

It indicates the speaker's opinion that what is being talked about happened late or ended late.

(2) 已经十二点五十了，小王才来吃中午饭。

It indicates a small amount or a lesser degree, meaning "只", "只有" (only).

(3) 他才学了半年中文，还不能看中文报。

(4) 这孩子才六岁，他怎么能知道这种事呢？

It indicates a new occurrence that was not so originally.

(5) 他一说我才想起来，他是我姑姑的朋友。

3. 只好 〔副〕

have to

(1) 太晚了，没有公共汽车了，大家只好走回去。

(2) 王大妈身体不好，不能工作了，只好提前退休。

4. 受 〔动〕

to be received

(1) 这种东西很好，很受欢迎。

to be subjected to as in (3) and, to be inconvenienced as in (4)

(2) 弟弟昨天做错了事儿，受到妈妈的批评。

(3) 对不起，让你受累了。

5. 差点儿 〔副〕

"差点儿" denotes something which was likely to happen but failed at last, and vice versa. If something unwished for did not actually take place, verbs so used can be either in its affirmative or negative form to express the same idea.

(1) 这个杯子差点儿掉在地上。

(2) 我差点儿没把这个杯子掉在地上。

Both sentence (1) and sentence (2) express the same idea that the cup did not drop though the verb forms in the two sentences are different. Sentences (3) and (4), though different in verb forms, have the same meaning, too.

(3) 上次写信，差点儿把你的地址写错了。

(4) 上次写信，差点儿没把你的地址写错。(The address was written correctly.)

If the subject in point is something wished for, the affirmative verb form indicates that the thing has not occurred, whereas the negative the actual occurrence.

(5) 刚才他差点儿买到后天的火车票。(He failed to get the ticket.)

(6) 我们差点儿没赶上火车。(We succeeded in catching the train.)

1. Read aloud:

出毛病	有毛病	一部分	大部分
一小部分	部分人	谈家常	家常饭菜
继续做下去	大力帮助	应该提倡	社会问题
本来想不通	问题很严重	病很严重	建设祖国
生产水平很高	生产发展很快		

2. Rewrite the following sentences to emphasize an affirmation, using double negation:

Model:

> 他知道。（不⋯不⋯）
> → 他不是不知道。

1) 他们都很高兴。（不⋯不⋯）

2) 他们每个人都想去。（没有⋯不⋯）

3) 他太想看那个话剧了。（非⋯不⋯）

4) 孩子生得太多，当然大人要受累了。（没有⋯不）

5) 你们的节日一定会受欢迎的。（不⋯不⋯）

6) 我本来不想买了，他说，你可一定要买。（非⋯不⋯）

3. Express the idea of "one has to do something" in two ways: one using "只好", the other "不得不":

Model:

> 他去不了。我自己去。
> → 他去不了，我只好自己去。
> 他去不了，我不得不自己去。

1) 他们都不愿意上车站去。我一个人去。

2) 这种鞋卖没了。买别的。

3) 谁也不愿意。找你。

4) 两个孩子都病了。请假在家。

4. Tell the class what the truth is as expressed in the following sentences:

1) 他切得太快，差点儿没把手切破。（手切破了没有？）

2) 他差点儿倒下去。（他倒下去了吗？）

3) 他差点儿买到今晚的足球票。（买到足球票了吗？）

4) 他差点儿没买到这种上衣。（买到没有？）

5) 他们差点儿划上了船。（划船了吗？）

6) 他差点儿没吃上晚饭。（吃上晚饭了吗？）

7) 他们差点儿没让汽车碰了。（汽车碰着他们没有？）

8) 苹果差点儿掉到地上。（苹果掉没掉？）

5. Complete the following sentences, using the words given in parentheses:

1) 星期天他带了一天孩子，＿＿＿＿＿＿＿＿＿＿。（确实）

2) 你别劝他喝酒，＿＿＿＿＿＿＿＿＿。（确实）

3) 他工作不认真，＿＿＿＿＿＿＿＿。（受）

4) 他很聪明，＿＿＿＿＿＿＿＿＿，学习很好。（加上）

5) 他们那儿活多人少，＿＿＿＿＿＿＿＿＿。（过来）

6) 想研究的问题太多，可时间只有一个月，＿＿＿＿＿＿＿＿＿＿＿。（过来）

7) 你们大家这么一讲道理，＿＿＿＿＿＿＿＿＿。（通）

8) 车不走了，一定＿＿＿＿＿＿＿＿。（毛病）

6. Translate the following sentences with "才":

1) He didn't come home until yesterday evening.

2) The film had already begun when he came.

3) They have worked for only half a year, there are many things they don't know about.

4) Only when you took away the book did I find this letter.

答案 Key

4. 1) 手没切破　　3) 没买到　　5) 没划上船　　7) 汽车没碰着他们
　　2) 没倒下去　　4) 买到了　　6) 吃上晚饭了　　8) 苹果没掉

6. 1) 他昨天晚上才到家。
　　2) 电影都开演了他才来。
　　3) 他们才工作了半年，许多情况还不知道。
　　4) 你把书拿开，我才看见这封信。

北京的自行车
Bicycles in Beijing

17

Yì tiān xiàwǔ,　Lìli qízhe zìxíngchē jìn chéng. Zhènghǎo shì xià bān de
一 天 下午，莉莉 骑着 自行 车 进 城。　正 好 是 下 班 的

shíjiān, jiēdào liǎngpáng mànxíngdàoshang chéngqiān-shàngwàn de zìxíngchē
时间，街道 两 旁 慢 行 道 上 成 千 上 万 的 自行 车

xiàng cháoshuǐ yíyàng liúdòng.
像 潮 水 一样[1] 流 动。

"Zhè zhēn shì Běijīng jiētóu tèyǒu de jǐngxiàng".　Lìli xiǎng.
"这 真 是 北京 街头 特有 的 景 象。" 莉莉 想。

Zài tā shēnbiān yǒu liǎng ge niánqīng de gūniang bìngpái qízhe chē. Kàn
在 她 身 边 有 两 个 年 轻 的 姑 娘 并 排 骑着 车。看

yàngzi, tāmen shì gāng xià bān de gōngrén. Yí ge tóushang dàizhe yí kuài huā
样 子[2]，她们 是 刚 下 班 的 工 人。一个 头 上 戴着 一块 花

tóujīn, yí ge zāzhe liǎng ge xiǎobiànr. Lìli gēn tāmen liáo le qǐlai.
头 巾，一个 扎着 两 个 小 辫儿。莉莉 跟 她们 聊 了 起来。

"Běijīng de zìxíngchē zhēn duō a!" Lìli shuō.
"北京 的 自行 车 真 多 啊！"莉莉 说。

"Shì a, tīng shuō yǐjīng chāoguò qībǎi wàn liàng le, bǐ shíwǔ nián qián
"是 啊，听 说 已经 超 过 七百 万[3] 辆 了，比 十五 年 前

zēngjiā le yíbèi. Xiànzài píngjūn měi wǔ ge rén jiù yǒu sān liàng zìxíngchē." Dài
增 加 了 一倍[4]。现 在 平 均 每 五 个 人 就 有 三 辆 自行 车。"戴

tóujīn de gūniang shuō.
头 巾 的 姑 娘 说。

"Shànghǎi rénkǒu bǐ Běijīng hái duō, nà zìxíngchē......" Lìli shuō
"上 海 人 口 比 北京 还 多，那 自行 车……"莉莉 说。

"Tīng shuō Shànghǎi méi zhème duō." Zā xiǎobiànr de gūniang shuō.
"听 说 上 海 没 这么 多。"扎 小 辫儿 的 姑 娘 说。

"Nà shì wèi shénme ne?" Lìli wèn.
"那 是 为 什 么 呢？"莉莉 问。

Lìli de wèntí yǐnqǐ le liǎng ge gūniang de xìngqù. Tāmen nǐ yì yán, wǒ yì
莉莉 的 问题 引 起 了 两 个 姑 娘 的 兴 趣。她们 你 一 言，我 一

yǔ, gèzì fābiǎozhe zìjǐ de kànfǎ.
语[5]，各自 发表 着 自己 的 看法。

"Nà shì yīnwei Běijīng de jiēdào píngtǎn, qí chē hěn fāngbiàn." Zā
"那 是 因 为 北京 的 街道 平 坦，骑车 很 方 便。"扎

xiǎobiànr de gūniang shuō.
小 辫儿 的 姑 娘 说。

"Nǐ dàgài méi qùguo Shànghǎi ba?" Dài tóujīn de gūniang xiào le qǐlai.
"你 大概 没 去 过 上 海 吧？"戴 头 巾 的 姑 娘 笑 了 起来。

171

"Shànghǎi de jiēdào yě hěn píngtǎn!"
"上海的街道也很平坦！"

"Nà, nǐ shuō shì shénme yuányīn?" Zā xiǎobiànr de gūniang wèn.
"那，你说是什么原因？"扎小辫儿的姑娘问。

"Wǒ xiǎng, yī shì yīnwei Shànghǎi de gōnggòng jiāotōng shìyè bàn de bǐ
"我想，一是因为上海的公共交通事业办得比

Běijīng hǎo, Shànghǎirén yuànyì zuò gōnggòng qìchē hé diànchē shàng xià bān;
北京好，上海人愿意坐公共汽车和电车上下班；

èr shì Běijīng de hútòng zhǎi, qìchē jìn bu qù, zìxíngchē què kěyǐ zìyóu tōngxíng."
二是北京的胡同窄，汽车进不去，自行车却可以自由通行。"

"Nǐ shuō Shànghǎi de gōnggòng jiāotōng shìyè bàn de bǐ Běijīng hǎo, wǒ kàn
"你说上海的公共交通事业办得比北京好，我看

bù yídìng. Běijīng hútòng duō kěnéng shì yí ge zhòngyào de yuányīn. Tīng shuō
不一定。北京胡同多可能是一个重要的原因。听说

Běijīng yǒu míngzi de hútòng jiù yǒu sān qiān duō tiáo, hái yǒu xǔduō jiào bu
北京有名字的胡同就有三千多条，还有许多叫不

shàng míngzi de ne!"
上[6]名字的呢！"

Dào le yí ge shízì lùkǒu fùjìn, zā xiǎobiànr de gūniang shuō le shēng "zàijiàn",
到了一个十字路口附近，扎小辫儿的姑娘说了声"再见"，

jiù guǎi jìn le yí ge xiǎo hútòng. Lìli hé dài tóujīn de gūniang jìxù wàng qián qí.
就拐进了一个小胡同。莉莉和戴头巾的姑娘继续往前骑。

"Nǐ shì huáqiáo ma?" Gūniang wèn.
"你是华侨吗？"姑娘问。

"Bù, wǒ shì Měiguó rén."
"不，我是美国人。"

"Nǐmen guójiā chéngshìli suīrán méi yǒu zhème duō zìxíngchē, kě qìchē tài
"你们国家城市里虽然没有这么多自行车，可汽车太

duō, yě shì yí ge wèntí."
多，也是一个问题。"

172

"Duì, chángcháng yǐnqǐ jiāotōng dǔsè, Wǒ juéde háishì zìxíngchē hǎo, kěyǐ
"对，常   常   引起交通 堵塞。我 觉得 还是自行 车 好，可以

jiéyuē néngyuán, jiǎnshǎo wūrǎn, tóngshí yě kěyǐ zēngjìn rénmen de shēntǐ
节约 能 源，减少 污染，同时 也可以 增进人们 的 身体

jiànkāng."
健康。"

"Búguò, zìxíngchē tài duō, yě gěi chéngshì jiāotōng dàilái hěn duō máfan.
"不过，自行 车 太多，也给 城市交 通 带来很 多 麻烦。

Tīngshuō Běijīng shì qùnián bǎifēn zhī liù-qīshí de jiāotōng shìgù dōu gēn
听说 北京 市去年 百分之 六七十的交 通 事故都 跟

zìxíngchē yǒuguān."
自行 车 有关。"

"Kànlái,   qí zìxíngchē hái děi xiǎoxīn diǎnr a!"
"看来，骑自行 车 还得 小心 点儿啊！"

生词 New words

自行车	zìxíngchē	〔名〕	bicycle
城	chéng	〔名〕	city, town
旁	páng	〔名〕	side
慢行道	mànxíngdào	〔名〕	traffic lane for cyclists
成千上万	chéngqiānshàngwàn		tens of thousands of
潮水	cháoshuǐ	〔名〕	tidewater
流动	liúdòng	〔动〕	to flow
街头	jiētóu	〔名〕	street
特有	tèyǒu	〔形〕	characteristic, typical
景象	jǐngxiàng	〔名〕	scene
并排	bìngpái	〔副〕	abreast, side by side
花	huā	〔形〕	colourful

173

头巾	tóujīn	〔名〕	scarf
扎	zā	〔动〕	to plait
小辫儿	xiǎobiànr	〔名〕	short braid, pig tail
超过	chāoguò	〔动〕	to surpass
百万	bǎiwàn	〔数〕	million (a measure word)
增加	zēngjiā	〔动〕	to increase
倍	bèi	〔量〕	time, or -fold (a measure word)
平均	píngjūn	〔动〕	to average
引起	yǐnqǐ	〔动〕	to cause
你一言，我一语	nǐ yì yán, wǒ yì yǔ		a lively conversation with everybody joining in
各自	gèzì	〔代〕	each
发表	fābiǎo	〔动〕	to express
平坦	píngtǎn	〔形〕	even, smooth
原因	yuányīn	〔名〕	reason
事业	shìyè	〔名〕	facility, cause, undertaking
胡同	hútòng	〔名〕	lane, alley
窄	zhǎi	〔形〕	narrow
却	què	〔副〕	but, yet, however
自由	zìyóu	〔形、名〕	freely, free; freedom
通行	tōngxíng	〔动〕	to pass
国家	guójiā	〔名〕	country
堵塞	dǔsè	〔动〕	to block up, jam
节约	jiéyuē	〔动〕	to economize, to save
能源	néngyuán	〔名〕	energy resources
减少	jiǎnshǎo	〔动〕	to decrease
污染	wūrǎn	〔动〕	to pollute
增进	zēngjìn	〔动〕	to improve, to promote
百分之…	bǎifēn zhī...		per cent
事故	shìgù	〔名〕	accident

注 释 Study points :

1. 街道两旁慢行道上成千上万的自行车像潮水一样流动。

   "像…一样" is used as an adverbial, modifying the verb "流动". Main streets in cities generally have traffic lanes for motor vehicles ("快行道") and bicycles ("慢行道") respectively and sidewalks ("人行道") as well.

2. 看样子，她们是刚下班的工人。

   "看样子" is a parenthesis, introducing the speaker's supposition made according to circumstances.

3. 听说已经超过七百万辆了。

   In Chinese, the decimal system is employed. (See Study point l of Lesson 7, Book 1.) Counting units over "thousand" are as follows:

   1,000 x 10 = 10,000
   一千　　　　　一万

   10,000 x 10 = 100,000
   一万　　　　　十万

   100,000 x 10 = 1,000,000
   十万　　　　　百万

   1000,000 x 10 = 10,000,000
   百万　　　　　千万

   10,000,000 x 10 = 100,000,000
   千万　　　　　万万 （亿）

4. 比十五年前增加了一倍。

   In Chinese the number of times is expressed by adding "倍" after a number, e. g. "八倍", "五十六倍", "四百倍", "一千倍", etc. "比十年前增加了一倍" means that the number (of bicycles) is twice as many as that ten years ago.

5. 她们你一言，我一语…

   "你一言，我一语" means "the two having a free talk on something".

6. 还有许多叫不上名字的呢！

   "叫不上名字" means "cannot be named", either because of having no names, or the names being unknown to the speaker. Here the former reason applies.

175

7. 听说北京市去年<u>百分之六七十</u>的交通事故都跟自行车有关。

When placed before a numerator, "百分 (之) …" is used to indicate "per cent", e. g.

28%　　百分 (之) 二十八

100%　　百分 (之) 一百

160%　　百分 (之) 一百六十

词语例解
Study of words and expressions:

1. 正好 〔形〕

   just right

   (1) 那顶帽子我戴正好，你戴可能大一些。

   (2) 这幅画儿挂在这儿正好，一进来就可以看见。

   〔副〕

   happen to

   (3) 我今天不上班，自行车正好不用，你骑走吧。

   (4) 陈先生，你来得真是时候，我正好要找你。

2. 平均 〔动〕

   to average

   (1) 上个月我看了三本小说，平均每十天看一本。

   (2) 他们八个人的平均年龄二十一岁多。

   〔形〕

   average

   (3) 我们每个班都是十一个人，很平均。

3. 办 〔动〕

   to go through (the formalities) as in (1), to do, to handle as in (2)

   (1) 你去打电报，我去办手续。

   (2) 去西安旅游的事儿，你办得怎么样了？

176

to set up

(3) 这几年，这儿新办了两个中学、三个工厂。

4. 动〔副〕

Used often in written language to indicate a shift in meaning, it is similar to "但是", "可是", with which it can also be used.

(1) 这个城市地方很大，但是人口却不多。

(2) 已经是夏天了，可是天气却还不怎么热。

5. 同时〔名〕

at the same time as in (1), while as in (2)

(1) 我们几个人是同时到的上海。

(2) 大家在努力学习的同时，也要注意锻炼身体。

as well as

(3) 这个孩子很聪明，同时也很淘气。

(4) 他是工程师，同时又是一个有名的网球运动员。

练习 Exercises：

1. Read aloud:

…旁	…两旁	增加品种	由…增加到…
自由活动	随便聊聊	要注意节约	原因不清楚
引起兴趣	建设事业	能源问题大	污染很严重
跟人人有关	增进友谊		

2. Write out the following numerals in Chinese characters:

1)

10,001	10,010	10,100	11,000
100,002	100,020	100,200	102,000
120,000	1,000,002	1,202,002	10,010,002
101,020,200	12,001,000	102,020,200	

2) 赤道周长(chìdào zhōucháng)   40,075.13公里

   the circumference of the equator   _____

月地平均距离(yuè dì píngjūn jùlí)   384,401公里

   the mean distance between the moon and the earth   _____

日地平均距离(rì dì píngjūn jùlí)   149, 600,000 公里

   the mean distance between the sun and the earth   _____

太阳中心的温度约(tàiyang zhōngxīn de wēndù yuē) 20,000,000 ℃

   the approximate temperature at the centre of the sun _____

世界人口(shìjiè rénkǒu)   5,600,000,000人

   the world population   _____

3. Fill in the blanks:

a) using multiple numbers

1) 这里的人比十年以前增加了_____。(9)

2) 今年来旅游的人是五年前的_____。(3)

3) 他们的广告费比前年增加了_____。(2)

4) 由于能源不足，自行车增加了_____。(4.5)

b) using percentage

1) _____的交通事故跟自行车有关。(30－40%)

2) 这个城市 _____的家庭有了电视机。(70－80%)

3) 这个班 _____的学生是刻苦的。(95%)

4) 今天来参观的人比昨天多_____。(25%)

4. Answer the following questions with the words or expressions given in parentheses:

1) 这双皮鞋你穿大不大？（正好）

2) 请问，陈先生在家吧？（正好）

3) 他们工厂年轻人多吧？（平均）

4) 那件事怎么样了？（办）

5) 他俩谁先走的？（同时）

6) 你大概认识这个人，你能把他的名字告诉我吗？（叫不上）

178

5. Complete the following sentences with the words given in parentheses:

1) 我吃了不少药了，_____。（却）

2) 他不但自己工作好，_____。（同时）

3) 街道宽，虽然人多车多 _____。（却）

4) 他真行，把商店 _____。（办）

5) 他很会写文章，_____。（发表）

6) 生产发展了，_____。（增加）

6. Please describe the transportation in your city.

7. Translate the following sentences with the words or expressions given in parentheses:

1) It happens to be Sunday today. The couple must be at home.（正好）

2) I work 8 hours a day on average.（平均）

3) Evidently you haven't explained clearly what it is.（看来）

4) It appears that it is the first time for her to drive a car.（看样子）

答案 Key

7. 1) 今天正好是星期天，他们两口儿准在家。
   2) 我平均一天工作八小时。
   3) 看来，你也没说清楚是什么一回事。
   4) 看样子，她是第一次开汽车。

相儿媳妇

Meeting the Prospective Daughter-in-law

18

Xīngqīliù wǎnshang, yǐjīng kuài shí diǎn le,　kě Zhào Yùyīng hái méiyǒu huí
星 期六 晚 上，已经 快 十 点 了，可 赵 玉英 还 没有 回

lai.　Lìli dǎ le ge hāqiàn, zhèng zhǔnbèi shuì jiào, tīng jiàn mén wài yǒu jiǎobù
来。莉莉 打了 个 哈 欠，正 准备 睡 觉，听 见 门 外 有 脚步

shēng, xīn xiǎng zhǔn shì Zhào Yùyīng. Lìli máng bǎ mén dǎ kāi, yí kàn,
声， 心 想 准 是 赵 玉 英。莉莉 忙 把 门 打开，一 看，

guǒrán shì tā.
果 然 是 她。

"Zěnme zhème wǎn cái huílai?"　　Lìli wèn.
"怎么 这么 晚 才 回来？" 莉莉 问。

"Jiāli yǒu shìr.　Bàba māma xiāng érxífu!"
"家里 有 事儿。爸爸 妈妈 相 儿媳妇[1]！"

"Érxífu? Zhǔn shì zánmen zài gōngyuánli pèng jiàn de nà ge piàoliang
"儿媳妇？准 是 咱们 在 公 园里 碰 见 的 那个 漂 亮

gūniang Sòng Xiǎolì ba!"
姑娘 宋 晓丽吧！"

"Búcuò, jiù shì tā."
"不错，就是 她。"

"Zěnme, tā yǐqián hái méi qùguo nǐmen jiā?"
"怎么，她以前 还 没 去过 你们 家？"

"Méiyǒu, jīntiān shì tóu-yì huí."
"没 有，今天 是 头[2]一回。"

"Nǐ bàba māma mǎnyì ma?"
"你爸爸 妈妈 满意吗？"

"Wǒ mā tǐng mǎnyì, wǒ bà ...... zěnme shōu ne?"
"我 妈 挺 满意，我 爸……怎么 说 呢？"

"Nǐ bà dàodǐ shì shénme tàidù, mǎnyì háishi bù mǎnyì?"
"你 爸 到底 是 什么 态度，满意 还是 不 满意？"

"Nǐ tīng a, zhè děi cóng tóur shuō qǐ. Jīntiān chī guò zǎofàn, wèi le yíngjiē
"你 听啊，这得 从 头儿说 起。今天 吃过 早饭，为了 迎接

Xiǎolì, yì jiā rén dōu máng kāi le. Māma shōushi wūzi, zhǔnbèi zuò fàn; bàba
晓 丽，一家 人 都 忙 开[3]了。妈妈 收拾屋子，准 备 做 饭；爸爸

qù càishìchǎng mǎi cài; gēge qù jiē Xiǎolì; wǒ qù qǐng gūmā.
去菜市 场 买菜；哥哥去接 晓丽；我 去 请[2]姑妈。

"Wǒ bǎ gūmā qǐng dào jiā , bàba māma zhèngzài chúfángli mángzhe ne.
"我 把姑妈 请 到家，爸爸 妈妈 正 在 厨房里 忙 着 呢。

Māma jiàn le gūmā shuō: 'Yùxǐ de duìxiàng tóu-yì huí lái zán jiā, yě qǐng nǐ lái
妈妈 见了姑妈 说：'玉喜的 对象 头 一回来 咱家，也 请 你来

181

jiànjian miàn.' Gūmā shuō: "Yùxǐ zhè háizi yǒu yǎnguāng, zhǔn cuò bu liǎo!"
见 见 面。' 姑妈 说：'玉喜 这 孩子 有 眼 光，准 错 不 了！'

Māma shuō: "Nǐ xiān xiē yíhuìr, děng gūniang lái le, zánmen liǎ gēn tā shuōshuo
妈妈 说：'你 先 歇[5]一会儿，等 姑 娘 来了，咱 们 俩 跟 她 说 说

huàr."
话儿。'

"Guò le bú dà yíhuìr, gēge dàizhe Xiǎolì lái le, Māma jiàn le, zuǒ kàn
"过 了不大一会儿，哥哥 带着 晓丽 来了。妈妈 见了，左 看

yòu kàn, xǐhuan de liǎo bu dé. Chǎo cài de shíhòu, māma qiāoqiao duì bàba
右 看[6]，喜欢 得 了 不 得。炒 菜的 时候，妈妈 悄 悄 对爸爸

shuō: "Zhè gūniang rén zhǎng de piàoliang. yòu jīling, yòu dàfang, wǒ tǐng
说：'这 姑 娘 人 长 得 漂 亮，又 机灵，又 大 方，我 挺

mǎnyì de, nǐ ne?   bàba shénme yě méi shuō, zhǐ 'hēng' le yì shēng.
满 意的，你呢？'爸爸 什 么 也 没 说，只'哼'了一声。

"Wǎnshang, gēge sòng zǒu Xiǎolì, huílai yǐhòu, wèn gūmā: 'Gūmā, nín
"晚 上，哥哥 送 走 晓丽，回来以后，问 姑 妈：'姑 妈，您

kàn Xiǎolì zěnmeyàng?' Gūmā shuō: "Búcuò, zhēn shì bǎilitiāoyī!" Wǒ bà shuō:
看 晓丽怎么 样？'姑妈 说：'不 错，真 是 百里挑一！'我 爸 说：

"Shénme búcuò! Wǒ jiànguo tā, tā gěi wǒ lǐguo fà."
'什 么 不错！我 见 过 她，她 给 我 理 过 发。'

"Hòulái cái zhīdào, yuánlái shì zhème yì huí shìr: Qùnián xiàtiān, yǒu yí cì
"后 来才 知道，原 来是 这 么 一回 事儿：去 年 夏 天，有 一 次

bàba qù lǐfàguǎn lǐ fà. Gěi tā lǐ fà de shì yí ge niánqīng de nǚ lǐfàyuán. Tā tuī tóu
爸爸 去 理发馆 理发。给 他 理发 的 是一个 年 轻 的 女理发员。她 推 头

yòu màn yòu bù qí, guā liǎn de shíhòu hái gěi gē le ge kǒuzi, qì de bàba yǐhòu
又 慢 又 不 齐，刮 脸 的 时 候 还 给 割了个 口子，气得 爸爸 以后

zài yě bú ràng tā lǐ le. Nǐ shuō qiǎo bu qiǎo? Zhège lǐfàyuán bú shì biéren,
再也 不 让 她 理了。你 说 巧 不 巧？ 这个 理发员 不 是 别人，

zhèng shì jīntiān lái de Xiǎolì!
正 是 今天 来的 晓丽！

182

"Gēge shuō: "Nà shíhòu rénjiā shì xīnshǒu, nánmiǎn chū diǎnr xiǎo shìgù;
"哥哥 说：'那 时 候 人 家[7]是 新 手，难 免 出 点 儿 小 事 故；

xiànzài kě dà bù yíyàng le, tā jìshù shúliàn, tàidù hé'ǎi, fúwù zhōudào, tuī tóu,
现 在 可 大 不 一 样 了，她 技 术 熟 练，态 度 和 蔼，服 务 周 到，推 头，

xǐ tóu, guā liǎn, chuī fēng yòu kuài yòu hǎo. Bú xìn, nín zài qù shìshi ," Bàba
洗 头、刮 脸、吹 风 又 快 又 好。不 信，您 再 去 试 试。'爸 爸

shuō: "Xíng le, xíng le. Nǐ dào xiàng zài gěi tā zuò guǎnggào ne!"
说：'行 了，行 了。你 倒 像 在 给 她 做 广 告 呢！'

"Lìli, nǐ kàn, wǒ bà hǎoxiàng hái yǒu diǎnr bú tài mǎnyì ne, nǐ shuō shì
"莉 莉，你 看，我 爸 好 像 还 有 点 儿 不 太 满 意 呢，你 说 是

ma?"
吗 ？"

📼 生词 New words

相(儿媳妇)	xiāng (érxífu)	〔动〕	take a look at one's prospective daughter-in-law
儿媳妇	érxífu	〔名〕	daughter-in-law (son's wife)
脚步	jiǎobù	〔名〕	footstep
果然	guǒrán	〔副〕	really, as expected
头(一回)	tóu (yìhuí)		for the first time
态度	tàidù	〔名〕	attitude, opinion
头儿	tóur	〔名〕	the very beginning
迎接	yíngjiē	〔动〕	to welcome
姑妈	gūmā	〔名〕	aunt (father's sister)
眼光	yǎnguāng	〔名〕	insight, foresight
错不了	cuò bu liǎo		sure to be good
歇	xiē	〔动〕	to rest
了不得	liǎo bu dé	〔形〕	extremely
悄悄	qiāoqiāo	〔副〕	on the quiet

机灵	jīling	〔形〕	clever, smart
大方	dàfang	〔形〕	natural and poised
哼	hēng	〔叹〕	humph
百里挑一	bǎilitiāoyī		the best one in a hundred
理发	lǐ fà		haircut
推(头)	tuī(tóu)		cut hair with clippers
齐	qí	〔形〕	trim, even
刮脸	guā liǎn		shave
割	gē	〔动〕	to cut
口子	kǒuzi	〔名〕	a cut
巧	qiǎo	〔形〕	coincidental
气	qì	〔动〕	to get angry
新手	xīnshǒu	〔名〕	new hand, green hand
难免	nánmiǎn	〔形〕	unavoidable
和蔼	hé'ǎi	〔形〕	amiable
服务	fúwù	〔动〕	to serve
周到	zhōudào	〔形〕	considerate
吹风	chuī fēng		to dry (hair) with a hair-dryer
信	xìn	〔动〕	to believe
广告	guǎnggào	〔名〕	advertisement

注释 Study points :

1. 相儿媳妇

   It refers to the first meeting of parents and their son's fiancée, at which they examine her looks and manners. The girl's parents can do the same when meeting her fiancé.

2. 今天是头一回

   "第一……" is often changed to "头(一)……" in colloquial language, e.g. "头一个", "头一次", "头一条", etc.

3. 今天吃<u>过</u>早饭，为了迎接晓丽，一家人都忙<u>开</u>了。

Here, "过" means "完", "吃过早饭" means "吃完早饭".

"开" indicates all activities having started.

4. 我去<u>请</u>姑妈。

"请" means "to invite" here.

5. 你先<u>歇</u>一会儿。

"歇" is often used in colloquial language, meaning "to take a rest".

6. <u>左看右看</u>，喜欢得了不得。

"左看右看" implies to look somebody up and down carefully.

7. 那时候<u>人家</u>是新手。

"人家" is often used to refer to the speaker or someone other than the hearer. The one referred to must have been mentioned previously. Here it refers to 宋晓丽.

词语例解
Study of words and expressions:

1. 到底〔副〕

It is used in an interrogative sentence for emphasis, meaning "after all".

(1) 他们到底什么时候回国？

(2) 到底谁去？你快点儿决定。

It indicates a result obtained after much delay, meaning "at last".

(3) 小王找了半天，到底把钥匙找到了。

(4) 他们到底想通了，再也不要孩子了。

"after all" as in (5), "in the final analysis" as in (6)

(5) 老李到底老了，不像年轻人那样喜欢活动了。

(6) 孩子到底是孩子，怎么能跟大人一样呢？

2. 请 〔动〕

to ask

(1) 莉莉请李英跟她一起去买东西。

to invite

(2) 下午我要去请我舅舅来参加我弟弟的婚礼 (wedding ceremony)。

(3) 星期天我请客，你们都来吧。

(a polite formula) please

(4) 大家请坐，请喝茶。

(5) 请不要抽烟！

3. 左…右…

to emphasize a repetition of the same act

(1) 我左劝右劝，他就是不同意。

(2) 这几天他左一次右一次地找李教授去，不知道有什么急事儿？

4. 难免 〔形〕

hard to avoid, unavoidable

(1) 一个人刚到一个新地方，生活、工作不习惯，这是难免的。

(2) 因为没有经验，所以作实验有时难免会出错。

5. 服务 〔动〕

In Chinese, "服务" is an intransitive verb which cannot take on an object.

to serve

(1) 我们要很好地为大家服务，大家有什么意见可以提出来。

〔名〕

service

(2) 这个饭店的服务态度不太好。

6. 倒 〔副〕

It indicates what is contrary to one's expectation as in (1), or an unusual behaviour as in (2).

(1) 没想到，妹妹倒比哥哥长得高。

(2) 我们是老朋友，你倒跟我客气起来了。

1. **Read aloud:**

   迎接客人   迎接新年

   服务态度好   愿意为大家服务

   考虑得很周到   高兴得不得了

   原来是他呀   真是巧得很

   听他的，错不了   没有人信他的

2. **Fill in the blanks with "头(一)" to express an ordinal number:**

   Model:
   > 他头一次进这家饭馆儿。（次）

   1) 请问，谁是 _____ ？（个）

   2) 我想，这条消息准是 _____ 吧？（条）

   3) 长这么大，这可是他 _____ 出国呀？（回）

   4) 我 _____ 去看他，他人不在，第二天才见了面。（天）

   5) 你别往后找了，他们坐的是 _____ 车。（辆）

   6) _____ 书我看得慢，第二本就快多了。（本）

3. **Complete the following sentences with the words given in parentheses:**

   a) Use "开"

   Model:
   > 他一到就忙开了。（忙）

   1) 他从椅子上站起来 _____ 。（唱）

   2) 这两个一见面 _____ 。（吵）

   3) 他们倒不客气，走到桌子旁边儿 _____ 。（喝）

   4) 他们看完电影，还没走出电影院 _____ 。（争论）

187

b) Use "到底"

Model:

> 我买，<u>你到底买不买</u>？

1) 我要换个好的，_____？ （给换）

2) 我们没有意见，_____？ （有）

3) 我不同意你去接，_____？ （还是）

4) 这个电影我没看明白，_____？ （为什么）

4. **Place emphasis on the words given below by using "左…右…":**

Model:

> 看，喜欢
> → 左看右看，喜欢得了不得。

1) 说，高兴　　　　　　　3) 听，不明白

2) 练，不会　　　　　　　4) 找，找不出来

5. **Complete the following sentences with the words given in parentheses:**

1) A: 我真的不想去参观了。

B: 怎么这样呢！我_____。 （倒）

2) A: 我真不知道是为什么？我讨厌他，你_____。 （倒）

B: 我跟他一块工作了十年。他人还是不错的。

3) A: 真对不起你。

B: 谁也不能每件事都做得好。_____。 （难免）

4) A: 谢谢你，你对我照顾得太好了。

B: 谢什么_____ 这是我应该做的。 （服务）

6. **Make dialogues according to the text:**

1) 早饭后，大家商量要做的事情。

2) 去年夏天，赵师傅在理发馆。

答案 Key

2. 1) 头一个   4) 头一天

     2) 头一条   5) 头一辆

     3) 头一回   6) 头一本

3. a) (1) 就唱开了   (3) 就喝开了

        (2) 就吵开了   (4) 就争论开了

    b) (1) 你到底给换不给换？   (3) 你到底是接，还是不接？

        (2) 你到底有没有？   (4) 主角一气出走了，到底为什么？

4. 1) 左说右说，高兴得手舞足蹈。

     2) 左练右练，总是练不会。

     3) 左听右听，还是听不明白。

     4) 左找右找，最后还是找不出来。

5. 1) 倒想去   3) 错是难免的

     2) 倒喜欢他   4) 为您服务

轻工业品展销会
A Show and Sale

19

Běijīng Qīnggōngyèpǐn Zhǎnxiāohuì ménqián, tíngzhe xǔxǔduōduō de
北京 轻 工 业品 展 销 会 门 前，停着 许 许 多 多[1]的

qìchē hé zìxíngchē; cānguān de rén duō jí le. Zhào Yùyīng hé Lìli suízhe rénqún
汽车 和 自 行 车；参 观 的人 多 极了。赵 玉 英 和 莉莉随着 人 群

zǒujìn zhǎnxiāo dà tīng.
走进 展 销 大 厅。

"Lìli, nǐ bú shì dǎsuan mǎi chènshān ma? Zánmen xiān qù kànkan
"莉莉，你 不 是 打 算 买 衬 衫 吗？咱 们 先 去 看 看

fúzhuāng ba."
服 装 吧。"

190

Zhào Yùyīng lāzhe Lìli jǐ dào guìtáiqián. Zhèli zhǎnchū de nán nǚ chènshān,
赵　玉英拉着莉莉挤到　柜台前。这里展出的男女衬衫，

shèjì xīnyǐng, shìyàng qíquán. Zhào Yùyīng shuō: "Zhèxiē dōu shì jīnnián xīn
设计新颖，式样齐全。赵　玉英　说："这些都是今年新

shèjì de, shìyàng zhēn duō. Zánmen kě bié tiāo huā le yǎn! Lìli, nǐ yào shénme
设计的，式样　真　多。咱们可别挑花了眼[2]！莉莉，你要什么

liàozi de?"
料子的？"

"Wǒ xiǎng mǎi chóuzi de. Wǒ hěn xǐhuan chuān Zhōngguó de sīchóu
"我想买绸子的。我很喜欢　穿　中国的丝绸

chènshān. Zhèr zěnme méiyǒu wa?"
衬衫。这儿怎么没有哇？"

Yí ge shòuhuòyuán tīng le, gàosù tāmen shuō: "Sīchóu chènshān zài
一个售货员听了，告诉她们　说："丝绸　衬衫在

nàbiānr zhǎnxiāo."
那边儿展销。"

Tāmen lái dào zhēnsīpǐn guìtái, zài shòuhuòyuán de bāngzhù xià, Lìli hěn
她们来到　真丝品柜台，在售货员的　帮助下，莉莉很

kuài jiù tiāo hǎo le liǎng jiàn chènshān. Tā jiāo le qián, ná le chènshān, yòu gēn
快就挑好了两件衬衫。她交了钱，拿了衬衫，又跟

Zhào Yùyīng yìqǐ zǒujìn le diànqì zhǎnxiāotīng.
赵　玉英一起走进了电器展销厅。

Diànqì zhǎnxiāotīnglǐ, shuō huà shēng, yīnyuè shēng xiǎng chéng yí piàn.
电器展销厅里，说话声、音乐声　响　成一片。

Zhào Yùyīng zhǐzhe yì zhǒng lùyīnjī shuō: "Zhè zhǒng lùyīnjī shì Zhōngguó
赵　玉英指着一种　录音机说："这　种　录音机是　中国

chūchǎn de. Nǐ tīng, shēngyīn hái búcuò ba? Tīng shuō, zhè jǐ nián zhè zhǒng
出产的。你听，声音还不错吧？听说，这几年这种

191

lù yīnjī   de chǎnliàng chéng bèi zēngzhǎng,   zhìliàng yě xiāngdāng búcuò,   yǐjīng
录音机的   产 量   成 倍 增 长[3]，质 量 也 相 当 不 错，已 经

chéng le míngpáir chǎnpǐn."
成 了 名 牌 儿 产 品。"

　　Tāmen zǒu dào mài cídài de zhǎnxiāo guìtái,   Lìli mǎi le jǐ pán Zhōngguó
　　她们 走 到 卖 磁带 的 展 销 柜台，莉莉 买 了 几 盘   中 国

yīnyuè de yuánshēngdài.
音乐的   原 声 带。

　　Kuài dào cíqì zhǎnxiāo dà tīng de shíhòu,   tāmen yùjian le Zhào Yùxǐ.
　　快 到 瓷器 展 销 大 厅 的 时候，她们 遇见 了 赵 玉喜。

　　"Gēge,   nǐ zěnme yě lái le?"   Zhào Yùyīng wèn.
　　"哥哥，你 怎么 也 来 了？" 赵   玉英 问。

　　"Mǎi chájù lái le."   Zhào Yùxǐ zhǐ le zhǐ shǒu zhōng de zhǐ hézi.
　　"买 茶具 来 了。"   赵 玉喜指了指 手   中 的 纸盒子。

　　"Nǐ shì zhǔnbèi jiéhūn yòng de ba?"   Lìli wèn.
　　"你 是 准备 结婚 用 的 吧？" 莉莉 问。

　　"Suàn   nǐ cāi duì le.
　　"算[4] 你 猜 对 了。"

　　" Lìli   yě xiǎng mǎi jǐ jiàn cíqì ,   nǐ bāngzhe tiāotiao."
　　"莉莉也 想 买 几 件 瓷器，你 帮 着 挑 挑。"

　　"Hǎo ba."
　　"好 吧。

　　"Wǒmen quán jiā dōu fēicháng xǐhuan Zhōngguó cíqì,"   Lìli shuō. "Bùjǐn
　　"我 们   全 家 都非 常 喜欢   中 国 瓷器，"莉莉 说。"不仅

shíyòng,   érqiě yě shì hěn hǎo de yìshùpǐn."
实 用，而且 也是 很 好 的 艺术 品。"

　　"Shuō qǐ   Zhōngguó cíqì,   Jǐngdézhèn de cíqì zuì hǎo,   nà shì shìjiè yǒumíng
　　"说 起[5] 中 国 瓷器，景 德 镇 的 瓷器 最 好，那 是 世界 有 名

de ne!"   Zhào Yùxǐ shuō.
的 呢！"   赵 玉喜 说。

"Hǎo, wǒ jiù mǎi Jǐngdézhèn de cíqì ba."
"好，我就买景德镇的瓷器吧。"

Zhào Yùxǐ rènzhēn de bāngzhù Lìli tiāo le liǎng ge chábēi hé jǐ jiàn cídiāo.
赵玉喜认真地帮助莉莉挑了两个茶杯和几件瓷雕。

Tāmen sān ge rén mǎi hǎo dōngxi yǐhòu, líkāi guìtái, xiàng ménkǒur zǒuqu.
他们三个人买好东西以后，离开柜台，向门口儿走去。

Hūrán tīng jiàn yǒu rén hǎn: "Wèi, tóngzhì!" Zhào Yùyīng tíng zhù jiǎobù,
忽然听见有人喊："喂，同志！"赵玉英停住脚步，

shuō: "shì hǎn wǒmen ba?" Zhào Yùxǐ shuō: "Bú shì, Zǒu ba!"
说："是喊我们吧？"赵玉喜说："不是，走吧！"

Zhèshí, yí ge shòuhuòyuán shǒulǐ názhe yí ge zhǐ hézi, pǎo dào tāmen
这时，一个售货员手里拿着一个纸盒子，跑到他们

shēnbiān, wèn: "Tóngzhì, Zhège hézi shì nǐmen de ba?" Zhào Yùxǐ yí kàn, dà
身边，问："同志，这个盒子是你们的吧？"赵玉喜一看，大

shēng shuō: "Āiyā, wǒ de chájù!"
声说："哎呀[6]，我的茶具！"

生词 New words

轻	qīng	〔形〕	light
工业	gōngyè	〔名〕	industry
…品	...pǐn	〔名〕	product, article
展销	zhǎnxiāo	〔动〕	show and sale
人群	rénqún	〔名〕	crowd
厅	tīng	〔名〕	hall
服装	fúzhuāng	〔名〕	clothing
柜台	guìtái	〔名〕	counter
展出	zhǎnchū	〔动〕	to exhibit

193

设计	shèjì	〔动、名〕	to design; design
新颖	xīnyǐng	〔形〕	novel
式样	shìyàng	〔名〕	style
齐全	qíquán	〔形〕	complete
料子	liàozi	〔名〕	material (for making clothes)
绸子	chóuzi	〔名〕	silk fabric
丝绸	sīchóu	〔名〕	silk cloth
丝	sī	〔名〕	silk
电器	diànqì	〔名〕	electrical appliances
片	piàn	〔量〕	a measure word for a mixture of...
出产	chūchǎn	〔动〕	to produce
产量	chǎnliàng	〔名〕	output
成（倍）	chéng(bèi)	〔动〕	to achieve (twice or several times over)
增长	zēngzhǎng	〔动〕	to increase
质量	zhìliàng	〔名〕	quality
相当	xiāngdāng	〔副〕	quite, considerably
名牌儿	míngpáir	〔名〕	famous brand, quality brand
产品	chǎnpǐn	〔名〕	product
磁带	cídài	〔名〕	magnetic tape
盘	pán	〔量〕	a measure word for a piece of tape, etc.
原声带	yuánshēngdài	〔名〕	the original tape (tape with the original voice or sound recorded)
瓷器	cíqì	〔名〕	porcelain, chinaware
茶具	chájù	〔名〕	tea set
纸	zhǐ	〔名〕	paper
盒子	hézi	〔名〕	box
猜	cāi	〔动〕	to guess
非常	fēicháng	〔副〕	very much
不仅	bùjǐn	〔连〕	not only...
实用	shíyòng	〔形〕	practical

194

艺术品	yìshùpǐn	〔名〕	work of art
世界	shìjiè	〔名〕	world
茶杯	chábēi	〔名〕	teacup
瓷雕	cídiāo	〔名〕	porcelain carving

注 释 Study points :

1. 停着<u>许许多多</u>的汽车和自行车。

Some adjectives in Chinese can be reduplicated for emphasis. The reduplicating pattern is AABB, e.g. "清清楚楚", "高高兴兴". "许多" can be reduplicated in two ways: "许许多多" and "许多许多". The reduplication of adjectives intensifies the force they produce.

2. 咱们可别<u>挑花了眼</u>！

"花眼" implies "being not able to see clearly", "挑花了眼" means it is difficult to decide which is better because there are too many choices.

3. 这几年这种录音机的产量<u>成倍增长</u>。

"成倍增长" shows an increase by several folds. "成 + measure word" emphasizes a large quantity.

4. <u>算</u>你猜对了。

"算 + clause" implies an affirmation of what is being said in the clause.

5. <u>说起</u>中国瓷器

"说起" is often placed at the beginning of a sentence to initiate a subject for discussion in subsequent utterances.

6. 哎呀

"哎呀" is an exclamation expressing a waking up to reality.

195

词语例解
Study of words and expressions:

1. 打算〔动〕

   to plan, to intend

   (1) 他们打算下个月结婚。

   〔名〕

   plan, intention

   (2) 大学毕业以后，你有什么打算。

2. 喜欢〔动〕

   to rejoice

   (1) 你快把好消息告诉大家，让大家也喜欢喜欢。

   to like, to love

   (2) 我很喜欢这儿的春天。

   (3) 他最喜欢唱歌，我最喜欢爬山。

   (4) 爸爸喜欢妹妹聪明，妈妈喜欢妹妹漂亮。

3. 在…下

   Sometimes, "在…下" only expresses conditions or circumstances rather than indicating specific location.

   (1) 在校长的领导下，这个学校办得很好。

   (2) 在老师的帮助下，他已经写了一篇关于中国计划生育的文章。

   (3) 在大家的努力下，这个工厂去年生产比前年增加了百分之十八。

4. 成〔动〕

   to accomplish, to achieve

   (1) 事情已经成了，你知道吗？

used after a verb to indicate completion

(2) 衣服做成了，你试试看，合适不合适？

to become

(3) 张小姐成了医生了。

used after a verb to indicate "turning into"

(4) 去年我们去的那个地方现在已变成一个公园了。

to be all right, OK

(5) 我每天都在家，你什么时候来都成。

5. 相当〔动〕

to correspond to

(1) 中国人口相当于美国人口的四倍半。

〔形〕

considerable

(2) 没有相当的技术水平是生产不出这种录音机来的。

quite

(3) 这种丝绸的质量相当好，你可以多买一点儿。

6. 住〔动〕

to live

(1) 威尔逊先生这次住在北京饭店。

(2) 小赵在她姑妈那儿住了一天就回来了。

used after a verb to indicate "stop" or "made to stop"

(3) 汽车停住了，你赶快上车吧。

used after a verb to indicate "firm" or "secure"

(4) 这里面都是瓷器，你小心点儿，拿住它，别掉了。

练习 Exercises :

1. Read aloud:

工业品   轻工业品   艺术品   真丝品

产品   新产品   用品   生活用品

比较实用   不太实用   提高质量   增加产量

世界地图   请猜一猜   式样新颖   最新设计

一片音乐声   真是喊我呢

2. Make sentences with the words and expressions given below:

(1) 成倍   (3) 成瓶   (5) 成双   (7) 碗中   (9) 生产中

(2) 成车   (4) 成天   (6) 手中   (8) 水中

3. Complete the following dialogues with "打算":

1) A: 放假了，你想做什么？

  B: _____ 。

2) A: 你去展销会，只是逛逛呢，还是想买点儿什么？

  B: _____ 。

3) A: _____ ？

  B: 今年夏天我准备去国外旅游。

4) A: 今年上半年，你已经发表了七八篇文章了，下半年呢？

  B: _____ 。

4. Express affirmation with "算":

Model:

> 你猜对了
>
> → 算你猜对了。

1) 你能说 2) 他有办法 3) 你会说 4) 他们找对了 5) 他有眼光

198

5. Complete the following sentences with "喜欢":

1) 什么消息？快告诉我，_____。

2) 我想学数学，因为 _____。

3) 这种式样的衣服，_____。

4) _____ 打乒乓球。

5) 哪儿热闹他就上哪儿，_____。

6. Rewrite the following sentences, using the words or expressions given in parentheses:

1) 售货员帮助莉莉挑了一件连衣裙。（在…下）

2) 小刘病了，小王去医院照顾他，小刘的病好得很快。（在…下）

3) 这件丝绸衬衫很实用，又是件艺术品。（不仅…而且…）

4) 这种汽车很实用，价钱又便宜。（不仅…而且…）

5) 我们同学里边谁学习好？小王学习最好。（说起）

6) 这里的公园不少，最好的是这个公园。（说起）

7) 小李学习和工作都很好。（相当）

8) 他们中国画儿画得很不一般。（相当）

7. How do you express yourself in the following situations?

1) 帮助你朋友挑衣服。（打算，式样，挑，非常）

2) 介绍你喜欢的艺术品。（有名，相当，不仅…而且…，世界）

8. Translate the following sentences into Chinese:

1) The quality of this product was not so good in the past.

2) When designing, you should have it in mind not only beauty, but also practicality.

3) Recently there are too many "Shows and Sales".

4) The output of this product has doubled and redoubled.

8. 1) 以前这种产品质量不好。

2) 你设计时，不仅要考虑美观，也要考虑实用。

3) 现在"展销会"太多了。

4) 这种产品的产量成倍地增长。

照相
Taking Photographs

20

Lìli   shì yí ge yèyú shèyǐng àihàozhě, zǎo jiù kànshang le Běihǎi Gōngyuán
莉莉是一个业徐 摄影 爱好者，早 就 看 上[1]了北海 公 园

de jǐngsè. Zhè yì tiān, tiānqì qínglǎng, tā hé Zhào Yùyīng chī le zǎofàn, jiù lái
的景色。这一天，天气晴 朗，她和 赵 玉英 吃了早饭，就来

dào zhèlǐ.   Zài Báitǎ qián, tā názhe zhàoxiàngjī shì le jǐ ge jiǎodù, jiù ràng
到 这里。 在 白塔 前，她拿着 照 相机试了几个角度， 就让

Xiǎo Zhào zhàn zài tā qiánbiānr jǐ mǐ   yuǎn de dìfang.
小 赵 站 在她 前边儿几米[2] 远 的地方。

Ránhòu, tā yìbiān tiáo jùlí, guāngquān hé sùdù, yìbiān gēn Xiǎo Zhào
然后，她一边 调距离、光 圈和速度，一边 跟 小 赵

liáo tiān. Zài Xiǎo Zhào wēiwēi yí xiào de yíchànà, tā xùnsù de àn le xiàr
聊 天。在 小 赵 微微 一 笑 的 一刹那，她 迅速地 按了 下儿

kuàimén, qiàng xià le yí ge zuì lǐxiǎng de jìngtóu. Tā duì Xiǎo Zhào shuō: "Hǎo
快 门，抢 下[3]了 一个 最理想 的 镜头。她 对 小 赵 说：“好

le, guǎnbǎo nǐ mǎnyì! Nǐ lái, gěi wǒ yě zài zhèr zhào yì zhāng."
了，管 保 你 满意！你 来，给 我 也 在 这儿 照 一 张。”

Tāmen zhào wán liǎng juǎnr jiāojuǎnr shí, shíjiān yǐjīng shíyīdiǎn duō le.
她们 照 完 两 卷儿 胶 卷儿 时，时间 已经 十一点 多 了。

Zhào Yùyīng qǐng Lìli dào tā jiā qù chī wǔfàn.
赵 玉英 请 莉莉 到 她家 去 吃 午饭。

Lùshang, Lìli duì Xiǎo Zhào shuō: "Jīntiān de zhàopiàn zhǔn búcuò, yóuqí
路上，莉莉 对 小 赵 说：“今天 的 照片 准 不错，尤其

shì zài xiǎochuánshang zhào de nà yì zhāng. Wǒ duō gěi nǐ xǐ yì zhāng."
是 在 小 船 上 照 的 那 一 张。我 多 给 你 洗 一 张。”

"Yì zhāng jiù gòu le, yào liǎng zhāng gàn shénme?"
“一 张 就 够 了，要 两 张 干 什么？”

"Sòng wǒ yì zhāng ya! Nándào nǐ bù tóngyì?"
“送 我 一 张 呀！难 道 你 不 同意？”

"Dāngrán tóngyì! Búguò, nǐ yě děi sòng wǒ yì zhāng, tiāo yìzhāng hǎo de."
“当 然 同 意！不过，你 也 得 送 我 一 张，挑 一 张 好 的。”

"Hǎo, xiàwǔ zánmen jiù bǎ dǐpiàn chōng chūlai, xǐ de shíhòu, fāxiàn zhào
“好，下午 咱 们 就 把 底片 冲 出来，洗 的 时候，发现 照

de hǎo de jiù fàngdà."
得好 的 就 放大。”

Shuōzheshuōzhe, liǎng ge rén dào le jiā. Chī wán fàn, Lìli shuō: "Dàbó,
说 着 说 着[4]，两 个 人 到 了 家。吃 完 饭，莉莉 说：“大伯，

dàmā, jīntiān nǐmen sì ge rén dōu zài jiā, wǒ gěi nǐmen quán jiā zhào yì zhāng
大妈，今天 你们 四个人 都 在 家，我 给 你们 全 家 照 一 张

ba."
吧。”

202

Zhào shěnr tīng le tèbié gāoxìng, shuō: "Duì, zánmen quán jiā zhào yì
赵　婶儿 听了特别　高兴，说：“对，咱们　全 家 照 一

zhāng!"
张！”

"Ràng tāmen niánqīngrén zài yì qǐ zhào ba!"　Zhào shīfu shuō, "Zánmen
“让 他们 年 轻 人 在一起 照 吧！” 赵 师傅 说，“咱 们

zhème dà suìshù le,　hái zhào shénme xiàng! Zhào chūlai yě hǎokàn bù liǎo!"
这么大岁数了，还 照　什么 相！ 照　出来也好看不了[5]！”

"Shénme hǎokàn bu hǎokàn!　Nǐ wàng le?　Jīnnián shì zán liǎ jiéhūn sānshí
“什 么 好 看不好看！你 忘 了？今 年 是咱俩 结 婚 三十

zhōunián, zhào zhāng xiàng liú ge jìniàn ma!"
周 年，照　张　相 留个纪念 嘛！”

Zhào shīfu zhè　cái xiàozhe shuō: "Zhème shuō,　jīntiān zhào xiàng hái yǒu
赵　师傅这[6]才 笑着 说：“ 这么 说，今天 照　相 还 有

tèshū　yìyì na!　Hǎo, wǒ tóngyì!"
特殊 意义哪！好，我 同意！”

Zhào xiàng qián, Zhào shěnr tèyì qù shū le shū tóu, huànshang le yí jiàn xīn
照　相　前，赵　婶儿特意去 梳了梳 头，换　上 了一件 新

yīfu.　Zhào shīfu hé Zhào shěnr bìngpái zuò zài shāfashang; Zhào Yùxǐ xiōngmèi
衣服。 赵 师傅和 赵　婶儿并 排坐 在沙发上； 赵 玉喜兄 妹[7]

zhàn zài shāfā hòubiānr.　Lìli duì le duì jìngtóu, shuō: "Dàmā, nín tóu tái qǐlai
站 在 沙发 后 边儿。莉莉对了对 镜头，说：“大妈， 您 头抬 起来

diǎnr.　Duì!　Hé dàbó kàojìn diǎnr. Hǎo! Dàbó,　nín xiào yi xiào, zìrán xiē."
点儿。对！和大伯 靠近 点儿。好！大伯， 您 笑 一 笑，自然 些。”

Zhào shīfu hěn shǎo zhào xiàng. Měi dāng zhàoxiàngjī jìngtóu duìzhe tā
赵　师傅很 少 照　相。 每 当　照　相机 镜头 对着他

de shíhòu,　tā zǒng juéde bú dà zìrán,　suǒyǐ zǒng shì běngzhe liǎn, zěnme yě xiào
的时候，他总　觉得不大自然， 所以 总 是 绷着 脸，怎么也 笑

bu qǐlai.
不起来。

"Lìli,   dé le,   bié nánwei tā le,   suí tā de biàn ba.   Tā zhège rén cónglái jiù
"莉莉，得了，别 难 为 他 了，随 他 的 便 吧。他 这个 人 从来 就

méi zhàoguo yìzhāng hǎo zhàopiàn!"   Zhào shěnr shuō.
没 照 过 一 张 好 照 片！" 赵 婶儿 说。

"Zhùyì   Xiàng wǒ zhèr kàn!   Dōu xiàozhe diǎnr!   Hǎo!"   Zhǐtīng "kāchā"
"注意！ 向 我 这儿 看！ 都 笑 着 点儿！ 好！" 只 听 "卡嚓"

yì shēng, shǎnguāngdēng tóngshí yí liàng.
一 声，闪 光 灯 同 时 一 亮。

Jǐtiān yǐhòu, Zhào jiā kètīng de qiángshang guà qǐ le yì zhāng quán jiā de
几天 以后，赵 家 客厅 的 墙 上 挂 起 了 一 张 全 家 的

héyǐng.
合 影。

生 词 New words

业余	yèyú	〔形〕	amateur
摄影	shèyǐng	〔动〕	to photograph
爱好	àihào	〔动、名〕	to be fond of, hobby
晴朗	qínglǎng	〔形〕	sunny
角度	jiǎodù	〔名〕	angle
米	mǐ	〔量〕	metre
距离	jùlí	〔名〕	distance
光圈	guāngquān	〔名〕	aperture
速度	sùdù	〔名〕	speed
微	wēi	〔形〕	slight
一刹那	yíchànà	〔名〕	instant, in the twinkling of an eye
迅速	xùnsù	〔形〕	swift, quick
按	àn	〔动〕	to press

快门	kuàimén	〔名〕	shutter
理想	lǐxiǎng	〔形、名〕	ideal
镜头	jìngtóu	〔名〕	shot, lens
管保	guǎnbǎo	〔动〕	to assure, to guarantee
卷儿	juǎnr	〔量〕	a measure word for a roll of film
胶卷儿	jiāojuǎnr	〔名〕	film
洗	xǐ	〔动〕	to print (copies from a negative)
难道	nándào	〔副〕	an expression used adverbially in a rhetorical question for emphasis, an affirmative reply is usually expected
挑	tiāo	〔动〕	to select
底片	dǐpiàn	〔名〕	negative, photographic plate
冲	chōng	〔动〕	to develop (a film)
放大	fàngdà	〔动〕	to enlarge
岁数	suìshù	〔名〕	age
俩	liǎ	〔数量〕	two
周年	zhōunián	〔名〕	anniversary
意义	yìyì	〔名〕	significance
梳	shū	〔动〕	to comb
兄	xiōng	〔名〕	elder brother
对（镜头）	duì(jìngtóu)	〔动〕	to adjust (the focus)
抬	tái	〔动〕	to raise
每当…（的时候）	měi dāng...(de shíhòu)		whenever ..., every time
绷	běng	〔动〕	to keep a straight face, to strain one's muscles
得了	dé le		all right
难为	nánwei	〔动〕	to embarrass, to be hard on
随便	suí biàn		to let (somebody do as he likes), informal
卡嚓	kāchā	〔象声〕	click

闪光灯	shǎnguāngdēng	〔名〕	flash lamp
同时	tóngshí	〔副〕	simultaneously
合影	héyǐng	〔名〕	group photo

Proper nouns :

北海公园	Běihǎi Gōngyuán	a famous park in the north of the City of Beijing proper
白塔	Bái Tǎ	a Buddhist pagoda built in Beihai Park

注 释 Study points :

1. 早就<u>看上</u>了北海公园的景色。
   Here, "看上" means "看中", "选中" (to have settled on).

2. 就让小赵站在她前边儿几<u>米</u>远的地方。
   The commonly used linear measures in China are "尺" and "寸". One "尺" equals ten "寸", "米" also called "公尺", i.e. "metre", which is gaining currency throughout the country. One metre is equal to three "尺".

3. 她迅速地按了下儿快门，<u>抢下</u>了一个最理想的镜头。
   "抢镜头" means snapping a shot of a transient scene.

4. <u>说着说着</u>，两个人到了家。
   The duplication of "verb + 着" indicates an action in a constant process, often followed immediately by another action, e.g.
   想着想着，他不禁笑了起来。
   孩子听着听着，一会儿就睡着了。

5. 照出来也<u>好看不了</u>。
   "好看不了" implies "不可能好看" or "不会好看", that is, it won't be nice to look at.

6. 赵师傅<u>这</u>才笑着说。

Followed often by "才", "都" or "就", "这" here means "这个时候" (at that moment), or "现在" (then). This kind of sentences are often found in colloquial language for emphasis.

7. 赵玉喜<u>兄妹</u>站在沙发后边儿。

Any two of the appelations referring to family relationships can be put together to indicate the relationship between them, e.g. "父母", "夫妇", "父子", "父女", "母子", "母女", "兄弟", "姐妹", "兄妹", "姐弟", etc. Only monosyllabic words can be used in this way, and "兄" is thus used instead of "哥哥".

词语例解
Study of words and expressions:

---

1. 洗〔动〕
   to wash
   (1) 下午我要洗衣服。

   to bathe, to take a bath
   (2) 你一身是汗，先去洗一洗再来吃饭吧。

   to print (a photo)
   (3) 今天晚上我不看电视，我要洗照片。

2. 什么〔代〕
   to indicate an interrogation
   (1) 你说什么？我没听清楚，你再说一遍。

   to replace anything indefinite
   (2) 我上商店去，你买点儿什么吗？

   to indicate a generalization
   (3) 张太太今天身体不好，什么也不想吃。
   (4) 你有什么就说什么，没关系。

   to indicate a negation
   (5) 骑什么车，走几步就到了。

(6) 什么有意思，我看一点儿意思也没有。

(7) 什么一天就成，我看三天也干不完。

to indicate an enumeration

(8) 他会说好几种外语，什么德文啊，法文啊，日文啊，他都会。

(9) 你等我一下儿，我去买点儿面包什么的。

When used alone, it indicates an exclamation.

(10) 什么？他已经来了？我怎么没听说？

3. 难道 〔副〕

It is used to ask a rhetorical question, "吗" can be tagged to it. The tone expressed by "难道" is somewhat like that shown in a negative question in English, as in "Isn't it...", or "Doesn't it...", etc.

(1) 那样有名的城市，你难道不想去看看吗？

(2) 难道你不觉得你们的生活很幸福吗？

4. 怎么也…

"however hard" as in (1) and (2), "in any case" as in (3)

(1) 那张照片他怎么也找不到了，不知放在什么地方了。

(2) 我怎么也想不起他的名字来了。

(3) 你怎么也得给他写封信，把情况说一说。

5. 随便 〔形〕

"easy-mannered" as in (1), "informal" as in (2), "anything" as in (3)

(1) 他很随便，你跟他谈话，不用客气。

(2) 有什么意见和建议，大家可以随便提。

(3) —你吃米饭还是面包？

　　　—随便，吃什么都可以。

　　　〔连〕

whatever

(4) 随便什么小说，他都喜欢看。

"随便" can be changed to "随 + pronoun + 的 + 便", meaning "do as one pleases", e. g.

(5) 随他的便吧，不要再去请他了。

(6) 明天几点来都可以，随你的便。

练习 Exercises :

1. Read aloud:

他爱好音乐　　　　　　　　有这种爱好

迅速作好准备　　　　　　　很有理想

难道你忘了　　　　　　　　真难为你们了

你随便一些吧　　　　　　　他笑得不大自然

他们看上这儿了　　　　　　管保让你高兴

2. Fill in the blanks with the given words plus "上":

抬， 穿， 看， 赶， 换

1) 过节了嘛，还不 ＿＿＿＿＿ 新衣服。

2) 他们 ＿＿＿＿＿ 那种红的，就决定买下来。

3) 把这个箱子 ＿＿＿＿＿ 到车上去吧。

4) 走到体育场门口儿，正 ＿＿＿＿＿ 散场，人真多。

5) 服务员打扫完房间，又 ＿＿＿＿＿ 新床单。

6) ＿＿＿＿＿ 另一盘磁带，就开始录音。

3. Make sentences, indicating a negation with "什么…不…":

Model:
> 经验 →
> 谈不上什么经验不经验的，我就说说自己是怎么做的好了。

(1) 爱好　　　　(2) 漂亮　　　　(3) 满意　　　　(4) 好看

209

4. Choose one of the given expressions to fill in the blank:

a) 随便　　　随…便

1) _____ 吃点儿什么都行，不要麻烦了。

2) _____ ，他愿意去就去，不愿去就算了。

3) 请 _____ 坐吧，千万别客气。

4) _____ 你想听就听吧。

5) _____ ，我不管了，他怎么做都可以。

b) 怎么也　难道

1) _____ 这么好的话剧，他们也不想看？

2) 不管你说什么，他 _____ 不肯留下来吃饭。

3) 倒是想了不少办法，_____ 没把这辆车修好。

4) _____ 就你聪明，就你会做，别人不行？

5) 他 _____ 没想到，二十年以后，又在同一个地方见到了他。

6) _____ 你不觉得他现在比以前话少了吗？

5. Translate the following sentences into Chinese:

1) What is he looking at?

2) We did not buy anything, we just went window-shopping and came out.

3) What! I don't read newspapers? Is there a day when I do not read?

4) Let's pick out and buy something too .

5) He is too loose-tongued. He blurts out everything.

2. 1) 穿上（或者换上）   3) 抬上   5) 换上

     2) 看上   4) 赶上   6) 装上（或：换上）

4. a) (1) 随便   (3) 随便   (5) 随他的便

        (2) 随他的便   (4) 随便

    b) (1) 难道   (3) 怎么也   (5) 怎么也

        (2) 怎么也   (4) 难道   (6) 难道

5. 1) 他在看什么呢？

    2) 我们什么也没买，逛了逛，就出来了。

    3) 什么不看报！我哪天没看？

    4) 咱们也挑点儿什么吧！

    5) 他太随便了，什么都说。

看足球赛
Watching a Foothall Match

21

Lìli   zhào wán xiàng, zhèng dǎsuan huí xuéxiào, Sòng Xiǎolì pǎo le jìnlai,
莉莉 照   完   相， 正 打 算   回 学 校，宋   晓 丽 跑 了 进来，

shuō: "Lìli,   bié zǒu! Diànshìtái yào zhuǎnbō yì chǎng jīngcǎi de zúqiúsài,
说："莉莉，别 走！电 视 台 要   转 播 一 场   精 采 的 足 球赛，

mǎshàng kāishǐ."   Lìli kàn le kàn shǒubiǎo, jiàn shíjiān hái zǎo, yě jiù tóngyì
马 上   开始。" 莉莉 看 了 看 手 表，见 时 间 还 早，也 就 同 意

le.   Zhào Yùyīng xiàozhe duì Lìli shuō: "Biékàn Xiǎolì shì ge gūniang, yě gēn wǒ
了。赵 玉 英 笑 着 对 莉莉 说："别 看 晓 丽 是 个 姑 娘，也 跟 我

gēge yíyàng, shì ge zúqiúmí".
哥哥 一 样，是 个 足 球 迷。"

Zhào Yùxǐ dǎ kāi diànshìjī.　Zhè shì Zhōngyāng Diànshìtái zài Běijīng
赵　玉喜打开　电视机。这是　中　央　电视台在北京

Gōngrén Tǐyùchǎng zhuǎnbō jīnnián quán guó zúqiúsài juésài　de shíkuàng.
工　人　体育场　转播今年　全　国足球赛决赛[1]的实　况。

Chǎngshang zuò mǎn le guānzhòng. Yíhuìr,　cáipànyuán chuī xiǎng le shàozi,
场　　上　坐　满了观　众。一会儿，裁判员　吹　响了哨子，

bǐsài　kāishǐ le.
比赛开始了。

　　"Běijīngduì tī bu guò Shànghǎiduì,　nǐmen xìn bú xìn?" Zhào Yùxǐ shuō.
　　"北京队踢不过[2]　上　海队，你们信不信?"赵　玉喜说。

　　"Wǒ shuō Běijīngduì jīntiān zhǔn yíng!"　Sòng Xiǎolì shuō.
　　"我　说　北京队今天　准　赢!"宋　晓丽说。

　　"Nǐ bié wàng le, Shànghǎiduì shì shàng jiè quán guó yùndònghuì de zúqiú
　　"你别　忘了，上　海队是　上　届　全　国运　动　会的足球

guànjūn!"
冠　军!"

　　"Kě Běijīngduì jìnbù hěn kuài. Zài jǐ chǎng yùsài zhōng, wǒ kàn tā wúlùn shì
　　"可北京队进步很　快。在几场　预赛　中[3]，我看它无论是

jìngōng,　háishì fángshǒu,　dōu hěn yǒu shuǐpíng. Jīnnián wǔyuè zài Xī'ān jǔxíng de
进攻，还是　防　守，都很有　水　平。今年　五月在西安举行的

guójì　zúqiú yāoqǐngsài zhōng, tā hái huòdé le yàjūn ne!"
国际足球　邀　请赛　中，它还　获得了亚军呢!"

　　Bǐsài yì kāishǐ, Shànghǎiduì jiù zhǔdòng jìngōng, jìshù fāhuī de hěn hǎo.
　　比赛一开始，上　海队就　主　动　进攻，技术发挥得很好。

Shàng bànchǎng jiéshù shí, chǎngshang bǐfēn:　yī bǐ líng, Shànghǎiduì lǐngxiān.
上[4]　半　场　结束时，场　上　比分：一比零，上　海队领先。

　　"Zǎnmeyàng, Běijīngduì shū le ba?"　Zhào Yùxǐ shuō.
　　"怎么样，北京队输了吧?"赵　玉喜说。

　　"Nǐ xiān bié gāoxìng, hái yǒu xià bànchǎng ne!"　Sòng Xiǎolì shuō.
　　"你先别高兴，还有下半场　呢!"宋　晓丽说。

Xià bànchǎng, chǎngshang shuāngfāng nǐ lái wǒ wǎng, zhēngduó shífēn
下 半 场， 场 上 双 方 你 来 我 往[5]， 争 夺 十 分

jīliè. Běijīngduì lìyòng fá qiú jīhuì, xiān jìn yì qiú, shí fēn zhōng yǐhòu yòu jìn
激烈。北京队利用 罚球机会，先 进一球， 十 分 钟 以后 又 进

yì qiú. Chǎngshang bǐfēn: èr bǐ yī, Běijīngduì lǐngxiān.
一球。 场 上 比分：二比一，北京队领 先。

"Wǒ shuō Shànghǎiduì bùxíng ba, zěnmeyàng?" Sòng Xiǎolì hěn gāoxìng.
"我 说 上 海队不 行 吧，怎么 样？"宋 晓丽很 高 兴。

"Bié máng! Lí jiéshù hái yǒu wǔ fēn zhōng ne!" Zhào Yùxǐ shuō.
"别 忙[6]！离结束 还 有 五分 钟 呢！"赵 玉喜 说。

"Nǐmen liǎng ge dōu bié zhēng le. Jiào wǒ shuō ya, Běijīngduì yě hǎo,
"你们 两 个 都 别 争 了。叫 我 说 呀，北京队也 好，

Shànghǎiduì yě hǎo, shuí yíng dōu yíyàng, fǎnzhèng dōu gēn wǒ méi guānxi."
上 海队也 好，谁 赢 都 一样，反 正 都 跟 我 没 关系。"

Zhào Yùyīng yí jù huà, shuō de dàjiā dōu xiào le.
赵 玉英 一句 话，说 得大家 都 笑 了。

Zuìhòu wǔ fēn zhōng, chǎngshang zhēngduó gèng jīliè le.
最后 五分 钟， 场 上 争 夺 更 激烈了。

"Nǐmen kàn, Shànghǎiduì yòu jìngōng le! Hǎo! Kuài! Wǔ hào kuài pǎo!
"你们 看， 上 海队又 进攻 了！好！快！五 号 快 跑！

Bǎ qiú chuán gěi jiǔ hào! Shè ménr! Kuài shè ménr!" Zhào Yùxǐ jīdòng de jiào le
把球 传 给九号！射 门儿！快 射 门儿！"赵 玉喜激动 得叫 了

qǐlai.
起来。

"Dōng!"
"咚！"

"Āiyō" Zhào Yùxǐ liǎng shǒu bào zhù le zìjǐ de yòu jiǎo.
"哎哟！"赵 玉喜 两 手 抱 住 了自己的 右 脚。

"Zěnme la?" Sòng Xiǎolì wèn.
"怎么 啦？"宋 晓丽 问。

214

"Wǒ......wǒ yì jiǎo tī zài yǐzishang le."

"我......我一脚踢在椅子上了。"

生词 New words

足球	zúqiú	〔名〕	soccer, football
...台	...tái	〔名〕	(radio, television) station
转播	zhuǎnbō	〔动〕	to relay
精采	jīngcǎi	〔形〕	exciting
(比)赛	(bǐ) sài	〔动、名〕	to compete; match
...迷	...mí	〔名〕	...fan
中央	zhōngyāng	〔名、形〕	centré; central
体育场	tǐyùchǎng	〔名〕	stadium
决赛	juésài	〔名〕	final
实况	shíkuàng	〔名〕	live broadcast
场	chǎng	〔量〕	a measure word indicating the set of match
观众	guānzhòng	〔名〕	spectator, audience
裁判员	cáipànyuán	〔名〕	referee
吹	chuī	〔动〕	to blow, to whistle
哨子	shàozi	〔名〕	whistle
队	duì	〔名〕	team
踢	tī	〔动〕	to kick
赢	yíng	〔动〕	to win
届	jiè	〔量〕	a measure word indicating the number in a series of events, meetings, etc.
运动会	yùndònghuì	〔名〕	sports meet, games
冠军	guànjūn	〔名〕	champion

215

进步	jìnbù	〔动、名〕	to make progress; progress
预赛	yùsài	〔名〕	preliminary contest
它	tā	〔代〕	it
进攻	jìngōng	〔动〕	to attack
防守	fángshǒu	〔动〕	to defend
举行	jǔxíng	〔动〕	to hold
获得	huòdé	〔动〕	to win
亚军	yàjūn	〔名〕	second place, runner-up
主动	zhǔdòng	〔形〕	(to take the) initiative
发挥	fāhuī	〔动〕	to bring...into play
比分	bǐfēn	〔名〕	score, scoring
比	bǐ	〔动〕	...to...(in a score)
领先	lǐngxiān	〔动〕	to lead, to take the lead
输	shū	〔动〕	to lose
争夺	zhēngduó	〔动〕	to struggle, fight
激烈	jīliè	〔副〕	closely (fight)
罚(球)	fá (qiú)	〔动〕	to penalize
争	zhēng	〔动〕	argue
反正	fǎnzhèng	〔副〕	anyway
射门	shè mén	〔动〕	to shoot at the goal

Proper nouns :

中央电视台	Zhōngyāng Diànshìtái	China Central Television (CCTV)
北京工人体育场	Běijīng Gōngrén Tǐyùchǎng	the Beijing Worker's Stadium
北京队	Běijīngduì	the Beijing Team
上海队	Shànghǎiduì	the Shanghai Team

注释 Study points :

1. 这是<u>中央电视台在北京工人体育场转播今年全国足球赛决赛</u>的实况。

   "中央电视台在北京工人体育场转播今年全国足球赛决赛" is an attribute modifying "实况".

2. 北京队<u>踢不过</u>上海队。

   "过" means "胜过" (to beat in a ball game). "踢不过" means "不能踢胜" (cannot beat). Its affirmative form is "踢得过".

3. <u>在几场预赛中</u>

   "在...中" can be used to indicate a certain scope, range, field, etc., for example:

   在工作中　　在生活中　　在学生中

4. <u>上半场结束时</u>，场上比分：一比零。

   "上" indicates "the first half of time". We can also say "上半年" (the first half of the year), "上半个月" (the first half of the month), etc. "下" indicates "the second half of time", e.g. "下半夜" (the second half of the night) ", "下半场比赛" (the second half of the match), etc.

5. 场上双方<u>你来我往</u>。

   "你来我往" here means that the two sides launch offensives or assume defensives alternatively in a football match. "你", "我" refer to the two sides; "来", "往" indicate offensives and defensives.

6. <u>别忙</u>！离结束还有五分钟呢！

   "别忙" means "Don't jump to conclusions.", "It's still early to talk about final result of the match."

1. 无论〔连〕

    no matter what, who, how, etc.

    (1) 无论北京队赢还是上海队赢，我都高兴。

    (2) 你无论到哪儿，都要给我写信。

    (3) 无论在什么情况下，我们都不能只说不做。

2. 比

    〔动〕

    to compare

    (1) 大家比比看，谁的技术好。

    (2) 我不比你，你上过大学，我没上过大学。

    to (in a score)

    (3) 今天球赛结果是五比三，西安足球队赢。

    〔介〕

    than

    (4) 今天比昨天暖和一点儿。

    (5) 这条鱼比那条鱼新鲜。

3. 离〔动〕

    to be away from

    (1) 莉莉离家已经两个多月了。

    "to" as in (2), "before" as in (3)

    (2) 我们宿舍离足球场很近。

    (3) 现在离上课还有二十分钟，你快去快回来。

4. …也好…也好

This structure indicates no difference made under whatever circumstances, corresponding to "whether...or...", "no matter whether..."

(1) 男同学也好，女同学也好，谁有困难大家都要关心。

(2) 坐汽车去也好，骑自行车去也好，反正八点半到就可以了。

(3) 新的也好，旧的也好，你拿一个给我看看。

5. 反正〔副〕

anyway, anyhow, in any case

(1) 王先生和王太太今年去不去中国旅游还没定下来，反正李先生和我要去。

(2) 陈小姐说她会打太极拳，你信不信？反正我不信，我没有看见她打过。

(3) 反正来不及了，你就不要急着走了。

练习 Exercises :

1. Read aloud:

1) 球迷   舞迷   戏迷   电影迷

   照相迷   小说迷   外语迷   音乐迷

2) 剧场实况转播   发挥作用

   进步真大   他被罚钱了

   比赛很激烈   电视观众

   输赢没关系   反正他愿意

   你主动一些   给我传个话

2. Answer the following questions:

1) 你认为这辆汽车跑得过火车吗？

2) 在你的朋友中谁最爱说？别人真的说不过他吗？

3) 在你的朋友中，谁的网球打得好？你打得过他吗？

4) 你跟他们比赛划船，你赛得过他们吗？

5) 听说他跑得不慢，你跑得过他不？

3. Complete the following sentences:

a) Use "反正"

1) 无论你怎么说，＿＿＿＿＿＿＿＿＿＿＿＿＿＿＿。

2) 他们想吃什么就吃什么，＿＿＿＿＿＿＿＿＿＿＿＿＿。

3) 明天去上海我也不怕，＿＿＿＿＿＿＿＿＿＿＿＿＿。

4) ＿＿＿＿＿＿＿＿＿＿＿＿＿＿，我就不多说了。

5) ＿＿＿＿＿＿＿＿＿＿＿＿，你就把电影票给他算了。

6) ＿＿＿＿＿＿＿＿＿＿，那就晚走一会儿吧。

b) Use "…也好…也好"

Model:

> 北京队也好，上海队也好，谁赢都一样。（北京队、上海队）

1) ＿＿＿＿＿＿＿＿＿＿＿＿，他们都认真、努力。（工作、学习）

2) ＿＿＿＿＿＿＿＿＿＿＿＿，他们都没去过。（广州、上海）

3) ＿＿＿＿＿＿＿＿＿＿，这几年他们都不去看了，只是在家看电视。
（电影、球赛）

4) ＿＿＿＿＿＿＿＿＿＿，他都不会，他才去过几次游泳池。（蝶泳、蛙泳）

5) 他可是个热情人，＿＿＿＿＿＿＿＿＿＿他都谈得来。(认识的、不认识的)

6) 他旅游时喜欢买纪念品，＿＿＿＿＿＿＿＿＿＿看上什么就买什么。
（扇子、工艺品）

4. Complete the following dialogues with the words given in parentheses:

1) A: 我觉得今天天气还可以。
   B: 是啊，＿＿＿＿＿＿＿＿。（比）

2) A: 昨晚篮球比赛结果，你知道不？
   B: 听说了，＿＿＿＿＿＿＿＿。（比）

3) A: 你瞧，这位新手进步够大的！
   B: 可不，＿＿＿＿＿＿＿＿。（比）

4) A: 他们不是输了吗？怎么还挺高兴的？

   B: 他们哪！就是这样！＿＿＿＿＿＿＿＿＿ 都一样。（无论）

5) A: 他们一家都是戏迷？

   B: 确实的。＿＿＿＿＿＿＿＿＿ 他们都要去看。（无论）

6) A: 这个人做什么事都着急。这么早就穿好衣服了。

   B: 真是的。＿＿＿＿＿＿＿＿＿。（离）

5. Translate the following into Chinese:

1) The level (of his skill, performance, etc.) has been much raised over the years.

2) Whatever they do, they do it very carefully.

3) Whenever he is mentioned, maybe anyone will say that his attitude towards work is good.

4) The airport is twenty kilometres away from here.

5) I was still a young man when I left my hometown.

6) The younger brother is brighter than his elder brother.

7) Xiao Zhao is younger than Xiao Li by three years.

8) He is much healthier now than the year before last.

答 案 Key

5. 1) 近几年他的技术水平提高了很多。
2) 无论做什么事，他们都非常认真。
3) 一提到他，无论谁都说他工作态度好。
4) 这儿离飞机场有二十公里。
5) 我离开老家的时候，还是一个青年。
6) 弟弟比哥哥聪明。
7) 小赵比小李小三岁。
8) 他身体比前年健康多了。

周教授谈中医
Talking about Chinese Medicine

22

Wǎnfàn hòu, Zhào Yùyīng hé Lìli zài xiàoyuánli sàn bù. Tāmen yánzhe yì
晚 饭 后，赵 玉英 和 莉莉 在 校 园里散步。她们 沿 着一

tiáo xiǎo lù wàng qián zǒu, bù zhī bù jié lái dào Zhōu jiàoshòu jiā ménkǒur, jiàn
条 小 路 往 前 走，不 知 不 觉来 到 周 教 授家 门口儿，见

Zhōu jiàoshòu zhèngzài yángtáishang gěi huār jiāo shuǐ.
周 教 授 正在 阳 台 上 给 花儿 浇 水。

"Zhōu lǎoshī, chī fàn le ma?" Zhào Yùyīng dà shēng wèn.
"周 老师，吃 饭 了吗[1]？" 赵 玉 英大 声 问。

"Ò, shì nǐmen liǎ. Chī le. Nǐmen shàng nǎr qu a?"
"哦，是你们 俩。吃了。你们 上 哪儿去啊？"

"Suíbiàn zǒuzou." Lìli huídá.
"随便 走走。"莉莉 回答。

"Jìnlai zuòzuo ba!" Zhōu jiàoshòu rèqíng de shuō.
"进来坐坐 吧！"周 教授 热情地 说。

Zhào Yùyīng hé Lìli zǒujìn Zhōu jiàoshòu jiā. Zhōu jiàoshòu bǎ tāmen yíng
赵 玉英和莉莉走进 周 教授家。周 教授 把她们 迎

jìn shūfáng, gěi tāmen dào chá. Hánxuān le jǐ jù yǐhòu jiù wèn: "Jīntiān de kè
进书房，给她们 倒 茶。寒 暄了几句以后 就 问："今天 的 课

nǐmen dōu tīng dǒng le ma?"
你们 都 听 懂了吗？"

"Tīng dǒng le. Nín jiǎng de fēicháng qīngchu." Zhào Yùyīng shuō.
"听 懂了。您 讲 得非 常 清楚。"赵 玉英 说。

"Wǒ yǒu yí ge wèntí bù míngbai," Lìli shuō, "Wèi shénme xiànzài hái
"我 有 一个 问题不 明白[2]，"莉莉说，"为 什么 现 在 还

yǒu rén rènwéi zhōngyī bùrú xīyī kēxué ne?"
有 人 认为 中 医不如 西医科学 呢？"

Zhōu jiàoshòu xiào le xiào, shuō: "Zhè shì yīnwei tāmen duì zhōngyī tài bù
周 教授 笑了笑，说："这 是 因为他们 对 中 医太不

liǎojiě. Wǒ bú shì 'Lǎo Wáng mài guā, zì mài zì kuā', kēxué shì zuì jiǎng
了解。我 不 是'老 王 卖 瓜，自卖自夸[3]'，科学 是 最 讲

shíjì de. Yīnggāi shuō, wúlùn shì zhōngyī háishì xīyī, dōu yǒu tā zìjǐ de
实际的[4]。应 该 说，无论是 中 医还是西医，都 有 它自己的

chángchù, yě yǒu tā zìjǐ de duǎnchù. Bǐrú shuō, zài wàikē shǒushù fāngmiàn,
长 处，也 有 它自己的 短 处。比如 说，在 外科 手术 方 面，

xīyī bǐ zhōngyī yǒu bànfǎ, dàn zài zhìliáo mǒuxiē nèikē jībìng shí, tèbié shì yǒu
西医比 中 医有 办法[5]，但 在 治疗 某些 内科疾病 时，特别是 有

xiē mànxìngbìng, zhōngyī de zhìliáo xiàoguǒ yìbān yào bǐ xīyī hǎo. Suǒyǐ, wǒmen
些 慢 性 病， 中 医的治疗 效 果一般 要 比西医好。所以，我们

tíchàng zhōng、xīyī hùxiāng xuéxí, qǔ cháng bǔ duǎn."
提倡 中、西医互相 学习，取 长 补 短。"

"Zhōngyī yǒu yōujiǔ de lìshǐ,   zài tā de fāzhǎn guòchéng zhōng, jīlěi le
"中 医有 悠久的历史[6]，在它的发展 过程 中，积累了

fēngfù de lǐlùn hé shíjiàn jīngyàn, xíngchéng le tā zìjǐ de tèdiǎn, qízhōng yǒu hěn
丰富的理论和实践 经验，形 成 了它自己的特点[7]，其 中 有 很

duō dōngxi shì hěn zhíde yánjiū de. Xiànzài wàiguó bú shì yě yǒu hěn duō rén zài
多 东西是 很 值得 研究的。现在 外国 不 是 也 有 很 多 人 在

yánjiū Zhōngguó de yīyàoxué ma? Bǐrú, zhēnjiǔ jiù shì yí ge lìzi."
研究 中 国 的医药 学 吗？比如，针灸就是一个例子。"

"Dāngrán, yóuyú xiàndài kēxué de fāzhǎn hěn kuài, yīncǐ zhōngyī gēn xīyī
"当 然，由于 现 代科学的发展 很 快，因此 中 医跟 西医

yíyàng, yě hái yǒu hěn duō wèntí yào yánjiū. Xīwàng nǐmen nǔlì xuéxí tā,
一样，也还 有 很 多 问题要 研究。希望 你们努力学习它，

yánjiū tā, bìngqiě yòng tā lái wèi rénlèi de jiànkāng fúwù."
研究它，并且 用 它来 为 人类的 健 康 服务。"

Zhōu jiàoshòu jiǎng wán yǐhòu, tāmen jiēzhe yòu tán le jǐ ge bié de wèntí.
周 教授讲 完 以后，他们接着 又 谈了几个别的 问题。

Zài gēn Zhōu jiàoshòu gàocí shí, Zhào Yùyīng hé Lìli shuō: "Zhōu lǎoshī,
在 跟 周 教授 告辞时，赵 玉英 和莉莉说："周 老师，

dānwu le nín hěn duō shíjiān, zhēn duì bu qǐ!"
耽误了您 很 多 时间，真 对不起！"

"Bié kèqi! Qīzhōng kǎoshì kuài dào le, xīwàng nǐmen zhuājǐn shíjiān
"别客气！期 中 考试[8] 快 到了，希望 你们 抓紧 时间

hǎohāor fùxí. Yǒu shénme wèntí suíshí dōu kěyǐ lái wèn."
好 好儿复习。有 什 么 问题随时 都 可以来 问。"

224

校园	xiàoyuán	〔名〕	campus
不知不觉	bùzhībùjué		unknowingly, unawares
花儿	huār	〔名〕	flower
浇	jiāo	〔动〕	to water
迎	yíng	〔动〕	to usher...in, to meet, to welcome
寒暄	hánxuān	〔动〕	exchange of conventional greetings
明白	míngbai	〔形〕	clear about
科学	kēxué	〔名、形〕	science; scientific
瓜	guā	〔名〕	melon
自	zì	〔代〕	self
夸	kuā	〔动〕	to praise, to boast
实际	shíjì	〔名、形〕	practical
西医	xīyī	〔名〕	western medicine
长处	chángchù	〔名〕	strong point, advantage
短处	duǎnchù	〔名〕	weak point, drawback
外科	wàikē	〔名〕	surgery
手术	shǒushù	〔名〕	surgical operation
治疗	zhìliáo	〔动〕	treatment
内科	nèikē	〔名〕	internal medicine
疾病	jíbìng	〔名〕	disease
效果	xiàoguǒ	〔名〕	effect
取长补短	qǔchángbǔduǎn		to learn from other's strong points to offset one's weaknesses
悠久	yōujiǔ	〔形〕	long
过程	guòchéng	〔名〕	process
积累	jīlěi	〔动〕	to accumulate
实践	shíjiàn	〔动、名〕	to practise; practice
形成	xíngchéng	〔动〕	to form
特点	tèdiǎn	〔名〕	special feature, characteristics
医药学	yīyàoxué	〔名〕	medical science
针灸	zhēnjiǔ	〔名〕	acupuncture

例子	lìzi	〔名〕	example
由于	yóuyú	〔连、介〕	because (of)
现代	xiàndài	〔名〕	modern
并且	bìngqiě	〔连〕	and
人类	rénlèi	〔名〕	mankind
抓紧	zhuājǐn	〔动〕	to make the best use of one's time
期中	qīzhōng	〔名〕	mid-term
复习	fùxí	〔动〕	to review

注释 Study points :

1. 吃饭了吗？

   It is a greeting often used around meal time, corresponding to "hello", without the real intention of knowing whether the hearer has finished his/her meal or not.

2. 我有一个问题不明白。

   "有 + noun (e.g. 问题、事情、能力、办法…) + verb" roughly corresponds to "有 + verb + 的 + noun". "我有一个问题不明白" has the same meaning as "我有一个不明白的问题". A similar sentence can be found elsewhere in the text, i.e.

   因此中医跟西医一样，也还有很多问题要研究。

3. 我不是"老王卖瓜，自卖自夸。"

   This is a common saying meaning to praise oneself for one's own deed, i.e. self-glorification.

4. 科学是最讲实际的。

   The structure "是…的" is used to indicate an affirmation with an emphatic tone.

5. 西医比中医有办法。

   "有办法" here implies a relatively scientific and advanced medical treatment.

6. 中医有悠久的历史。

During the period of the Warring States (475-221 B.C.) traditional Chinese medical science had finished its framework of theoretical system, and professional doctors had emerged with monographs written. Traditional Chinese medicine has been developing over the past two millennium and more.

7. 形成了它自己的特点。

The most distinguishing features of traditional Chinese medicine are the conception of entity and dialectics orientated treatment. It focuses on the structural oneness of the human organs, viewing local affectations in relation to the entire system as forming an organic whole. The steps of diagnosing comprise observing, smelling, enquiring and pulse-taking. Basing on the information so gathered, an appropriate course of treatment is chosen for the cure.

8. 期中考试快到了。

Chinese primary schools, middle schools and universities all have two terms each academic year, and students sit for two major examinations each term, the mid-term examination "期中考试" and the terminal examination "学期考试" or "期末考试".

词语例解
Study of words and expressions:

1. 科学　〔名〕

science

(1) 这几年医学科学发展很快，很多以前不能治疗的病，现在都可以治疗了。

　　　〔形〕

scientific

(2) 这种记生词的方法很科学，你可以试一试。

(3) 房子这样设计不科学。

227

2. 实际〔名〕

actuality

(1) 中医和西医各有长处，也各有短处，这是实际情况。

〔形〕

practical

(2) 你这种想法是不实际的，一个星期哪能干那么多事儿！

When used as an adverbial, "实际" can be changed to "实际上".

(3) 看起来客厅比卧室大，但是实际上是一样大。

3. 值得〔动〕

to be worth

(1) 这些瓷器五十块钱值得。

to be worthwhile

(2) 中国历史博物馆很值得去参观。

4. 用…来

use something to do something

(1) 我每天晚上都要用半个小时来练习写汉字。

(2) 这种病如果用针灸来治疗，效果一定很好。

5. 为〔介〕

It indicates person or thing to which an action is directed.

(1) 李老师在为下午的实验作准备。

(2) 这个医学家为人类作出了伟大的贡献。

When used to indicate aim or cause, "为了", "为着" can sometimes be used in its stead.

(3) 来，为我们两国人民的友谊干杯！

(4) 为了学好中医理论，大家要努力学习古代汉语。

228

1. Read aloud:

内科	外科	眼科
有特点	抓紧时间	抓紧工作
抓紧学习	抓紧生产	科学家
科学精神	都夸他好	实际问题
理论研究	举例子	丰富的实践经验
人类社会	寒暄话	现代科学

2. Put the preposition-object structure "为…" into the proper position in the sentences:

1) 你们不用担心，他一定能完成任务。（为他）

2) 大家都高兴。（为这件事）

3) 这次实验找到了新的方法（为治疗癌症）

4) 这位大夫热情地看病。（为病人）

5) 他们争了半天。（为谁能赢这场足球赛）

6) 她今天特地做了很多菜。（为客人）

3. Rewrite the following sentences with "是…的" to express affirmation:

1) 我昨天去看他。

2) 他不会用筷子吃饭。

3) 我愿意帮助他。

4) 她的理论水平很高。

5) 他从外国来留学。

6) 我们骑自行车去接他。

7) 我们在张先生那里听到这消息。

8) 那个电视机一直开着。

4. Answer the following questions with the words and expressions given in parentheses:

1) 你拿它做什么？（用…来）

2) 他说三天就能写完那篇文章，行吗？（实际）

3) 这种实验方法怎么样？（科学）

4) 你想怎样把这么多书弄回去？（用…来）

5) 用这么多时间来设计这个产品，合适吗？（值得）

6) 他大概有六十岁了吧？（实际）

5. Write a short essay on traditional Chinese medicine versus Western medicine, which one is your preference, and why.

6. Translate the following sentences into Chinese:

1) You say that I am a southerner, actually I am a northerner.

2) You may come to my house for a visit at any time at your convenience.

3) There is no problem about his work.

4) The mid-term examination has made them see their strong points and weak points.

5) Lose no time in making a good job of it.

答案 Key

2. 1) 你们不用为他担心，他一定能完成任务。
2) 大家都为这件事高兴。
3) 这次实验为治疗癌症找到了新的方法。
4) 这位大夫热情地为病人看病。
5) 他们为谁能赢这场足球赛争了半天。
6) 她今天特地为客人做了很多菜。

3. 1) 我是昨天去看他的。
2) 他是不会用筷子吃饭的。
3) 我是愿意帮助他的。
4) 她的理论水平是很高的。
5) 他是从外国来留学的。
6) 我们是骑自行车去接他的。
7) 我们是在张先生那里听到这消息的。
8) 那个电视机一直是开着的。

6. 1) 你们说我是南方人，实际上我是北方人。
2) 只要有空儿，你们可以随时来我家玩儿。
3) 他的工作没有问题。
4) 期中考试使他们看到了自己的长处和短处。
5) 这个工作要抓紧时间搞好。

231

常青村
The Evergreen Village

23

Lìli   qízhe zìxíngchē zài jiāoqū gōnglùshang zǒuzhe,   tā juéde chē yuè qí
莉莉 骑着 自 行 车 在 郊区 公路 上 走[1]着，她 觉得 车 越 骑

yuè chén. Xià chē yí kàn, yuánlái shì hòu dài méi qì le.   Tā cóng chēshang ná
越 沉。下 车 一 看，原 来 是 后 带 没 气 了。她 从 车 上 拿

xia qìtǒng dǎ qì, dǎ le bàntiān yě dǎ bu jìnqu, zhǐhǎo tuīzhe zǒu. Bù yíhuìr,
下 气 筒 打 气，打 了 半 天 也 打 不 进 去，只 好 推 着 走。不 一 会 儿，

duìmiàn zǒu guòlai yí wèi wǔshí duō suì de lǎo nóngmín.   Lìli máng xiàng tā
对 面 走 过 来 一 位 五 十 多 岁 的 老 农 民。莉莉 忙 向 他

dǎting nǎr yǒu xiū chē de.
打听 哪儿 有 修 车 的。

"Āiyā,"　zhèr nǎr yǒu xiū chē de ya! Zhèmezhe ba, shàng wǒ jiā qu, bù
"哎呀"，这儿哪儿有 修 车 的 呀！这么着[2]吧，上 我 家 去，不

yuǎn, wǒ gěi nǐ xiū."　Lǎo nóngmín rèqíng de shuō.
远，我 给 你 修。"老 农 民 热 情 地 说。

"Nín huì xiū chē?"
"您 会 修 车 ？"

"Hēihēi,"　lǎo nóngmín xiào le.　"Zhuāngjiarén ma, shénme dōu děi huì
"嘿 嘿，"老 农 民 笑 了。" 庄 稼 人 嘛，什 么 都 得 会

yìdiǎnr.　Zǒu ba!"
一点儿。走 吧 ！"

Lìli　gēnzhe lǎo nóngmín jìn le cūn, guǎi le ge wān jiù dào le.　Yí jìn yuànzi,
莉莉跟 着 老 农 民 进 了 村，拐 了 个 弯 就 到 了。一 进 院 子，

lǎo nóngmín jiù hǎn: "Lái kèren le!"
老 农 民 就 喊：" 来 客 人 了 ！"

"Shuí lái le?"　Suízhe shēngyīn, cóng wūli zǒu chū yí wèi dàniáng. Kàn dào
" 谁 来 了 ？"随 着 声 音，从 屋 里 走 出 一 位 大 娘。看 到

shì yí gè bú rènshi de gūniang, jiù gǎnmáng shuō: "Wūli zuò ba!"
是 一 个 不 认 识 的 姑 娘，就 赶 忙 说：" 屋 里 坐 吧 ！"

Lǎo nóngmín bǎ xiū chē de shì shuō le yí biàn, jiēzhe shuō: "Nǐ péizhe
老 农 民 把 修 车 的 事 说 了 一 遍，接 着 说：" 你 陪 着

gūniang shuō huìr huà, wǒ zhè jiù gěi tā xiū chē."
姑 娘 说 会儿话，我 这 就 给 她 修 车。"

Jìn le wū,　dàniáng bǎ Lìli ràng dào kàngshang zuò, yòu ná chū yì pánzi
进 了 屋，大 娘 把 莉莉让 到 炕 上 坐，又 拿 出 一 盘 子

píngguǒ ràng Lìli chī.
苹 果 让 莉莉吃。

"Dàniáng, zhèr shì shénme cūn a?"　Lìli wèn.
" 大 娘，这儿是 什 么 村 啊"莉莉问。

"Shì Chángqīng Cūn."　Dàniáng yòu jiěshi shuō, "Wǒmen zhèr shì càiqū, yì
" 是 常 青 村。"大 娘 又 解 释 说，"我 们 这儿是 菜 区，一

233

nián dào tóur dōu zhòng qīngcài, jiù qǐ le zhège míngzi."
年 到头儿都 种 青菜，就起了这个 名字[4]。"

"Nǐmen cūn zhǐ zhòng cài ma?"
"你们 村只 种 菜吗？"

"Nǎr néng zhǐ zhòng cài a! Wǒmen zhèr hái zhòng yì xiē liángshi hé
"哪儿能 只 种 菜啊！我 们 这儿还 种 一些 粮 食和

miánhua. Nǐ méi kàn cūn wài nà yí piàn shuǐdào, zhǎngde duō hǎo! Nà jiù shì
棉 花。你没看 村外 那一片 水稻[5]，长 得多 好！那就是

wǒmen cūn de."
我们 村 的。"

"Kànjiàn le." Lìli shuō, "Kàn yàngzi, jīnnián zhǔn néng fēngshōu!"
"看见了。"莉莉说，"看 样子，今年 准 能 丰 收！"

"Kě bu shì! Wǒmen cūn xiū le ge xiǎo shuǐkù, hàn diǎnr, lào diǎnr, dōu bú
"可不是！我 们 村 修了个 小 水库，旱 点儿、涝 点儿，都不

pà."
怕。"

"Tīng shuō càiqū nóngmín de shōurù bù shǎo ne!"
"听 说 菜区农 民的 收入不 少 呢！"

"Hái kěyǐ. Wǒmen zhèr chú le zhòng cài, hái gǎo diǎnr gōng、fùyè shēngchǎn
"还可以。我们 这儿除了 种 菜，还搞 点儿工、副业生 产

ne! Měi cūn dōu bàn gōngchǎng; gōngchǎng bú dà, shōurù kě bù shǎo."
呢！"每 村 都办 工 厂；工 厂 不大，收入可不 少。"

"Fùyè ne?"
"副业呢？"

"Duō la! Nóngmín jiājiā yǎng zhū, yǎng yā; cūnli hái yǒu jítǐ de
"多 啦！农 民家家 养 猪、养 鸭；村里还 有集体的

yǎngyāchǎng, yǎngjīchǎng. Yǒude yǐjīng jīxièhuà le." Dàniáng yòu shuō,
养 鸭 场、养鸡场。 有的已经 机械化[6]了。"大 娘 又 说，

"Zánmen zhèr de yāzi kě yǒumíng le! Běijīngyā, hái chūkǒu ne!"
"咱 们 这儿的鸭子可有 名 了！北京鸭，还 出口 呢！"

234

"Shì ma? Běijīng kǎoyā jiù shì yòng zhèzhǒng yāzi kǎo de ba?"
"是吗？北京 烤鸭就是 用 这 种 鸭子烤的吧？"

"Shì a. Nà yāzi yìbǎi tiān jiù néng zhǎng hǎo jǐ jīn zhòng!"
"是啊。那鸭子一百 天 就 能 长 好 几 斤 重！"

Zhèng shuōzhe, lǎo nóngmín zài wàimian hǎn: "Gūniang, chē xiū hǎo le!"
正 说着，老 农 民 在 外 面 喊："姑 娘，车 修 好 了！"

Lìli tīng le, gǎnmáng pǎo chūqu, dàniáng yě gēn le chūlai.
莉莉听了，赶 忙 跑 出 去，大 娘 也 跟 了 出来。

"Qì yě dǎshang le, nǐ shìshi." Lǎo nóngmín shuō.
"气也打 上 了，你试试。" 老 农 民 说。

"Yò, zènme kuài! Tài xièxie nín le, dàye!" Lìli shuō.
"哟，这么 快！太 谢谢 您 了，大爷！"莉莉 说。

"Xiè shénme! Nǐ yào bù jízhe gǎn lù, jiù zài zuò yíhuìr ba!"
"谢 什 么！你 要 不 急着 赶 路，就 再 坐 一会儿吧！"

"Dàye, bù zǎo le, wǒ hái yào gǎn huí xuéxiào qù, yǐhòu zài lái ba.
"大爷，不 早 了，我 还 要 赶 回 学 校 去，以后 再 来 吧。

Zàijiàn!"
再见！"

Lìli qíshang chē, huí guò tóu lai, yímiàn zhāo shǒu, yímiàn shàng le lù.
莉莉骑上 车，回 过 头 来，一 面 招 手，一 面 上 了 路[1]。

🎧 生词 New words

郊区	jiāoqū	〔名〕	suburbs
公路	gōnglù	〔名〕	highway
沉	chén	〔形〕	heavy, dragging
车带	chēdài	〔名〕	tyre
气	qì	〔名〕	air
气筒	qìtǒng	〔名〕	air-pump

打（气）	dǎ (qì)	〔动〕	to inflate
推	tuī	〔动〕	to push
农民	nóngmín	〔名〕	farmer
打听	dǎting	〔动〕	to enquire
修	xiū	〔动〕	to repair
嘿嘿	hēihēi	〔象声〕	ha ha
庄稼	zhuāngjia	〔名〕	crops
客人	kèren	〔名〕	guest
炕	kàng	〔名〕	brick-bed
青	qīng	〔形〕	green
种	zhòng	〔动〕	to plant, to grow
解释	jiěshi	〔动〕	to explain
粮食	liángshi	〔名〕	grains
棉花	miánhua	〔名〕	cotton
水稻	shuǐdào	〔名〕	rice
丰收	fēngshōu	〔名、动〕	good harvest; to harvest
水库	shuǐkù	〔名〕	reservoir
旱	hàn	〔形〕	drought
涝	lào	〔形〕	waterlogging
怕	pà	〔动〕	to fear
收入	shōurù	〔名、动〕	revenue, income, earnings
副业	fùyè	〔名〕	side-line occupation
养	yǎng	〔动〕	to raise
猪	zhū	〔名〕	pig
集体	jítǐ	〔名〕	collective, group
场	chǎng	〔名〕	...farm
机械化	jīxièhuà	〔名、动〕	mechanization; to mechanize
出口	chūkǒu	〔动〕	to export
重	zhòng	〔形〕	heavy
赶路	gǎn lù		to be in a hurry to leave
一面…一面	...yímiàn...yímiàn		...while...

注 释 Study points :

1. 莉莉骑着自行车在郊区公路上<u>走</u>着。

   "走" here means "行进" (to move forward).

2. <u>这么着吧</u>，上我家去，不远，我给你修。

   "这么着吧" is used to introduce the utterances that follow, recommending a way of getting the bicycle repaired.

3. 我们这儿是菜区，<u>一年到头儿</u>都种青菜，就<u>起</u>了这个<u>名字</u>。

   "一年到头" means "all the year round".

   "起名字"means "to give a name to".

4. <u>你没看村外那一片水稻</u>，长得多好！

   "你没看村外那一片水稻" is an implied rhetorical question as in "你没看村外那一片水稻吗？", meaning "你看村外那一片水稻。" ("Look at that stretch of rice field outside the village!"). The structure is in negative form, and it makes the sentence stronger in tone.

5. 有的已经机械<u>化</u>了。

   "化" is a suffix, corresponding to -ize or -ify, added to some nouns or adjectives, e.g."工业化", "现代化", "知识化", "美化", "绿化", etc.

6. 一面招手，一面<u>上</u>了<u>路</u>。

   "上路" means "to set out".

237

词语例解
Study of words and expressions:

1. 修 〔动〕

   to repair

   (1) 我的电冰箱坏了，你能帮我修一下吗？

   to build

   (2) 学校原来有一个游泳池，今年又新修了一个。

2. 哪儿 〔代〕

   used in interrogation, asking address

   (1) 你知道吗？陈教授住哪儿？

   to refer to any indefinite place

   (2) 我好像在哪儿听到过这事儿，只是现在想不起来。

   to indicate a general reference

   (3) 哪儿风景好，我们就上哪儿。

   used in a question which is asked by way of making a reply, expressing negation

   (4) 威尔逊先生哪儿是美国人？他是英国人。

3. 少 〔动〕

   to be absent

   (1) 今天上课一班少两个人，二班少三个，三班一个不少。

   to be missing

   (2) 赵玉英打开箱子一看，少了一件绸子衬衫。

   〔形〕

   little, few

   (3) 这个书店中文书很少，我们到别的书店看看。

   (4) 今天来参观展销会的人真不少。

fewer in number or less in quantity

(5) 时间快到了，你就少说几句吧。

(6) 昨天他衣服穿少了，今天感冒了。

4. 搞 〔动〕

The verb "搞" can be used to replace various verbs, e. g. "干", "做", "办", "弄" etc.

(1) 赵先生现在搞研究工作。(to do)

(2) 大家一定要把这几句话的意思搞清楚。(to understand)

(3) 你去给大家搞点儿吃的来，大家都饿了。(to get)

5. 回 〔动〕

to go back

(1) 张小姐回家了，有事儿你可以给她打电话。

to reply (in writing)

(2) 姑妈的信我还没回呢，下午我要给她写信。

to turn round

(3) 他只是回头看了看，什么也没说。

used after verbs to indicate a return to the original place

(4) 汽车已经开回学校去了。

〔量〕

times

(5) 故宫我已经去过三回了，今天不想去了。

(6) 这是怎么一回事儿，很多人都还不知道呢。

1. Read aloud:

1) 搞工作　　　　搞生产　　　搞副业　　　搞对象
   搞科学研究　　搞清楚　　　搞好卫生　　搞到一张电影票
   现代化　　　　家务劳动机械化

2) 他来打听消息。　　　　　你好好解释一下儿。
   他就喜欢养花。　　　　　你不要怕，咱们都是熟人。
   这东西太重了。　　　　　你试试，沉不沉？
   他把表修好了。　　　　　今年是个丰收年。
   大家的收入增加了。　　　他参加集体活动去了。

2. Make sentences after the models:

a) Model:
> 修，车
> → 你去打听一下儿，哪儿有修车的。

1) 修，电视机　　　3) 照相　　　　5) 卖，花
2) 卖，纪念品　　　4) 卖，小吃

b) Model:
> 修，车
> → 你别急，我这就给你修车。

1) 拿，汽水　　　3) 去，飞机场　　5) 找，书
2) 修，表　　　　4) 把饭，做好

3. Complete the following dialogues with "少":

1) A: 这个工厂工人的收入怎么样？
   B: _____ 。

2) A: 我看，不要买得太多。
   B: 好。_____ 。

240

3) A: 没想到，今天来的人 _____ ！

   B: 可不是。

4) A: 给他多倒点儿啤酒好呢，还是少倒点儿好呢？

   B: 他不大喜欢啤酒，当然是 _____ 。

4. Make sentences to express two simultaneous actions, using "一面…一面…":

Model:
> 招手，上路
>
> → 一面招手，一面上路。

1) 修车，讲修的方法   4) 工作，学习

2) 吃饭，看电视   5) 给车打气，跟人谈话

3) 喝茶，听音乐

5. Judge the correctness of the following sentences according to the text:

1) 莉莉向老农民打听哪儿有修车的。

2) 老农民问莉莉哪儿有修车的。

3) 这个村除了青菜以外，别的都不种。

4) 他们种的水稻长得很不错。

5) 他们办的工厂很大，收入不多。

6) 农民家家搞副业。

7) 北京鸭长得很快。

8) 他们不怕旱和涝，因为这里修了小水库啦。

6. Translate the following sentences into Chinese:

1) It is the first time for her to visit a farmer's home.

2) The class begins tomorrow. They must get back to school tonight.

3) He turned back only to find that it was Xiao Wang who had called him.

4) He is engaged in light industry.

5) The sanitation here is very well protected.

5. 1) ✓   3) ✓   5) ×   7) ✓

     2) ×   4) ✓   6) ✓   8) ✓

6. 1) 她是第一回到农民家访问。

     2) 明天开始上课，他们今晚一定要赶回学校。

     3) 他回头一看，原来是小王叫他。

     4) 他是搞轻工业的。

     5) 这儿卫生搞得不错。

赵玉喜戒烟
Giving up Smoking

Zhào Yùxǐ yǐjīng hěn jiǔ méi jiàn dào biǎodì Xiǎo Cáo le.   Jīntiān tā chōu
赵　玉喜已经 很 久 没 见 到 表弟[1] 小　曹 了。今天 他 抽

kòngr qù kàn Xiǎo Cáo, liǎng ge rén yí jiàn miàn, Xiǎo Cáo jiù dì gěi Zhào
空儿 去 看 小　曹，两 个 人 一 见　面，小　曹 就 递 给 赵

Yùxǐ yì zhī yān.
玉喜 一 支 烟。

"Xièxie, wǒ bù chōu le."   Zhào Yùxǐ shuō.
"谢谢，我 不 抽 了。"赵　玉喜 说。

"Zěnme? Jǐ ge yuè méi jiàn miàn, nǐ jiù jiè yān le?"
"怎么？几个月 没 见 面，你 就 戒 烟 了？"

"Shì, yǐjīng jiè le liǎng ge yuè le."
"是，已经 戒 了 两 个 月 了。"

"Hā, biǎogē, zhǔn shì Xiǎolì bú ràng chōu!"
"哈，表哥，准 是 晓丽不 让 抽！"

"Tā shì yìzhí fǎnduì wǒ chōu yān, búguò......"
"她是 一直 反对 我 抽 烟，不过……"

"Búguò shénme?"
"不过 什么？"

"Zhè děi cóng tóur shuō qǐ. Liǎng ge yuè yǐqián, wǒ qìguǎnyán yòu fàn le.
"这得 从 头儿 说 起。两 个 月以前，我 气 管 炎 又 犯了。

Zhè cì bǐ nǎicì dōu lìhai, késou qǐlai jiù méi ge wán. Yǒu yì tiān késou de wǒ
这 次比 哪次 都 厉害，咳嗽 起来就 没 个 完[2]。有 一 天 咳嗽 得我

yí yè yě méi shuì hǎo. Dì-èr tiān, wǒ jiù shàng wǒmen dānwèi de yīwùshì qù kàn
一 夜也 没 睡 好。第二 天，我 就 上 我们 单位的医务室去 看

bìng. Gěi wǒ kàn bìng de dàifu shì wǒ de shúrén. Tā zhīdao wǒ yān chōu de hěn
病。给 我 看 病 的大夫是 我的 熟人。他 知道我烟 抽 得 很

lìhai. Kàn wán bìng jiù kāi wánxiào shìde wèn wǒ: 'Nǐ shì yào yān, háishì yào
厉害。看 完 病就 开 玩笑 似地 问 我：'你是 要 烟，还是 要

mìng?' Wǒ wèn tā shì shénme yìsi, tā jiù gěi wǒ jiǎng le xǔduō chōu yān de
命？'我 问 他是 什么意思，他 就 给 我 讲 了许多 抽 烟 的

hàichu. Tā shuō: 'Xiāngyān zhōng hányǒu sìshí duō zhǒng kěyǐ zhì ái de wùzhì.
害处。他 说：'香 烟 中 含有 四十多 种 可以致癌的 物质。

Yǒu rén tǒngjì, bǎifēn zhī jiǔshí de fèi'ái, bǎifēn zhī qīshíwǔ de mànxìng
有 人 统计，百分之 九十的 肺癌，百分之 七十五的 慢 性

qìguǎnyán, bǎifēn zhī èrshíwǔ de xīnzàngbìng, dōu hé chōu yān yǒu guānxi. Chōu
气 管 炎，百分之二十五的 心 脏 病，都 和 抽 烟 有 关系。抽

yān hái huì shǐ rén guò zǎo shuāilǎo, suōduǎn shòumìng; měi chōu yì zhī yān,
烟还 会 使人 过早 衰老，缩短 寿命；每 抽一支烟，

suōduǎn shòumìng wǔ fēn sānshí miǎo. Suízhe yīxué de fāzhǎn, duì chōu yān de
缩短 寿命 五分 三十 秒。随着 医学 的 发展，对 抽 烟 的

hàichu fāxiàn de yě yuè lái yuè duō, ér chōu yān de hǎochu què yì tiáo yě
害处 发现 得 也 越 来 越 多，而[4] 抽 烟 的 好处 却 一条 也

méiyǒu zhǎo dào. Shíjiàn zhèngmíng, chōu yān bùjǐn hài zìjǐ, yě hài biéren.
没有 找 到。实践 证 明，抽 烟 不仅 害 自己，也 害 别人。

Wūzili yí ge rén chōu yān, kōngqì shòu dào wūrǎn, bù chōu yān de rén xī jìn
屋子里 一个人 抽 烟，空气 受 到 污染，不 抽 烟 的人 吸进

qu, tóngyàng duì jiànkāng yǒu hài.'
去，同样 对 健康 有害。'

　Tīng tā zhème yì shuō, wǒ hái zhēn yǒu diǎnr jǐnzhāng. Wǒ wèn tā hái yǒu
　听 他 这么 一说，我 还 真 有 点儿 紧张。我 问他 还有

méiyǒu bànfǎ néng bāngzhù wǒ bǎ yān jiè diào. Tā shuō, bànfǎ hěn duō, dàn
没有 办法 能 帮助 我 把 烟 戒掉[5]。他 说，办法 很 多，但

dōu bùrú 'juéxīn' zhè liǎng ge zì."
都 不如‘决心’这 两 个字。”

　"Yúshì nǐ jiù xià le juéxīn?"
　“于是 你 就 下 了 决心[6]？”

　"Nǎlǐ! Zhège juéxīn kě nán xià la! Tīng le dàifu de huà, wǒ bǎ yān hé
　“哪里！这个 决 心 可 难 下 啦！听 了 大夫 的 话，我 把 烟 和

dǎhuǒjī dōu rēngjin le lājīxiāng, kě jiè le liǎng tiān jiù rěn bu zhù le. Dì-sān tiān
打火机 都 扔进 了 垃圾箱，可 戒 了 两 天 就 忍 不住 了。第 三 天

jiù mǎi le yì bāo yān, yòu chōushang la!"
就 买 了 一 包 烟，又 抽 上 啦！”

　"Nà nǐ hòulái yòu shì zěnme xià juéxīn bù chōu de ne?"
　“那 你 后来 又 是 怎么 下 决心 不 抽 的 呢？”

　"Shuō lái bú pà nǐ xiàohuà, háishi Xiǎolì de yí jù huà shǐ wǒ xià le juéxīn."
　“说 来[7] 不怕 你 笑 话，还是 晓丽 的 一句 话 使 我 下了 决心。”

　"Tā shuō le yí jù shénme ne?"
　“她 说 了一句 什么 呢？”

245

"Tā shuō: 'Nǐ yào bù bǎ yān jiè le, jiù béng xiǎng gēn wǒ jiéhūn!' "
"她 说：'你 要 不 把 烟 戒 了，就 甭　想　跟 我 结婚！'"

"Ò,　háishi àiqíng de lìliàng dà ya!"
"哦，还是 爱情 的 力量　大 呀！"

生 词 New words

戒	jiè	〔动〕	to give up
久	jiǔ	〔形〕	(for a) long (time)
表弟	biǎodì	〔名〕	cousin (one's younger brother on one's mother's side or on one's father's sister's side)
抽空	chōu kòng		to find time
表哥	biǎogē	〔名〕	cousin (one's elder brother on one's mother's side or on one's father's sister's side)
反对	fǎnduì	〔动〕	to oppose
气管炎	qìguǎnyán	〔名〕	tracheitis
犯	fàn	〔动〕	to have an attack (of one's old illness)
厉害	lìhai	〔形〕	serious
单位	dānwèi	〔名〕	a general term, referring to the organization one is working with
医务室	yīwùshì	〔名〕	clinic
熟人	shúrén	〔名〕	acquaintance
…似地	…shide	〔助〕	an auxiliary particle indicating similarity
命	mìng	〔名〕	life
害处	hàichu	〔名〕	harm
…中	…zhōng	〔名〕	in
含有	hányǒu	〔动〕	to contain
致	zhì	〔动〕	to cause
物质	wùzhì	〔名〕	matter

统计	tǒngjì	〔动〕	statistics
肺	fèi	〔名〕	lungs
心脏	xīnzàng	〔名〕	heart
过	guò	〔副〕	premature
衰老	shuāilǎo	〔形〕	aging, old and feeble
缩短	suōduǎn	〔动〕	to shorten
寿命	shòumìng	〔名〕	life
秒	miǎo	〔名〕	second (of time)
越来越…	yuè lái yuè…		to become more and more
证明	zhèngmíng	〔动〕	to prove
害	hài	〔动〕	to do harm
受	shòu	〔动〕	to be affected
吸	xī	〔动〕	to smoke
同样	tóngyàng	〔形〕	the same, like
紧张	jǐnzhāng	〔形〕	nervous, tense
办法	bànfǎ	〔名〕	method, way
决心	juéxīn	〔名〕	determination
打火机	dǎhuǒjī	〔名〕	cigaret lighter
扔	rēng	〔动〕	to throw
垃圾	lājī	〔名〕	garbage (can)
笑话	xiàohuà	〔动〕	joke
爱情	àiqíng	〔名〕	love
力量	lìliàng	〔名〕	influence (of love), force

Proper noun :

小曹	Xiǎo Cáo	Xiao Cao, Zhao Yuxi's cousin

注 释 Study points :

1. 赵玉喜已经很久没见到<u>表弟</u>小曹了。

   The kinship of one to the children of one's father's sisters or those of one's grandfather, or to the children of one's mother's brothers and sisters or those of one's grandmother, is customarily referred to as "表亲", such as "表叔", "表姑", "表舅", "表哥", "表弟", "表姐", "表妹" etc.

2. 咳嗽起来就<u>没个完</u>。

   Here "没个完" has the same meaning as "不停" or "没完", namely "without stop", often used in colloquial language.

3. 抽烟还会使人<u>过早</u>衰老。

   "过早" refers to the fact that aging comes to one much too early, or prematurely.

4. <u>而</u>抽烟的好处却一条也没有找到。

   Connecting two clauses expressing contradicting or contrary ideas, "而" can only be used at the beginning of the second clause, as in "大家都觉得这种治疗方法好，<u>而</u>丁大夫却说这种治疗方法不科学。"

5. 我问他还有没有办法能帮助我把烟戒<u>掉</u>。

   "掉" used after a verb means to get rid of or dispose of, for example:

   请把地上的垃圾都打扫掉。

6. 于是你就<u>下</u>了<u>决心</u>？

   The verb "下" when collocated with the noun "决心" expresses the idea of making up one's mind in doing something.

7. <u>说来</u>不怕你笑话。

   "说来" means "speaking of...".

词语例解
Study of words and expressions:

1. 关系〔动〕

   to concern

   (1) 这是关系到大家健康的大事儿，希望大家注意。

   〔名〕

   terms (of human relationship)

   (2) 几年来，我们两家的关系一直很好。

   Often used with "有" or "没有", it expresses the influence or bearing of one thing on the other, meaning to have something to do with...or (a thing of no) consequence.

   (3) 他这一次得心脏病跟抽烟有关系。

   (4) 没关系，大家不要着急，离开车时间还有一个小时呢。

   to indicate reason or condition

   (5) 由于时间的关系，我们只能在这儿停留两天。

2. 随〔动〕

   to accompany, with

   (1) 刘小姐随他父亲到英国去了。

   (2) 随着春天的到来，天气慢慢暖和起来了。

   as one pleases

   (3) 去不去随他，不要难为他了。

   (4) 你要哪一个都可以，随你挑。

3. 越来越…

   This expression is used adverbially to indicate a steady change in degrees with the lapse of time, meaning "more and more" as in the following two examples:

   (1) 这个孩子越来越聪明，真叫人喜欢。

   (2) 你越来越胖了，生活很好吧。

4. 同样〔形〕

   "the same" as in (1), "all the same" as in (2), "so" as in (3)

249

(1) 这句话和那句话是同样的意思。

(2) 你们两个人比赛打网球，无论谁赢了，我都同样高兴。

(3) 他对针灸很感兴趣，同样，我对针灸也很感兴趣。

5. 结婚

In Chinese, "结婚" is not a word but a phrase made up of a verb and an object (v+ obj). The common usages are as follows:

(1) 赵玉喜跟宋晓丽下星期五结婚。

(2) 你们是什么时候结的婚？

(3) 他们结了婚就到美国去了。

(4) 陈先生结过两次婚。第一次是十年以前，后来他太太因病去世，两年前他又结婚了。

练习 Exercises :

1. Read aloud:

犯病	犯错误	受到欢迎
受到批评	决心很大	决心不大
下决心	(没)有决心	这辆车速度过快
过高要求不行	我们买的数量过大	项目过多
他决心这么办	让您久等了	给他一张证明
实践证明他说的对	这两天工作很紧张	他真有办法

2. Ask questions with "是…还是…":

Model:

中医　西医
→ 你是看中医还是西医？

1) 上海　北京　　　4) 老王　小张　　　7) 学校　家
2) 飞机　火车　　　5) 咖啡　茶
3) 足球　乒乓球　　6) 英文　法文

250

3. Complete the following sentences:

a) Use "越来越" for intensification

Model:
> 他字写得越来越好看了。

1) 夏天要到了，_____。
2) 他坚持每天打太极拳，_____。
3) 晚上九点以后，街上的人 _____。
4) 他喜欢买书，书架上 _____。
5) 他越说越生气，说话的声音_____。
6) 那个地区农民的收入 _____。

b) Use "要不⋯别⋯" for affirmation

Model:
> 你要不再讲一遍，他就别想明白了。

1) 他要不早一点儿来，_____。
2) 他们要不坐汽车去，_____。
3) 你要不多练习练习，_____。
4) 你要不把这些药吃了，_____。
5) 他要不把钥匙找回来，_____。

4. Fill in the blanks by choosing one of the synonyms given:

> 同样　　一样

1) 这两句话没有什么不 _____ 的地方。
2) _____ 几句话，他说出来比我好听。
3) 谁去都 _____。
4) 旧社会许多穷人过着牛马_____ 的生活。
5) 他对中医感兴趣，_____，我对中医也很感兴趣。
6) _____ 的一件事儿，各有各的看法。

251

5. Make two sentences with each of the following expressions:

1) 一…就…

2) …和…有关

3) 不仅…也…

4) 说来…还是…

6. Try to persuade your relative to give up smoking, using as many of the following words as you can:

害处，致癌，和…有关，衰老，缩短，污染，有害

7. Translate the following sentences into Chinese:

1) You are a football fan, he is one also.

2) After she had got married, she went to Xi'an with her husband.

3) With the development of production, their standard of living has been raised.

4) Please ask Lao Zhang on housing problems.

答案 Key

4. 1) 一样　　2) 同样　　3) 一样　　4) 一样　　5) 同样　　6) 同样

7. 1) 你是个球迷，他同样也是个球迷。

2) 她结婚以后随丈夫去西安了。

3) 随着生产的发展，他们的生活水平也提高了。

4) 有关住房的问题，请您问老张。

252

花店
At the Florist

25

Gūniangmen dōu ài bǎ zìjǐ de wūzi shōushi de yòu zhěngjié, yòu piàoliang.
姑 娘 们 都 爱 把 自己 的 屋子 收 拾 得 又 整洁，又 漂 亮。

Zǒujìn Lìli hé Zhào Yùyīng de sùshè jiù yǒu zhèzhǒng gǎnjué. Zhǐshì hái quē jǐ
走 进 莉莉 和 赵 玉英 的 宿舍 就 有 这 种 感觉。只是 还 缺 几

pén xiānhuā. Yúshì, zài yí ge xīngqītiān de shàngwǔ, tāmen jiù yìqǐ dào
盆 鲜 花。于是，在 一 个 星 期 天 的 上 午，她们 就 一起 到

huādiàn qù mǎi huār le.
花 店 去 买 花儿 了。

Yí jìn diàn mén, jiù wén dào yì gǔ xiāngwèir. Huòjiàshang bǎizhe yì pénpén
一进店门，就闻到一股香味儿。货架上摆着一盆盆

xiānhuā, hěn dòu rén xǐ'ài.
鲜花，很逗人喜爱。

"Zánmen mǎi yì pén lánhuā ba, fàng zài wūli, kànzhe yǎzhì, wénzhe
"咱们买一盆兰花吧，放在屋里，看着雅致，闻着

xiāng." Zhào Yùyīng shuō.
香"。赵玉英说。

"Hǎo. Dōngtiān kuài dào le, tiān lěng de shíhòu, wūli zuìhǎo zài yǒu diǎnr
"好。冬天快到了，天冷的时候，屋里最好再有点儿

hóng yánsè de huār."
红颜色的花儿。"

"Nǐ kàn, zhèr yǒu hǎitánghuā mài, yì nián sì jì dōu kāi huār. Zánmen mǎi
"你看，这儿有海棠花卖，一年四季都开花儿。咱们买

yì pén ba!"
一盆吧！"

"Kě wǒ hái xiǎng mǎi liǎng pén júhuā. Wǒ zhīdao, Zhōngguó rén shì tèbié
"可我还想买两盆菊花。我知道，中国人是特别

ài yǎng júhuā de. Bàba gàosuguo wǒ, Zhōngguó gǔdài shīcíli yǒu xǔduō shì xiě
爱养菊花的。爸爸告诉过我，中国古代诗词里有许多是写

júhuā de. Zánmen de sùshèli bǎishang liǎng pén júhuār, yídìng xiǎnde
菊花的[1]。咱们的宿舍里摆上两盆菊花儿，一定显得

fēicháng yǒu shīyì."
非常有诗意。"

Liǎng ge gūniang nǐ yì yán, wǒ yì yǔ, hǎoxiàng shénme huār dōu gāi mǎi.
两个姑娘你一言，我一语，好像什么花儿都该买。

Lìli kāi wánxiào de shuō: "Kěxī zánmen de sùshè tài xiǎo le, bùrán jiù kěyǐ bǎ
莉莉开玩笑地说："可惜咱们的宿舍太小了，不然就可以把

huādiàn bān dào wǒmen sùshèli qù le."
花店搬到我们宿舍里去了。"

" 'Shì yǎ hé xū dà, huā xiāng bú zài duō'. Zhè shì Zhōngguó de yí jù
"'室 雅 何 须 大，花 香 不 在 多。" 这是 中 国 的 一句

súhuà, xiànzài kěr yòng zháo le. Wǒ kàn, zánmen mǎishang liǎng-sān pén yě
俗话，现 在 可 用 着 了。我 看，咱们 买 上 两 三 盆 也

jiù xíng le."
就 行 了。"

Lìli jiàn huādiàn hòubiānr hái yǒu yí ge mén, tōng dào lìng yì jiān wūzi, jiù
莉莉见 花店 后 边儿 还 有 一个 门，通 到 另 一 间 屋子，就

shuō: "Zánmen zài dào nàr kànkan hái yǒu shénme hǎo huār."
说："咱们 再 到 那儿 看看 还 有 什么 好 花儿。"

Liǎng ge rén jìnqu yí kàn, yuánlái nàr mài de shì jīnyú. Tāmen yíxiàzi yòu
两 个人 进去 一看，原 来 那儿卖 的 是 金鱼。她们 一下子[3] 又

bèi yì gānggāng de jīnyú xīyǐn zhù le.
被 一 缸 缸 的 金鱼 吸引 住了。

"Nǐ kàn zhè xiǎo jīnyúr, duō hǎowánr!" Zhào Yùyīng shuō.
"你看 这 小 金鱼儿，多 好 玩儿！" 赵 玉 英 说。

"Wǒ zài Měiguó de shíhòu, yǒu ge péngyou sòngguo wǒ yì dá Zhōngguó de
"我 在 美 国 的 时候，有 个 朋 友 送过 我 一打 中 国 的

Jīnyú páir qiānbǐ. Nà shàngbiānr yǒu jīnyú tú'àn. Wǒ yǐwéi jīnyú jiù zhǐ yǒu
金鱼牌儿 铅笔。那 上 边儿有 金鱼 图案。我 以为 金鱼 就 只 有

nàme yì zhǒng ne. Dào Zhōngguó yí kàn, hèi, yuánlái yǒu nàme duō zhǒng!
那么 一 种 呢。到 中 国 一看，嘿，原来 有 那么 多 种！

Yǒude zhǎngzhe dà yǎnjing, yǒude zhǎngzhe dà nǎodai, yǒude zhǎngzhe dà
有 的 长 着 大 眼睛，有 的 长 着 大 脑 袋，有 的 长 着 大

wěiba. Tīng shuō tāmen dōu yǒu hěn hǎotīng de míngzi?"
尾巴。听 说 它们 都 有 很 好听 的 名字？"

"Shì a, nǐ kàn, zhè gāngshang dōu xiězhe ne."
"是 啊，你 看，这 缸 上 都 写着 呢。"

"Nǐ shuō, jīnyú zěnme huì yǒu zhème duō zhǒng piàoliang de yánsè ne?"
"你 说，金鱼 怎么 会 有 这么 多 种 漂 亮 的 颜色呢？"

"Wǒ yě bú tài qīngchu. Hǎoxiàng zhè shì jīngguò yìqiān duō nián réngōng
"我也不太清楚。好像 这是经过一千多年人工

péiyǎng de jiéguǒ. Jùshuō cóng Táng cháo kāishǐ, Zhōngguó jiù yǒu jīnyú le."
培养 的结果。据说 从 唐 朝 开始，中 国 就 有 金鱼了。"

"Zánmen yào bú yào mǎi jǐ tiáo?" Lìli wèn.
"咱们 要不要 买几条？"莉莉 问。

"Wǒ kě cónglái méi yǎngguo jīnyú. Tīng shuō yǎng jīnyú yě hěn yǒu xuéwèn
"我可[4]从来 没 养 过金鱼。听 说 养 金鱼也很 有 学问

ne! Wǒ kàn, zánmen háishi mǎi jǐ pén huār ba."
呢！我 看，咱们 还是 买几盆 花儿吧。"

Yúshì, liǎng ge gūniang yòu huí dào qiánmiàn de wūzi, mǎile jǐ pén huār,
于是，两个姑娘 又回到 前 面的屋子，买了几盆 花儿，

gāogāoxìngxìng de zǒu chū le huādiàn.
高高兴兴 地走 出了花店。

生词 New words

整洁	zhěngjié	〔形〕	clean and tidy
感觉	gǎnjué	〔名、动〕	feeling; to feel
缺	quē	〔动〕	to lack
盆	pén	〔量、名〕	pot
鲜花	xiānhuā	〔名〕	flower
于是	yúshì	〔连〕	so
香	xiāng	〔形〕	fragrant
货	huò	〔名〕	goods
架	jià	〔名〕	rack
逗	dòu	〔动〕	to provoke, to cause to
喜爱	xǐ'ài	〔动〕	love, like

兰花	lánhuā	〔名〕	orchid
雅致	yǎzhì	〔形〕	refined, tasteful
海棠花	hǎitánghuā	〔名〕	Chinese flowering crabapple
卖	mài	〔动〕	to sell
季	jì	〔名〕	season
开 (花儿)	kāi(huār)	〔动〕	to bloom
菊花	júhuā	〔名〕	chrysanthemum
诗	shī	〔名〕	poetry, poem
词	cí	〔名〕	<u>ci</u>, poetry written to certain tunes with strict tonal patterns & rhyme schemes, in fixed numbers of lines & words.
诗意	shīyì	〔名〕	poetic flavour
雅	yǎ	〔形〕	refined, tasteful
何	hé	〔疑代〕	why
须	xū	〔助动〕	need
通	tōng	〔动〕	to lead to
金鱼	jīnyú	〔名〕	gold fish
缸	gāng	〔名、量〕	bowl
打	dá	〔量〕	dozen, a measure word
牌儿	páir	〔名〕	brand
铅笔	qiānbǐ	〔名〕	pencil
图案	tú'àn	〔名〕	design
以为	yǐwéi	〔动〕	to think, to take...as
脑袋	nǎodai	（名）	head
尾巴	wěiba	（名）	tail
经过	jīngguò	（动、名）	to undergo
人工	réngōng	（名）	artificial, man-made
培养	péiyǎng	〔动〕	to breed
结果	jiéguǒ	（名）	result
据说	jùshuō	〔动〕	it is said...

注 释 Study points :

1. <u>中国古代诗词里有许多是写菊花的</u>。
In Chinese poems and paintings, orchid, lotus, chrysanthemum, plum, pine, cypress and bamboo are often eulogized as symbols of lofty sentiments and noble characters.

2. <u>室雅何须大，花香不在多</u>。
This is a scholarly saying, meaning that a room looks tasteful not on account of its space, nor the flowers perfume for their abundance.

3. 她们<u>一下子</u>又被一缸缸的金鱼吸引住了。
"一下子" means "立刻" (promptly), "马上" (at once).

4. 我<u>可</u>从来没养过金鱼。
In a statement, the adverb "可" can be put before a verb (or an adverb modifying the verb) for emphasis, e.g.
你不想听，我可非常想听。

词语例解
Study of words and expressions:

1. 一定 〔形〕
fixed
(1) 他们每天几点工作，几点休息，几点锻炼，几点睡觉都有一定的时间。

to a certain extent
(2) 跟去年比起来，大家的口语水平都有了一定的提高。

〔副〕
surely, must
(3) 放心吧，我们一定能治好你的病。
(4) 抽烟没有什么好处，你一定要把烟戒掉。

258

2. 显得 〔动〕

The object to the verb "显得" is usually an adjective.

(1) 这两张画儿挂在这儿，屋子里一定显得很雅致。

(2) 大家这么说，她倒显得不好意思了。

3. 好像 〔副〕

seem

(1) 他好像姓王，是一个记者。

(2) 好像有人在敲门，你去看看。

Sometimes, "好像" can be changed to "好像是"

(3) 他好像是比我大一岁。

"好像" can be collocated with "一样", "似的".

(4) 不要客气，到了这儿就像到了自己的家一样。

(5) 他们两个人好像以前就认识似的，一见面，谈起来就没个完。

4. 以为 〔动〕

think

(1) 他以为爱情的力量比什么都大，但是很多人都不同意他的看法。

"以为" often implies that the original idea does not conform to the reality. The truth is pointed out in another sentence.

(2) 我以为你已经走了，没想到你还在这儿呢。

(3) 他弄错了，他以为我是你表哥呢。

5. 有的…有的…

some... some... indicating part of people or things

(1) 这些英文书有的是我的，有的是小赵的。

(2) 屋子里的人很多，有的在抽烟，有的在喝酒。

259

1. Read aloud:

货架   车架

花架   衣架

这是我的感觉   这一点他感觉到了

你感觉怎样   我很喜爱他养的花儿

他很会作诗   此路不通

卖什么牌儿的洗衣机   这是个人工湖

这个学校培养出了很多学者   结果怎样，你知道吗

2. Complete the following sentences with the words given in parentheses:

1) 他们谁不去都行，可你 _____。（一定）

2) 那来的人 _____。（好像）

3) 我记得他的年纪 _____。（好像）

4) _____ 小王不在，他最爱看这个节目。（可惜）

5) 这么好的瓷器给摔坏了，_____。（可惜）

6) 他穿上这件浅颜色的上衣 _____。（显得）

3. Determine the use of "可" in the following sentences:

Mark with ⌄ ,where it indicates a shift in meaning.

Mark with △ ,where it indicates an emphasis.

1) 他去过那家饭馆儿，我可从来没去过。

2) 他看过这个作家的小说，可我一本也没看过。

3) 他嘴上说不想去见他，可心里还是想去见他。

4) 这件事可不简单，我们得好好研究研究。

5) 这花儿可香了！

6) 他炒的菜看起来不怎么样，可吃起来真香。

4. Rewrite the following sentences with "有的" to indicate parts or groups:

Model:

> 金鱼有很多种：长着大眼睛的，长着大脑袋的，长着大尾巴的。 →
>
> 金鱼有很多种：有的长着大眼睛，有的长着大脑袋，有的长着
> 　　　　　　　大尾巴。

1) 茶馆里人不少，做什么的都有：看报的，听故事的，谈话的。

2) 这条街商店很多，卖书的，卖粮食的，卖花儿的都有。

3) 一到星期六晚上，年轻人就都有自己的活动，看电视啊，跳舞啊，看球赛
   啊。

4) 从花店里出来的人手里都拿着花儿，兰花、菊花、海棠花、盆盆都那么好
   看。

5) 暑假里，大家都出去旅行了，并不都是去一个国家，中国、日本、英国、
   法国都有人去。

5. Complete the following dialogues with the given words in parentheses:

1) A: 你看用哪种图案好些？

   B: (以为)

2) A: (以为)

   B: 不是北京生产的，而是广州生产的。

3) A: 房间这样布置好不好？

   B: (显得)

4) A: 你说他们的技术怎么样？

   B: (一定)

5) A: (好像)

   B: 可是时间太少，我们只能去一两个公园了。

6. Try to express yourself in the following situations:

1) 你们家养花儿吗？养了什么花儿？你最喜爱什么花儿？

2) 去医院看朋友想带什么花儿？

7. Translate the following sentences into Chinese:

1) They say an international football tournament is going to be held next month.

2) This person is said to be a learned man.

3) He thinks that only he can do it.

4) He doesn't look quite well today.

3. 1) ˅   3) ˅   5) △
    2) ˅   4) △   6) ˅

7. 1) 据说下个月要举行国际足球邀请赛。

   2) 这个人据说很有学问。

   3) 他以为只有他才行。

   4) 他今天好像不怎么舒服。

住院
Hospitalization

26

Yì tiān yèli, Zhào Yùyīng tūrán dùzi téng, ěxin, ǒutù. Lìli gǎnmáng
一天夜里，赵　玉英突然肚子疼，恶心，呕吐。莉莉赶　忙

qù jiào xǐng zhù zài gébì de tóngxué Xiǎo Zhāng hé Xiǎo Wáng. Xiǎo Zhāng hé
去叫醒住在隔壁的同学小　张和小　王。小　张和

Xiǎo Wáng mǎshàng qǐ chuáng, gēn Lìli yìqǐ lái kàn Zhào Yùyīng.
小　王马上起床，跟莉莉一起来看　赵　玉英。

Zhào Yùyīng de dùzi téng de yuè lái yuè lìhai le. Xiǎo Zhāng yòng shǒu
赵　玉英的肚子疼得越来越厉害了。小　张用手

àn le àn tā de dùzi, wèn: "Shì bu shì yòubiānr téng?" Zhào Yùyīng diǎndian tóu.
按了按她的肚子，问："是不是右边儿疼？"赵 玉英 点 点 头。

"Kǒngpà shì jíxìng lánwěiyán." Xiǎo Zhāng shuō.
"恐怕是急性阑尾炎。"小 张 说。

"Hěn xiàng. Shàng cì wǒ dé lánwěiyán, kāishǐ yě shì zhèyàng de." Xiǎo
"很 像。 上 次我得阑尾炎，开始也是这 样 的。"小

Wáng shuō.
王 说。

"Nà kě bié dānwu le, gǎnkuài sòng yīyuàn ba!" Xiǎo Zhāng shuō.
"那可别 耽误了，赶 快 送 医院 吧！"小 张 说。

Lìli tāmen yìqǐ bǎ Zhào Yùyīng sòng dào yīyuàn. Jīngguò jízhěnshì dàifu
莉莉她们一起把 赵 玉英 送 到医院。经过急诊室大夫

jiǎnchá, zhěnduàn wéi jíxìng lánwěiyán, juédìng lìkè shōu Zhào Yùyīng zhù
检查，诊 断 为急性 阑尾炎，决定立刻收 赵 玉英 住

yuàn, zuò shǒushù zhìliáo. Tāmen bǎ Zhào Yùyīng sòng dào wàikē bìngfáng,
院， 做 手术治疗。她们把 赵 玉英 送 到 外科病 房，

dàifu yí kàn yànxiědān, shuō: "Báixuèqiú tài gāo, xūyào mǎshàng zuò
大夫一看 验血单，说："白血球太 高[1]，需要 马 上 做

shǒushù."
手术。"

Sān diǎn shí fēn jìn le shǒushùshì, sì diǎn yí kè jiù zuò wán le shǒushù.
三 点 十分进了手术室，四点一刻就做完了手术。

Yīshēng zhǔfù shuō: "Liù ge xiǎoshí yǐnèi bú yào ràng tā qǐ chuáng. Jīntiān yì tiān
医生 嘱咐说："六个小时以内不要 让她起床。今天一天

bù néng hē shuǐ, yě bù néng chī dōngxi, érqiě yào liú yí ge rén, yǒu wèntí hǎo
不能 喝水，也不能吃东西，而且要留一个人，有 问题好

suíshí shāngliang."
随时 商 量。"

264

Lìli juédìng liú xiàlai zhàogù Zhào Yùyīng. Tā duì Xiǎo Zhāng, Xiǎo Wáng
莉莉 决定 留下来 照顾 赵 玉英。她 对 小 张、小 王

shuō: "Nǐmen huíqu, bié wàng le mǎshàng gěi Xiǎo Zhào jiāli dǎ ge diànhuà.
说："你们 回去，别 忘 了马上 给 小 赵 家里打个 电话。

Duì le, hái děi gěi wǒ dài ge jiàtiáo qu."
对了，还 得 给 我 带个 假条 去[2]。"

Lìli cóng shǒutíbāoli náchū zhǐ hé bǐ, xiě le ge jiàtiáo. Jiàtiáoshang xiězhe:
莉莉 从 手提包里拿出 纸 和笔，写了个 假条。假条 上 写着：

Zhōu lǎoshī:
周 老师：

Zhào Yùyīng tóngxué yīn huàn jíxìng lánwěiyán zhù yuàn, yǐ zuò
赵 玉英 同学因[3] 患 急性 阑尾炎 住 院，已 做

qiēchú shǒushù, yíqiè zhèngcháng. Wǒ xūyào jìxù liú xiàlai zhàogu tā, tècǐ
切除 手术，一切 正 常。我 需要 继续留 下来 照 顾她，特此

qǐng jià bàn tiān.
请 假 半 天。

Zhì
致

Jìnglǐ
敬礼[4]

Xuésheng Chén Lìli
学 生 陈 莉莉

Jírì yú Yānjīng Yīyuàn dì-liù bìngfáng
即日于 燕京 医院 第六 病 房

265

Zhào Yùyīng dì-èr tiān jiù néng xià chuáng huódòng le. Zhè tiān xiàwǔ,
赵 玉英 第二天 就 能 下 床 活动 了。这天 下午,

Zhào shěnr zhèng fúzhe Xiǎo Zhào zài bìngfángli zǒuzhe, Lìli lái kàn Xiǎo
赵 婶儿 正 扶着 小 赵 在 病房里 走着,莉莉来 看 小

Zhào le. Zhào shěnr máng bān le yì bǎ yǐzi, qǐng Lìli zuòxia.
赵 了。赵 婶儿 忙 搬 了一把椅子,请 莉莉坐下。

"Lìli, nǐ yòu lái kàn tā, duō dānwu nǐ de shíjiān a!" Zhào shěnr shuō.
"莉莉,你 又 来 看 她,多[5] 耽误 你的 时间 啊!" 赵 婶儿 说。

"Wǒ jīntiān xiàwǔ méi shìr." Shuōzhe, Lìli bǎ liǎng tǒng guàntou fàng
"我 今天 下午 没 事儿。"说 着,莉莉把 两 筒 罐头 放

zai zhuōzishang.
在 桌子上。

"Āiyā, nǐ hái mǎi dōngxi! Nǐ kàn, wǒ zhèr shénme dōu yǒu." Xiǎo Zhào
"哎呀,你 还[6] 买 东西!你 看,我 这儿 什么 都 有。"小 赵

lā kāi chōuti shuō, "Zhè shì tóngxuémen sòng lái de shuǐguǒ; Zhè shì māma dài
拉开 抽屉说,"这 是 同学们 送来 的 水果;这 是 妈妈 带

lái de diǎnxin. Chōutili dōu fàng bu xià le!"
来的 点心。抽屉里都 放 不 下[7]了!"

Lìli wèn qǐ Xiǎo Zhào de bìngqíng. Xiǎo Zhào shuō: "Dāokǒu hái yǒu
莉莉 问起 小 赵 的 病 情。小 赵 说:"刀口 还 有

diǎnr téng, tǐwēn hái gāo yìdiǎnr. Dàifu shuō, zài guò jǐ tiān jiù kěyǐ chāi xiàn
点儿 疼,体温 还 高 一点儿。大夫 说,再 过 几 天 就 可以 拆 线

le."
了。"

Lìli ānwèi tā shuō: "Hǎohāor yǎng bìng ba. Làxia de gōngkè, chū yuàn
莉莉安慰 她说:"好 好儿[8] 养 病 吧。落下 的 功课,出 院

yǐhòu lǎoshīmen huì gěi nǐ bǔshang de, tóngxuémen yě huì bāngzhu nǐ de."
以后老师们 会 给你补 上 的,同 学 们 也 会 帮 助你的。"

"Huí qù yǐhòu, dài wǒ gǎnxiè lǎoshī hé tóngxuémen de guānxīn!"
"回去以后,代我 感谢 老师和 同 学 们 的 关心!"

266

生词 New words

肚子	dùzi	〔名〕	belly, abdomen
恶心	ěxin	〔动〕	to feel nauseated
呕吐	ǒutù	〔动〕	to vomit
隔壁	gébì	〔名〕	next door
急性	jíxìng	〔形〕	acute
阑尾炎	lánwěiyán	〔名〕	appendicitis
急诊	jízhěn	〔名〕	emergency treatment, emergency call
诊断	zhěnduàn	〔动〕	to diagnose
为	wéi	〔动〕	to be
立刻	lìkè	〔副〕	immediately
住院	zhù yuàn		to be hospitalized
病房	bìngfáng	〔名〕	ward (of a hospital)
验血	yàn xiě		blood test
…单	…dān	〔名〕	(test) report
白血球	báixuèqiú	〔名〕	white blood corpuscles
嘱咐	zhǔfù	〔动〕	to advise, to tell
以内	yǐnèi	〔名〕	within
商量	shāngliang	〔动〕	to consult, to hold discussions
假	jià	〔名〕	leave
条儿	tiáor	〔名〕	a written request (for leave)
笔	bǐ	〔名〕	pen
患	huàn	〔动〕	to suffer from, contract
切除	qiēchú	〔动〕	to excise, cut off
正常	zhèngcháng	〔形〕	normal
特此	tècǐ	〔副〕	(it is) hereby (requested that...)
致	zhì	〔动〕	part of a complimentary close, meaning with (greetings)
敬礼	jìnglǐ	〔名、动〕	greeting; to greet
即日	jírì	〔名〕	this very day
筒	tǒng	〔名、量〕	tin

罐头	guàntou	〔名〕	can
抽屉	chōuti	〔名〕	drawer
点心	diǎnxin	〔名〕	cake
病情	bìngqíng	〔名〕	patient's condition
刀口	dāokǒu	〔名〕	cut
拆	chāi	〔动〕	to remove
线	xiàn	〔名〕	suture
安慰	ānwèi	〔动〕	to comfort, to console
养(病)	yǎng(bìng)	〔动〕	to recuperate
落	là	〔动〕	to miss (classes)
功课	gōngkè	〔名〕	lessons
补	bǔ	〔动〕	to make up (the missed lessons)

Proper nouns :

小张	Xiǎo Zhāng	Xiao Zhang, Chen Lily's classmate
小王	Xiǎo Wáng	Xiao Wang, Chen Lily's classmate
燕京医院	Yānjīng Yīyuàn	the Yanjing Hospital

注 释 Study points :

1. 白血球太<u>高</u>。

   "高" means "above normal".

   "高" has the same meaning in "体温还高一点儿。" in the text.

2. 还得给我带<u>个</u>假条去。

   The measure word for "a written request for leave" is "张", but colloquially "个" can be used in its stead.

3. 赵玉英同学<u>因</u>患急性阑尾炎住院。

   "因" is short for "因为", often found in written speech.

268

4. 致敬礼

This is a conventional polite formula used at the close of an official/business correspondence or a private letter, "致" can be written immediately after the body of the letter, or in a separate line indenting two-character spaces. "敬礼" should be written in the next line flush with the margin.

5. 多耽误你的时间啊！

The adverb "多" is used before a verb or an adjective as an intensifier, revealing an exaggerated tone and strong emotive charge, often seen in exclamatory sentences, as in "老师对我们多关心啊！","这个孩子多聪明啊！"

6. 你还买东西！

"还" reveals one's feelings towards something that has been done beyond expectations, often with a touch of gratitude and appreciation.

7. 抽屉里都放不下了！

"放不下" means there is no room or space for holding something. Its affirmative form is "放得下".

8. 好好儿养病吧。

The adjective "好" can be reduplicated with the second syllable converted to the level tone (or the 1st tone) and retroflexed due to the suffixation of a nonsyllabic r. "好好儿" is here used as an adverbial, meaning "尽力地", "很好地" (try to do something well).

词语例解
Study of words and expressions:

1. 送〔动〕

to send, deliver

(1)病人已经送医院了。

(2)下午我给你送票去，你在家等着。

to give (as a present)

(3)明天是你的生日，我送你一件礼物。

(4)周教授送我两本医学著作。

to see...off

(5) 王先生上火车站送朋友去了。

2. 以内〔名〕

"以内" cannot be used alone, but always in conjunction with words or phrases indicating time, quantity, etc., meaning "within a certain bound, range or limit".

(1) 三个小时以内手术就可以做完，你们不要离开这儿。

(2) 每课课文最好在一千个字以内，太长了，学生不感兴趣。

3. 留〔动〕

to stay

(1) 你这次来北京，可以多留几天，我们一块儿玩儿玩儿。

(2) 明天他们去参观贸易展览会，我有事儿留在家里。

"to leave" as in (3), "to keep", as in (4)

(3) 上午刘小姐来找你，你不在，她给你留下了个电话号码。

(4) 妈妈写给我的信，我都还留着呢。

4. 下〔动〕

to get off

(1) 小张的病这几天好多了，今天已经能下床活动了。

to fall (of rain, snow, etc.)

(2) 冬天北京常常下雪。

to go off (work)

(3) 他们每天下午四点下班。

to make up (one's mind)

(4) 我已经下决心不抽烟了。

When placed after a verb, it indicates a downward movement as in (5) or the result of an action as in (6).

(5) 你坐下，我们好好儿聊一聊。

(6) 小赵落下很多功课，大家要想办法帮助他。

270

In the structure of "verb + 得(不) + 下", it indicates the availability of space.

(7) 这么多东西，屋子里放得下放不下？

〔名〕

a lower position

(8) 楼下有个小卖部，你们可以去转转。

the time to come as in (9) or the second half of a game as in (10).

(9) 下星期我们有考试。

(10) 下半场中国队踢进两个球，场上比分五比三。

〔量〕

to indicate the number of times of an action performed.

(11) 我来介绍一下儿，这是李先生，那是李太太。

5. 补

to repair, to mend

(1) 自行车车带坏了，我送去补一下儿。

(2) 孩子的衣服补好了。

to make up for

(3) 上午小王没来听录音，下午他要补听一次。

(4) 大家应该互相学习，取长补短。

练习 Exercises :

1. Read aloud:

1) 菜单   名单   货单   药单

    化验单   借书单   节目单   申请单

    通知单   注射单 (zhùshè dān, injection slip)

    收条   病假条   事假条   便条

2) 大家一块商量问题   要听医生的嘱咐

    他两周以内可能回国   你把这封信拆开吧

    好好安慰安慰他们   咱们应该互相关心

    他可真会关心人   他们生活很正常

2. Complete the following sentences with "动词 + 得(不) + 下":

1) 这间屋子太小，_____。

2) 这个抽屉大，_____。

3) 这个盒子 _____。

4) 这辆汽车 _____。

5) 那个剧场 _____。

6) 给我盛的饭太多了，_____。

7) 这张床太小了，_____。

8) 这个阳台比较大，_____。

3. Fill in the blanks:

a) Used "以内" to indicate scope, range or limit

> Model:
> 六小时 _____ ，不要起床
> → 六小时以内，不要起床。

1) 三小时 _____ 出校门。

2) 一小时 _____ 必须赶到机场。

3) 三十个人 _____ 这辆汽车都坐得下。

4) 半年 _____ 一定要学完这门功课。

5) 学校 _____ 不能再盖楼房。

6) 二十公斤 _____ 可以带走。

b) Use "送" or "留"

1) 这是他朋友 _____ 来的礼物。

2) 这是 _____ 下给你的。

3) 明天我一定给你 _____ 去。

4) 他们把地址 _____ 下了。

5) 老张 _____ 我这本小说。

6) 他们去机场 _____ 朋友去了。

7) 他们一定要 _____ 他在家里吃饭。

8) 这些东西你自己 _____ 着用吧。

4. Answer the following questions with the words given in parentheses:

1) 他们准备什么时候回来？（以内）

2) 他们走了多少天了？（恐怕）

3) 你说他能同意吗？（恐怕）

4) 你说，他为什么现在还没来？（恐怕）

5) 落下了一个星期课怎么办？（补）

6) 怎么这儿还有呢？（留）

5. Write an application letter for leave, explaining why you cannot go to school or work.

6. Translate the following sentences into Chinese:

1) It's very cold outside, you need not see us off, please go back.

2) You can hear good news about us within three days.

3) Xiao Wang has made up his mind to travel on his bike to the South.

4) I am afraid that he has to be hospitalized.

5) Will it do to leave him behind alone when you all have gone?

6) He talked so fast that you couldn't take his words down, but you may make it up afterwards.

答案 Key

3. b)
(1) 送	(3) 送	(5) 送	(7) 留
(2) 留	(4) 留	(6) 送	(8) 留

6.
1) 外边儿很冷，你们不用送了，回去吧。
2) 三天以内你就能听到我们的好消息。
3) 小王下决心骑自行车去南方旅行。
4) 恐怕他得住院。
5) 你们都走了，留下他一个人，能行吗？
6) 他说得太快，你没记下来，以后再补记一下吧。

参观中药厂

Visiting a Chinese Pharmaceutical Factory

27

Zhōngyī Dàxué shítáng ménkǒur tiēzhe yì zhāng tōngzhī:
中 医 大 学 食 堂　门 口 儿 贴 着 一 张　通 知：

Tōngzhī
通 知

Jīntiān xiàwǔ, wǒxì zǔzhī yì niánjí xuésheng cānguān Qīngshān
今 天 下 午，我 系 组 织 一 年 级 学 生　参 观　青 山

Zhōngyàochǎng. Qǐng yú xiàwǔ yì diǎn wǔshí fēn zài lǐtáng qián jíhé,
中 药 厂。 请 于 下 午 一 点 五十 分 在 礼堂 前[1] 集合,

liǎng diǎn zhǔnshí chūfā. Tècǐ tōngzhī.
两 点 准时 出发。特此 通 知[2]。

×× xì bàngōngshì
×× 系 办 公 室

Shíyī yuè shíwǔ rì
十一 月 十五 日

Lìli kàn dào zhège tōngzhī fēicháng gāoxìng, tīng shuō zhè jiā gōngchǎng
莉莉看 到 这个 通知 非常 高兴,听 说 这家 工 厂

yǒu jìn èrbǎi nián shēngchǎn hé jiāgōng zhōngyào de lìshǐ. Zhōu jiàoshòu
有 近[3] 二百 年 生 产 和加工 中 药 的历史。 周 教 授

chángcháng shuō, zuòwéi yí ge xuéxí zhōngyī de xuésheng, chú le yào dǒngde
常 常 说,作为 一个 学习 中 医 的 学 生, 除了 要 懂得

zhōngyào de yìbān lǐlùn, hái yīnggāi liǎojiě zhōngyào de jiāgōng fāngfǎ.
中 药 的一般 理论,还 应 该 了 解 中 药 的 加工 方法。

Xiàwǔ liǎng diǎn bàn zuǒyòu, Lìli hé tóngxuémen chéng chē lái dào le
下 午 两 点 半 左右,莉莉 和 同 学 们 乘 车 来 到 了

Qīngshān Zhōngyàochǎng. Tāmen yí xià chē, jiù shòu dào gōngrén hé
青 山 中 药 厂。 他们 一下 车, 就 受 到 工 人 和

gōngchǎng lǐngdǎo de rèliè huānyíng. Gōngchǎng pài le liǎng míng gànbù péitóng
工 厂 领 导 的热烈 欢 迎。 工 厂 派了 两 名 干部陪同

tāmen cānguān le gāi chǎng sì ge zuì dà de chējiān, ràng tāmen liǎojiě le zhōngyào
他们 参观 了该[4] 厂 四个 最 大 的 车间,让 他们 了 解了 中 药

shēngchǎn hé jiāgōng de guòchéng. Zài bāozhuāng chējiānli, Lìli kànzhe yì
生 产 和加工 的 过程。 在 包 装 车 间里,莉莉看着 一

héhé wányào, shuō: "Yuánlái zhè wányàoli hái jiā le xǔduō fēngmì, chī qǐlai
盒盒 丸 药，说：“原来这 丸 药里还加了许多 蜂蜜，吃起来

yídìng hěn tián!"
一定 很 甜！”

　　Zhào Yùyīng xiàozhe shuō: "Nà nǐ jiù kuài mǎi xiē huíqu, liúzhe zhāodài
　　赵 玉英 笑着 说：“那你就 快 买些 回去，留着 招待

kèren ba!" Tā yí jù huà, shuō de dàjiā dōu xiào le qǐlai.
客人吧！” 她一句 话，说 得大家 都 笑 了起来。

　　Zài cānguān guòchéng zhōng, péitóng rényuán gàosu tóngxuémen, zhège
　　在 参观 过程 中，陪同 人员 告诉 同学们，这个

gōngchǎng yuánlái shì yì jiā yǒumíng de zhōngyàodiàn de jiāgōngchǎng,
工 厂 原来是一家 有名 的 中 药店 的加工 厂，

yījiǔwǔsān nián zài yuánlái jīchǔshang jiànlì xīn chǎng. Dāngshí zhǐ yǒu liǎng ge
一九五三 年 在 原来基础上 建立新 厂。 当 时只 有 两个

chējiān, qīshí duō ge zhígōng. Xiànzài yǐjīng fāzhǎn dào qī ge chējiān, sìbǎi duō
车 间，七十 多个 职工。 现 在已经 发展 到 七个 车 间，四百 多

ge zhígōng le. Qízhōng nǚgōng zhàn zhígōng zǒng rénshù de bǎifēn zhī liùshíbā
个职工了。其中 女工 占 职工 总 人数的百分之 六十八

diǎn wǔ; qīngnián gōngrén zhàn zhígōng zǒng rénshù de bǎifēn zhī wǔshísān. Zhè
点 五；青年 工人 占 职工 总 人数的 百分 之 五十三。这

ge chǎng de jīxièhuà shuǐpíng búduàn tígāo. Jìn jǐ nián hái cóng guówài yǐnjìn le
个 厂 的机械化 水平 不断 提高。近[5] 儿年 还 从 国外 引进了

bāozhuāng shèbèi. Chǎnpǐn hěn shòu guónèi、wài huānyíng, qízhōng bǎifēn zhī
包 装 设备。产品 很 受 国内、外 欢 迎，其中 百分 之

èrshí xiāoshòu dào Yàzhōu、Ōuzhōu hé Měizhōu jǐshí ge guójiā hé dìqū.
二十 销售 到 亚洲、欧洲 和 美 洲 几十个 国家和地区。

　　Cānguān yǐhòu, tóngxuémen hé gōngchǎng de gànbù, gōngrén jǔxíng le jìn yí
　　参 观 以后，同学们 和 工 厂 的 干部、工人举行了近一

ge xiǎoshí de zuòtán. Zuòtánhuìshang, tóngxuémen tíchū le xǔduō wèntí. Yǒude
个 小时 的座谈。座 谈会 上 ， 同学们 提出了许多 问题。有的

277

wèn gōngchǎng de guǎnlǐ qíngkuàng; yǒude wèn shēngchǎn yuánliào láiyuán hé
问 工 厂 的 管理 情 况; 有 的 问 生 产 原 料 来 源 和

chǎnpǐn xiāoshòu qíngkuàng; yǒude wèn gōngchǎng de lìrùn hé gōngrén de
产 品 销 售 情 况; 有 的 问 工 厂 的利润 和 工 人 的

shēnghuó fúlì, gōngzī, jiǎngjīn de qíngkuàng; yǒude wèn gōnghuì de zuòyòng
生 活 福利、工 资、奖 金 的 情 况; 有 的 问 工 会 的 作 用

děngděng. Cānjiā zuòtán de gànbù dōu yīyī zuò le huídá.
等 等。参加 座谈 的 干 部 都 一一 作 了 回答。

　　Zuòtán jiéshù yǐhòu, tóngxuémen lùxù shàng le chē. Qìchē jiù yào kāidòng
　　座 谈 结束 以后,同 学 们 陆续 上 了 车。汽车 就 要 开 动

le, hūrán Zhào Yùyīng shuō: "Děng yi děng, Lìli hái méi lái ne!"
了,忽然 赵 玉 英 说:"等 一 等,莉莉 还 没 来 呢!"

　　Lìli nǎlǐ qù le? Dàjiā zài gōngchǎng ménkǒur zhōngyào língshòubù zhǎo
　　莉莉 哪里 去 了? 大 家 在 工 厂 门 口 儿 中 药 零 售 部 找

dào le tā; tā zhèngzài wèi māma mǎi bǔyào ne.
到 了 她; 她 正 在 为 妈妈 买 补 药 呢。

生词 New words

食堂	shítáng	〔名〕	dining hall, mess
贴	tiē	〔动〕	to post up
礼堂	lǐtáng	〔名〕	auditorium
集合	jíhé	〔动〕	to assemble
准时	zhǔnshí	〔副〕	punctually, on schedule
出发	chūfā	〔动〕	to set out
加工	jiā gōng	〔动〕	to process
乘(车)	chéng(chē)	〔动〕	to take (a bus)
热烈	rèliè	〔形〕	warm
派	pài	〔动〕	to send

名	míng	〔量〕	a measure word indicating the number (of persons)
干部	gànbù	〔名〕	cadre
陪同	péitóng	〔动〕	to accompany
包装	bāozhuāng	〔动〕	to pack
盒	hé	〔量、名〕	packet
丸药	wányào	〔名〕	pilled medicine
蜂蜜	fēngmì	〔名〕	honey
甜	tián	〔形〕	sweet
建立	jiànlì	〔动〕	to build
职工	zhígōng	〔名〕	staff and workers
其中	qízhōng	〔名〕	among which
占	zhàn	〔动〕	to occupy, to take
总	zǒng	〔形〕	total
…数	…shù	〔名〕	…number
不断	búduàn	〔副〕	continually
引进	yǐnjìn	〔动〕	to bring in, to introduce
设备	shèbèi	〔名〕	equipment
销售	xiāoshòu	〔动〕	to sell
座谈	zuòtán	〔动〕	discussion, seminar
原料	yuánliào	〔名〕	raw material
来源	láiyuán	〔名〕	source
利润	lìrùn	〔名〕	profit
福利	fúlì	〔名〕	welfare
工资	gōngzī	〔名〕	wage, salary
奖金	jiǎngjīn	〔名〕	bonus
工会	gōnghuì	〔名〕	trade union
作用	zuòyòng	〔名〕	function
一一	yīyī	〔副〕	one by one
陆续	lùxù	〔副〕	one after another, in succession
零售	língshòu	〔动〕	to sell at retail, to retail

注 释 Study points :

1. 请于下午一点五十分在礼堂前集合。

   "前" means "the front", often found in written language.

2. 特此通知。

   It is a conventional formula, written at the end of the body of a notice.

3. 听说这家工厂有近二百年生产和加工中药的历史。

   "近" means "nearly, almost".

4. 工厂派了两名干部陪同他们参观了该厂四个最大的车间。

   "该" can be used to stand for the person or thing previously mentioned, often found in written language, as in:

   赵玉英是北京中医大学的学生，该生学习一直很努力，成绩优良。

   北京大学是中国有名的大学之一，该校现在有学生一万多人。

5. 近几年还从国外引进了包装设备。

   "近" here means "recent".

280

词语例解
Study of words and expressions:

1. 参观 〔动〕

The object to "参观" can be anything but a person, which point is different from its English equivalent "visit".

(1) 他们还没去参观过故宫呢。

(2) 中国历史博物馆我们已经参观过了。

2. 基本 〔形〕

basic, essential

(1) 时间不多，只能给你们介绍一些基本情况。

(2) 多听多说，这是学好外语的基本经验。

"基本" can be used adverbially, "基本上" is a variant expression.

(3) 他们下星期回国，东西基本上准备好了。

(4) 那些问题，小张基本上都回答对了。

3. 原来 〔形〕

"原来" cannot function as the predicate alone, and "的" must be added when it modifies a noun, meaning "original".

(1) 老张还住在原来的地方。

〔副〕

originally

(2) 我家原来有六口人，去年爷爷去世了，现在只有五口人。

"原来", when used adverbially, expresses something that has been hitherto unknown, meaning "so".

(3) 丁小姐今天没有来上课，原来她病了。

4. 其中 〔名〕

among which

(1) 我们班有十二个学生，其中三个是美国人。

(2) 我很喜欢这些瓷器，其中有四件是我在中国时买的。

5. 点〔动〕

to nod as in 点头 to express a greeting or agreement

(1) 刚才我在门口儿碰到李先生，他跟我点了点头。

to count

(2) 找你三块五毛八，请你点一下儿。

to light

(3) 时间到了，你去点火做饭吧。

o'clock

(4) 我们每天上午八点到十二点上课。

appointed time

(5) 到点了，飞机怎么还不到呢？

decimal point

(6) 这个大学的女学生占学生总人数的百分之四十三点二。

〔量〕

a little

(7) 大家先喝点儿水，休息休息，一会儿再接着参观。

point, item

(8) 我提三点意见，对不对大家可以讨论。

6. 问题〔名〕

question

(1) 大家提了很多问题，李教授都一一作了回答。

problem, difficulty

(2) 汉字是你学习中的一个大问题，要多练习。

unfortunate happening

(3) 老陈怎么半天还不回来，会不会出什么问题了？

练习 Exercises :

1. Read aloud:

1)

该地	该同志	该校	该剧场
人数	钱数	奖金数	次数
引进技术	引进设备	不断引进	继续引进
起作用	起好作用	起不了作用	作用很大
开座谈会	座谈座谈	座谈什么	一起座谈
贴条子	贴邮票	贴画儿	贴在墙上

2)

这篇文章写得很好	现在全体集合
上个月派他出国留学了	建立了友谊
这个消息来源于那个城市	客人们陆续地进了客厅

2. Interpret the charts:

一个工厂的办公室的墙上贴着四个图表(túbiǎo, chart)

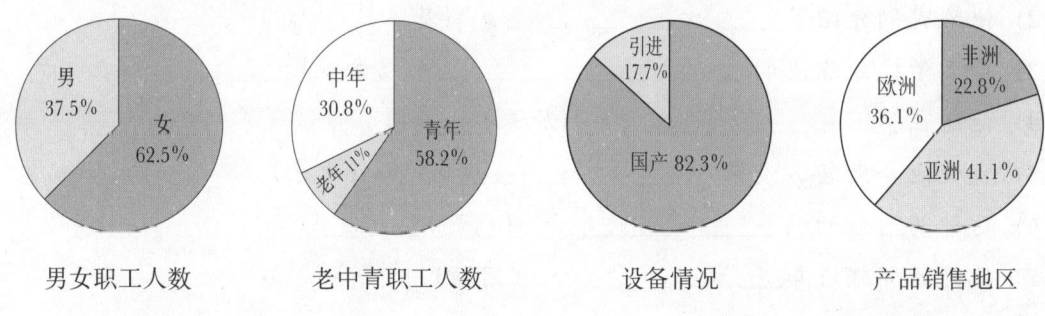

男女职工人数　　　老中青职工人数　　　设备情况　　　产品销售地区

请根据图表把该厂的基本情况向大家介绍一下儿。

3. Turn the following dialogues into announcements:

1) A: 小王，今天下午有一个座谈会，你参加吗？

B: 什么座谈会？

A: 谈谈参观工厂和农村的感想 (gǎnxiǎng, impressions)。

B: 几点？在什么地方？

A: 下午四点，在第二大教室。

2) A: 小张，你听说了吗？明天有一个报告会。

   B: 什么报告会？

   A: 关于中国古代科技发展情况的报告。

   B: 报告人是谁？

   A: 北大李永明教授。

   B: 什么时间？

   A: 上午八时半，在学校礼堂。

3) A: 陈文，下星期我们去西安旅游，你去不去？

   B: 什么时候出发？

   A: 五月二十一号，去三天。

   B: 谁组织的？

   A: 北京旅游局。

   A: 要办哪些手续？

   B: 要去的人本星期内去旅游办公室登记。

4. **Complete the following sentences with the words given in parentheses:**

1) 今年的生产任务，他们 _____。（基本上）

2) 他给我们介绍了_____。（基本）

3) 今天学校组织他们 _____。（参观）

4) 他还在 _____。（原来）

5) 我说他今天怎么没来，_____。（原来）

6) 这种药治他的病 _____。（问题）

7) 他开的那辆汽车_____。（问题）

8) 这是找你的钱，_____。（点）

9) 除了他讲的 _____ 以外，我都听明白了。（点）

10) 这个房间里有十个人，_____是外国人。（其中）

11) 这封信他差不多都念下来了，可是 _____ 字他不认识。（其中）

5. Rewrite the following sentences, using "一一".

Model:

> 大家提出来的问题他全都回答了。
>
> 一→ 大家提出来的问题，他一一作了回答。

1) 机器的每个部分他都检查了。
2) 语言学上的重要问题，王教授都研究过。
3) 不懂的句子，老师都给解释了。
4) 关于明年的农业和副业生产项目，他们都商量了。
5) 工厂的生产制度都给大家讲过。

6. Translate the following sentences into Chinese, using the words given in parentheses:

1) Xiao Li is against the third point of your proposals. （点）
2) Lao Zhang told us the main plot of the play before we watched it. （基本）
3) I have counted them; there are twenty-three books all together. （点）
4) I intended to go formerly, but I don't want to go now. （原来）
5) It turned out that it was he who rang me up! （原来）
6) Do you know which places we are going to visit? （参观）

答案 Key

6. 1) 小李反对你的第三点意见。
2) 看话剧前老张给我们讲了讲话剧的基本内容。
3) 我点了点，这儿一共是二十三本书。
4) 我原来想去，现在不想去了。
5) 原来是他给我打来了电话！
6) 参观哪些单位你知道吗？

在法庭上
In the Court

28

Lìli   zuò zài fǎtíng de pángtīngxíshang, shěnpàn jiù yào kāishǐ le.   Fǎtíng
莉莉 坐 在 法庭 的 旁 听 席 上，审 判 就 要 开始 了。法庭

zhèngmiàn qiángshang guàzhe Zhōnghuá Rénmín Gònghéguó guóhuī.
正   面   墙 上   挂着 中 华 人 民   共和国   国徽。

Shěnpànzhǎng hé liǎng wèi shěnpànyuán zuò zài shěnpànxíshang; shěnpànxí
审 判 长 和 两   位 审 判 员 坐 在 审 判 席 上；审 判 席

zuǒbiān shì gōngsùxí,   yòubiān shì biànhùxí.
左 边 是 公诉席，右 边 是 辩 护 席。

286

"Xiànzài kāi tíng. Bǎ bèigàorén dài shànglai!"　Shěnpànzhǎng shuō wán
"现 在 开 庭。把 被 告 人 带 上 来[1]！" 审 判 长 说 完

yǐhòu,　yí ge èrshí jǐ suì de qīngnián bèi fǎjǐng dài jìn fǎtíng.
以后，一个 二十几岁 的 青 年 被 法警 带 进 法庭。

"Bèigào,　nǐ jiào shénme míngzi"　Shěnpànzhǎng wèn.
"被告，你 叫 什么 名字？" 审 判 长 问。

"Zhū Míngkāng."
"朱 明 康。"

"Niánlíng?"
"年 龄？"

"Èrshíliù suì."
"二十六岁。"

"Yuán gōngzuò dānwèi?"
"原 工 作 单 位？"

"Qīngshān Zhōngyàochǎng."
"青 山 中 药 厂。"

"Nǐ bèi kònggào fàn yǒu dàoqiè zuì.　Nǐ bìxū rúshí huídá fǎtíng tí chū de
"你 被 控 告 犯 有[2] 盗窃罪。你 必须 如实 回答 法庭 提 出 的

wèntí,　yě kěyǐ gēnjù shìshí wèi zìjǐ biànhù."
问题，也 可以 根据 事实 为 自己 辩护。"

Ránhòu, shěnpànzhǎng qǐng gōngsùrén qǐsù.　Qǐsùshū bù cháng, zhǐ yòng le
然后，审 判 长 请 公诉人 起诉。起诉书 不 长，只 用 了

shí fēn zhōng jiù dú wán le.
十分 钟 就 读 完 了。

Zhè shì yí ge dàoqiè ànjiàn. Qīngshān Zhōngyàochǎng gōngrén Zhū Míngkāng
这 是 一个 盗窃 案件。青 山 中 药 厂 工 人 朱 明 康

jīnnián shí yuè èrshísì rì cóng chǎngli dào zǒu guìzhòng yào cái, jiàzhí rénmínbì
今年 十 月 二十四日 从 厂里 盗 走[3] 贵 重 药材，价值 人 民 币

wǔqiān bābǎi yuán. Dàoqiè xiànchǎng hé zāngwù gōng'ānjú dōu pāi le zhào.
五 千 八 百 元。盗窃 现 场 和 赃物 公 安 局 都 拍 了 照[4]。

Jiēzhe, yí ge sìshí duō suì de rén zǒushang zhèngrénxí. Tā jiǎng le tā hé lìng
接着，一个四十多岁的人走上　证人席。他讲了他和另

yí ge gōngrén yìqǐ zhuā zhù zuìfàn de jīngguò. Tīng le qǐsùshū hé zhèngcí, bèigào
一个工人一起抓住罪犯的经过。听了起诉书和　证词，被告

dī xià le tóu.
低下了头。

"Bèigào Zhū Míngkāng, qǐsùshū hé zhèngcí suǒ shuō de dōu shì shìshí ma?"
"被告　朱　明　康，起诉书和　证词所[5]说的都是事实吗？"

Shěnpànzhǎng wèn.
审判长问。

"Quán dōu shì shìshí."
"全都是事实。"

"Nǐ zhīdao nǐ fàn le shénme zuì ma?"
"你知道你犯了什么罪吗？"

"Dàoqiè gōnggòng cáiwù zuì."
"盗窃公共财物罪。"

Shěnpànzhǎng wèn biànhùrén yǒu shénme huà yào shuō, biànhù lǜshī gēnjù
审判长问辩护人有什么话要说，辩护律师根据

gōngsùrén de qǐsù hé quèzáo de zhèngjù rènwéi, bèigào quèshí fàn le dàoqiè
公诉人的起诉和确凿的　证据认为，被告　确实犯了盗窃

gōnggòng cáiwù zuì, zhǐshì zài qíngjié hé tàidù fāngmiàn tí chū liǎng diǎn shìshí:
公共财物罪，只是在情节和态度方面提出两点事实：

Yī, bèigàorén shì chū fàn; èr, bèigàorén rènzuì tàidù bǐjiào hǎo. Xīwàng fǎtíng
一、被告人是初犯；二、被告人认罪态度比较好。希望法庭

zài duì bèigào liàngxíng shí, bǎ zhè liǎng ge yīnsù kǎolǜ jìnqu."
在对被告量刑时，把这两个因素考虑进去[6]。"

Zhèshí, bèigào kūzhe shuō: "Wǒ yǒu zuì. Wǒ qǐngqiú cóng qīng chǔlǐ.
这时，被告哭着说[7]："我有罪。我请求从轻处理。

Wǒ yídìng chóngxīn zuò rén."
我一定　重新做人。"

288

Zuìhòu, yóu shěnpànzhǎng xuānpàn: Gēnjù Zhōnghuá Rénmín Gònghéguó
最后，由 审 判 长 宣判：根据 中 华 人 民 共 和 国

xíngfǎ dì-yībǎi wǔshíyī tiáo, pànchǔ bèigào Zhū Míngkāng yǒuqī túxíng liǎng
刑 法 第 一 百 五 十 一 条，判 处 被 告 朱 明 康 有 期 徒 刑 两

nián.
年。

Lìli cóng fǎyuàn chūlai, zuò gōnggòng qìchē huí xuéxiào. Yílùshang
莉莉 从 法 院 出来，坐 公 共 汽 车 回 学 校。一路上[8]

tā réngrán xiǎngzhe zuìfàn zuìhòu shuō de nà liǎng jù huà. Dàn yuàn zhège
她 仍 然 想 着 罪 犯 最 后 说 的 那 两 句 话。但 愿 这 个

niánqīng de zuìfàn zhēn xiàng tā zìjǐ shuō de nàyàng —— chóngxīn zuò rén.
年 轻 的 罪 犯 真 像 他 自 己 说 的 那 样 —— 重 新 做 人。

生词 New words

法庭	fǎtíng	〔名〕	court
旁听	pángtīng	〔动〕	visitor
…席	…xí	〔名〕	…seats
审判	shěnpàn	〔动〕	to try, to bring to trial
国徽	guóhuī	〔名〕	national emblem
…长	…zhǎng	〔名〕	presiding (judge)
公诉	gōngsù	〔名〕	public prosecution
辩护	biànhù	〔动〕	to plead, defend
开庭	kāi tíng		open a court session
被告	bèigào	〔名〕	defendant
法警	fǎjǐng	〔名〕	bailiff
原	yuán	〔形〕	former, original
控告	kònggào	〔动〕	to charge, to accuse
犯	fàn	〔动〕	to commit
盗窃	dàoqiè	〔动、名〕	to steal; theft

罪	zuì	〔名〕	crime
如实	rúshí	〔副〕	strictly according to the facts, as things really are, truthfully
事实	shìshí	〔名〕	fact
起诉	qǐsù	〔动〕	to bring a suit against
读	dú	〔动〕	to read
案件	ànjiàn	〔名〕	case
贵重	guìzhòng	〔形〕	valuable
药材	yàocái	〔名〕	medicinal materials
价值	jiàzhí	〔动、名〕	value
现场	xiànchǎng	〔名〕	site
赃物	zāngwù	〔名〕	stolen goods
拍照	pāi zhào		to photograph
证人	zhèngrén	〔名〕	witness
抓	zhuā	〔动〕	to catch
罪犯	zuìfàn	〔名〕	criminal
证词	zhèngcí	〔名〕	testimony
财物	cáiwù	〔名〕	property
律师	lùshī	〔名〕	lawyer
确凿	quèzáo	〔形〕	conclusive
证据	zhèngjù	〔名〕	evidence
初犯	chū fàn		to offend for the first time
认罪	rèn zuì		to admit one's guilt, to plead guilty
量刑	liàngxíng	〔动〕	to measure penalty
因素	yīnsù	〔名〕	factor
考虑	kǎolǜ	〔动〕	to consider
请求	qǐngqiú	〔动〕	to request
从轻	cóng qīng		(to handle) leniently
处理	chǔlǐ	〔动〕	to handle
重新	chóngxīn	〔副〕	anew
宣判	xuānpàn	〔动〕	to pronounce judgement
刑法	xíngfǎ	〔名〕	penal code

判处	pànchǔ	〔动〕	sentence, condemn
有期	yǒu qī		specified (prison sentence)
徒刑	túxíng	〔名〕	imprisonment
但愿	dàn yuàn		if only, I wish

Proper nouns :

朱明康	Zhū Míngkāng	name of a criminal

注 释 Study points :

1. 把被告人带<u>上来</u>！

   "上来" points to the direction of the action towards the speaker.

2. 你被控告<u>有</u>盗窃罪。

   "有" is sometimes placed after certain monosyllabic verbs, the two elements having become so fused that they appear almost as one word. The meaning of the combination is in the main that of the first element, as in 这种水果含有多种维生素 (Vitamin).

3. 从厂里盗窃<u>走</u>贵重药材。

   "走", when placed after other verbs, indicates a departure from the original place.

4. 盗窃现场和赃物公安局都拍了<u>照</u>。

   "照" is an abbreviation of "照片".

5. 起诉书和证词<u>所</u>说的都是事实吗？

   The auxiliary particle "所", When put before a transitive verb, turns the combination ("所 + verb") into a nominal phrase, often used in colloquial speech, as in "我所讲的事情", "你们所学到的东西" etc. "起诉书和证词所说的" is the same as "起诉书和证词所说的事情".

6. 把这两个因素考虑<u>进去</u>。

   "进去" is used after a verb to indicate an inclusion of people or things from the outside.

7. <u>被告哭着说</u>。

The structure of "verb + 着" can be used adverbially to modify the following verb, pointing out the manner by which the action of the second verb is being realized, as in "他躺着看书。" "老师站着上课。" etc.

8. <u>一路上</u>她仍然想着罪犯最后说的那两句话。

"一路上" refers to the entire course as from leaving the court until back to school.

词语例解
Study of words and expressions:

1. 走〔动〕

   to walk, come

   (1) 你们是走来的还是骑车来的。

   to run, to cover

   (2) 自行车一个小时能走二十公里。

   to go

   (3) 李先生和李太太他们已经走了一个星期了。

   When placed after other verbs, it indicates a movement away from a place.

   (4) 英文画报小张昨天拿走了。

2. 经过〔动〕

   to pass

   (1) 从北京坐火车到上海，要经过南京。

   to undergo

   (2) 经过化验和检查，大夫认为老吴得的不是癌症。

   (3) 经过半年的努力，青山中药厂的生产有了很大的发展。

   〔名〕

   story, an account of events

   (4) 你把事情的经过跟大家说一下儿。

3. 低 〔动〕

to lower

(1) 我进屋的时候，小张正低着头写字。

(2) 赵玉英低头一看，白鞋已经被人踩成黑的了。

〔形〕

low

(3) 他说的声音很低，听不清楚。

(4) 我的中文水平太低，翻译不了那篇文章。

4. 全 〔形〕

all ready

(1) 东西都准备全了，一会儿就可以动身了。

whole

(2) 下午全校师生开会，由校长给大家做报告。

〔副〕

completely, all

(3) 笔记你全记下来了吗？

(4) 那十几个人全是今年新来的学生。

5. 重新 〔副〕

anew, again

(1) 计划已经重新做了，明天下午请大家讨论。

(2) 这个题你做错了，你再重新做一次。

6. 仍然 〔副〕

still

(1) 这些苹果已经放了好几个月了，但仍然很新鲜。

(2) 头不疼了，但体温仍然高一点儿。

练习 Exercises :

1. Read aloud:

旁听生　　　　　　他旁听过历史课

(工厂) 厂长　　　(学校) 校长　　　(城市) 市长　　　(医院) 院长

(图书馆) 馆长　　护士长　　　　　(公安局) 局长

原地　　　　　　　原有设备　　　　原有人数

读一读　　　　　　读报　　　　　　没读完

考虑一下　　　　　考虑考虑　　　　考虑得很周到

处理问题　　　　　处理品　　　　　处理完了

从严处理　　　　　从宽处理　　　　手续从简

2. Fill in the blanks with the given words, plus "走" or "住":

抱、　拉、　看 (kān)、　划、　拿

1) 车拐弯时，你就 ＿＿＿＿＿ 我的手。

2) 这孩子总是哭，大家没办法听音乐，把他 ＿＿＿＿＿ 吧。

3) 小船儿早让他们 ＿＿＿＿＿ 了，咱们等等吧。

4) 那件衣服他上午 ＿＿＿＿＿ 的，他没告诉你？

5) 你一定要 ＿＿＿＿＿ 他，可别让他跑远了。

3. Complete the following sentences:

a) Use "初" plus the words in the parentheses

Model: 他是初犯。（犯）

1) ＿＿＿＿＿，对这儿不熟悉。（到）

2) ＿＿＿＿＿，没有经验，请多帮助。（做）

3) ＿＿＿＿＿，但是他们很认真。（选）

4) 大家都不要笑话，我是 ＿＿＿＿＿，说得不好。（学）

294

b) Use "比较 + 形容词"

> **Model:** 他的态度<u>比较好</u>。（好）

1) 这件衣服颜色 _____ 。 （深）

2) 这几天温度 _____ 。 （低）

3) 他上班总是来得 _____ 。 （早）

4) 这个球队水平 _____ 。 （差）

5) 那个商店货品 _____ 。 （全）

4. Answer the following questions with the words given in parentheses:

1) 旅行要用的东西准备了没有？ （全）

2) 这五个人都是今年毕业的吗？ （全）

3) 这样挂行不行？ （低）

4) 坐这路车能到那儿吗？ （经过）

5) 这件事你没讲给他听？ （经过）

6) 下个星期他应该有时间了吧？ （仍然）

7) 你听他课文念得怎么样？ （低）

8) 这个菜炒坏了，怎么办？ （重新）

答案 Key

2. 1) 拉住　　2) 抱走　　3) 划走　　4) 拿走　　5) 看住

莉莉的日记
Lily's Diary

Wèile tígāo zhōngwén shuǐpíng, Lìli lái Zhōngguó hòu, yìzhí jiānchí yòng
为了提高 中 文 水平，莉莉来 中 国 后，一直坚持用

zhōngwén jì rìjì. Xiàmiàn shì tā de liǎng piān rìjì:
中 文记日记。下 面 是她的 两 篇日记：

Shíyī yuè èrshíyī rì xīngqī'èr   yún
十一月 二十一日 星期二   云[1]

Qīzhōng kǎoshì de chéngjì tōngzhī xiàlai le. Zhōngyī jīchǔ lǐlùn kǎo le
期中 考试的 成绩通 知下来了。中 医基础理论 考了

jiǔshíyī fēn, zhōngyào xué bāshísì fēn, gǔdài hànyǔ zhǐ dé le liùshíbā fēn. Zhōu
九十一分[2]，中 药 学八十四分，古代 汉语[3]只得了六十八分。 周

jiàoshòu duì wǒ shuō: "Zǒng qǐlai shuō, nǐ zhè cì kǎoshì chéngjì hái búcuò, zhè
教 授 对 我 说:"总 起 来 说[4],你 这 次 考 试 成 绩 还 不 错,这

shuōmíng nǐ xuéxí hěn nǔlì. Zhìyú gǔdài hànyǔ, yí ge wàiguó rén, dì-yī cì kǎoshì
说 明 你 学 习 很 努 力。至 于 古 代 汉 语,一 个 外 国 人,第一次 考 试

néng kǎo dào liùshí duō fēn, yǐjīng shì bù róngyì de le. Dāngrán, bù yīnggāi
能 考 到 六 十 多 分,已 经 是 不 容 易 的 了。当 然,不 应 该

mǎnzú, hái yào jìxù nǔlì, zhēngqǔ xià cì kǎo de gèng hǎo yìxiē."
满 足,还 要 继 续 努 力, 争 取 下 次 考 得 更 好 一 些。"

　　Gǔdài hànyǔ shì xué zhōngyī de yǔyán jīchǔ. Shì xiǎng, rúguǒ dú bu dǒng
　　古 代 汉 语 是 学 中 医 的 语 言 基 础。试 想,如 果 读 不 懂

Zhōngguó gǔdài yīyàoxué zhùzuò, zěnme néng xué hǎo zhōngyī ne? Zhōu
中 国 古 代 医 药 学 著 作,怎 么 能 学 好 中 医 呢?周

jiàoshòu shuō de duì, wǒ yīnggāi zài gǔdài hànyǔshang xià gèng dà de gōngfu.
教 授 说 得 对,我 应 该 在 古 代 汉 语 上 下[5] 更 大 的 工 夫。

　　Bānshang de tóngxué dà bùfen xuéxí dōu hěn kèkǔ. Tāmen zhōngjiān
　　班 上 的 同 学 大 部 分 学 习 都 很 刻 苦。他 们 中 间

yǒude rén yǒushí lián xīngqītiān yě bù xiūxi. Lǎoshi shuō, wǒ duì tāmen zhèyàng
有 的 人 有 时 连 星 期 天 也 不 休 息。老 实 说[6],我 对 他 们 这 样

zuò, hái bú tài lǐjiě. Hái yǒu, wǒ juéde yǒude tóngxué zhǐshì mǎnzú yú   kè
做,还 不 太 理 解。还 有,我 觉 得 有 的 同 学 只 是 满 足 于[7] 课

shang lǎoshī jiǎng de zhīshi, bú tài shànyú dúlì sīkǎo wèntí hé tí chū wèntí. Wǒ
上 老 师 讲 的 知 识,不 太 善 于 独 立 思 考 问 题 和 提 出 问 题。我

xiǎng, zhèzhǒng qíngkuàng bù gǎibiàn, huì yǐngxiǎng tāmen gèng kuài de jìnbù
想, 这 种 情 况 不 改 变,会 影 响 他 们 更 快 地 进 步

de.
的。

Shí'èr yuè shíqī rī xīngqīrì   qíng
十 二 月 十 七 日 星 期 日　晴

Tīng shuō lí xuéxiào bú tài yuǎn de yí ge dìfang, yǒu yí ge nóng-fùyèchǎnpǐn
听　说 离 学 校 不 太 远 的 一 个 地 方，有 一 个 农、副业产品

màoyì shìchǎng (Běijīngrén jiào tā "nóngmào shìchǎng"). Wǒ xiǎng, jìrán shì
贸 易 市 场[8] (北 京 人 叫 它 "农 贸 市 场")。我　想，既 然 是

shìchǎng, jiù yídìng hěn rènao. Dàn Zhōngguó de shìchǎng yòu shì shénme yàngzi
市 场，就 一 定 很 热 闹。但　中　国 的 市 场　又 是 什 么　样 子

ne?　Wǒ xiǎngxiàng bu chūlai. Jīntiān xiàwǔ, wǒ jiù shì dàizhe zhèyàng yì zhǒng
呢？我　想　像 不 出 来。今 天 下 午，我 就 是 带 着 这 样 一 种

hàoqí de xīnqíng, dào nàlǐ guàng le yí tàng.
好 奇 的 心　情，到 那 里　逛 了 一 趟。

Yěxǔ shì yīnwei kuài dào xīnnián le ba, jīntiān shìchǎngshang rén tèbié
也 许 是 因 为　快 到 新 年 了 吧，今 天 市　场　上　人 特 别

duō, yuǎnyuǎn de, jiù kàn dào shìchǎngshang jǐmǎn le rén, Zǒu jìn le, wǒ fāxiàn
多，远　远 的，就 看 到 市 场　上 挤 满 了 人，走 近 了，我 发 现

zhèlǐ de mǎimai jìnxíng de hěn yǒu zhìxù. rènao jíle!
这 里 的 买 卖 进 行 得 很 有 秩 序，热 闹 极 了！

Zhège shìchǎng fēn sān ge bùfen: Yí bùfen mài liángshi; yí bùfen mài
这 个 市 场　分 三 个 部 分：一 部 分 卖　粮 食；一 部 分 卖

qīngcài jiāqín; hái yǒu yí bùfen mài shuǐguǒ. Jīntiān mài shuǐguǒ de nà yí bùfen
青 菜 家 禽；还 有 一 部 分 卖　水 果。今 天　卖　水 果 的 那 一 部 分

xīyǐn le gèng duō de rén. Zhèli mài de píngguǒ hé lí yòu dà yòu xīnxiān.
吸 引 了 更　多 的 人。这 里 卖 的 苹 果 和 梨 又 大 又　新 鲜。

Nóngmào shìchǎngshang de dōngxi, wǎngwǎng yào bǐ guóyíng shāngdiàn de
农　贸 市 场　上 的 东 西，往　往 要 比 国 营 商 店 的

guì yìxiē, dànshì jīntiān de shuǐguǒ què bǐ guóyíng shāngdiàn de piányi. Zhè
贵 一 些，但 是 今 天 的 水 果 却 比 国 营　商　店 的 便 宜。这

dàgài shì yīnwei shuǐguǒ fēngshōu le ba. Ná píngguǒ lái shuō ba, měi jīn yào bǐ
大 概 是 因 为　水 果 丰　收 了 吧。拿 苹 果 来 说 吧，每 斤[9] 要 比

guóyíng shāngdiàn de piányi jǐ fēn qián, suǒyǐ mǎi de rén hěn duō. Yǒude rén
国营 商店 的 便宜几分 钱，所以买 的 人 很 多。有的人

chéng kuāng chéng kuāng de mǎi. Jùshuō shì yào bǎocún qǐlai, zhǔnbèi dào guò
成 筐 成 筐 [10]地买。据说 是 要 保存 起来，准备 到 过

xīnnián, guò Chūnjié de shíhòu, zài ná chūlai zhāodài kèren de.
新年，过 春节 [11]的 时候，再拿 出来 招 待客人的。

生词 New words

日记	rìjì	〔名〕	diary
云	yún	〔名〕	cloud
成绩	chéngjì	〔名〕	result
考	kǎo	〔动〕	to examine
分	fēn	〔名〕	marks
…学	…xué	〔名〕	…subject of study, -ology
说明	shuōmíng	〔动〕	to show
努力	nǔlì	〔形〕	hard-working
至于	zhìyú	〔连〕	as for
容易	róngyì	〔形〕	easy
满足	mǎnzú	〔动〕	to be content with, to be satisfied with
著作	zhùzuò	〔名〕	works
工夫	gōngfu	〔名〕	effort
中间	zhōngjiān	〔名〕	among
老实	lǎoshi	〔形〕	(to be) frank
理解	lǐjiě	〔动〕	to understand
知识	zhīshi	〔名〕	knowledge
善于	shànyú	〔副〕	to be good at
独立	dúlì	〔副〕	independently, on one's own

思考	sīkǎo	〔动〕	to think, to ponder
改变	gǎibiàn	〔动〕	to change
影响	yǐngxiǎng	〔动〕	to influence, interfere
农(业)	nóng(yè)	〔名〕	agriculture
既然	jìrán	〔连〕	since
热闹	rènao	〔形〕	bustling with noisy and busy activity
想像	xiǎngxiàng	〔动〕	to imagine
好奇	hàoqí	〔形〕	curious
心情	xīnqíng	〔名〕	mood
也许	yěxǔ	〔副〕	perhaps
买卖	mǎimai	〔名〕	buying and selling, business
进行	jìnxíng	〔动〕	to proceed
秩序	zhìxù	〔名〕	order
家禽	jiāqín	〔名〕	poultry
水果	shuǐguǒ	〔名〕	fruits
吸引	xīyǐn	〔动〕	to attract
梨	lí	〔名〕	pear
往往	wǎngwǎng	〔副〕	often
国营	guóyíng	〔形〕	state-operated, state-run
便宜	piányi	〔形〕	cheap
斤	jīn	〔量〕	a measure word, 1 jin is equal to ½ kilo.
筐	kuāng	〔名〕	basket
保存	bǎocún	〔动〕	to store up, to preserve

Proper nouns :

| 春节 | Chūnjié | | the Spring Festival |

1. 十一月二十一日 星期二　云

   When keeping a diary, the weather is often written after the day of the week, e.g. "晴" (fine), "阴" (overcast), "云" (cloudy), "雨" (rainy), "雪" (snowy), etc. Here "云" means "有云" (cloudlet) or "多云" (cloudy).

2. 中医基础理论考了九十一分。

   The hundred per cent marking system is generally employed in Chinese schools. The highest mark is 100%.

3. 古代汉语只得了六十八分。

   "古代汉语" refers to classical Chinese or literary Chinese in written form as distinguished from modern Chinese.

4. 总起来说

   It is a parenthesis, meaning to sum up, it serves as a transition between the preceding and the following contexts.

5. 我应该在古代汉语上下更大的工夫。

   "下" means "to make effort". "下工夫" means "to work hard at something".

6. 老实说

   It is a parenthesis indicating a specific affirmative tone.

7. 我觉得有的同学只是满足于课上老师讲的知识。

   Often used in written language, "于" means "对", introducing an object to the verb. "满足于课上老师讲的知识" implies that one is satisfied with what the instructor teaches in class. Other examples are:

   你们这样做有利于学习。

   我还不习惯于吃中餐。

8. 最近办了一个农副业产品贸易市场。

   "农副业产品贸易市场", abbreviated to "农贸市场", is a fixed marketplace in cities, provided for farmers to sell their farm produce and sideline products.

9. 每<u>斤</u>要比国营商店的便宜两、三分钱。

"斤" is one of the most commonly used weights in China, equalling $^1/_2$ kilogram.

10. 有的人<u>成筐成筐</u>地买。

"成筐成筐" means "to buy things by using basket as a unit of weight". The reduplication of "成筐" indicates a large number.

11. 过<u>春节</u>的时候，再拿出来招待客人的。

"春节" (the Spring Festival), China's biggest traditional festival, is the New Year's Day (正月初一) according to the lunar calendar. For details, see Lesson 35.

词语例解
Study of words and expressions:

1. 至于 〔介〕

used at the beginning of a sentence or a clause to introduce a new topic, meaning "as to"

(1) 大夫决定让小陈住院做手术治疗，至于哪天做还不知道。

(2) 老王说他是工程师，至于是从什么时候开始当的他没说。

2. 工夫 〔名〕

"time" as in (1), "free time" as in (2) and "effort" as in (3)

(1) 辩护律师花了三个小时的工夫为罪犯进行辩护。

(2) 时间不早了，我该走了，以后有工夫再来看你们。

(3) 要是你想把基础理论学得更好一点，你还要多下点儿工夫。

3. 既然 〔连〕

"既然" is used in the first clause which gives a premise considered as already realized or approved; proceeding from this proposition, an inference is duly made in the second clause that follows. It is often used in conjunction with "就", "也", "还".

(1) 既然大家都同意了，我也没有什么意见。

(2) 你既然有病，就在家好好儿休息吧。

(3) 他既然不愿意听，你还说什么。

4. 往往 〔副〕

It indicates a usual state of affairs or regular occurrence.

(1) 学习上小陈往往不满足于老师课上讲的知识。

(2) 星期六晚上我往往不在家。

(3) 文章长了，往往不受人们的欢迎。

5. 拿…来说

"拿…来说" is often used to cite an example with.

(1) 最近这里经常下雨，拿上星期来说吧，除了星期三那天，别的时间都下雨了。

(2) 这个村几年来粮食生产发展很快，拿今年来说，粮食产量比前年增加了百分之三十一。

练 习 Exercises :

1. Read aloud:

1) 有工夫　　　　没工夫　　　　花工夫　　　　下工夫

改变态度　　　　改变方法　　　　改变办法　　　　影响大

影响交通　　　　没什么影响　　　　要注意影响　　　　产生了不好的影响

说明问题　　　　说明一下　　　　很大的成绩　　　　满足了要求

他是个老实人　　　　不难理解　　　　独立工作　　　　他太好奇

很吸引人　　　　他被吸引住了

2) 多云　　　　多云转晴　　　　上午有小雨　　　　晚上有小到中雨

2. Point out the sentences in which "往往" is incorrectly used:

1) 老师问的问题他往往不知道怎么回答。

2) 我希望你们往往来我家玩儿。

3) 星期天下午他往往不在家。

4) 这儿冬天不往往下雪。

5) 锻炼身体往往比吃药对健康更有好处。

6) 父亲不往往喝酒，只有高兴的时候才来一小杯。

7) 郊区的空气往往比城里的新鲜。

8) 你以后要往往给我写信。

3. Rewrite the following sentences, using "拿…来说" to introduce an example:

1) 最近学校常举行报告会，这个星期除了星期二和星期六以外都举行了。

2) 他们学习成绩都不错，小王中文九十分，历史九十四分。

3) 这个城市的交通问题应该注意，各种车辆增加很快，去年小汽车比前年增加了50％。

4) 这几年人们的生活水平有了提高，去年小李他们家的收入每人每月平均增加了二百元。

4. Answer the following questions with the words given in parentheses:

1) 开汽车难学不？（工夫）

2) 我说，你以后什么时候来呀？（工夫）

3) 我们都不想去参观了，你呢？（既然）

4) 时间还早，我们先不进电影院，做点儿什么好呢？（既然）

5) 他是哪年开始工作的？在什么单位工作？你知道吗？（至于）

6) 你认识小王小李吗？请介绍一下他们的情况，好吗？（至于）

5. Explain the following sentences in your own words:

1) 试想，如果读不懂中国古代医药学著作，怎么能学好中医呢？

2) 他们中间有的人有时连星期天也不休息。

3) 远远的，就看到市场上挤满了人，还听到一声声叫卖声，真是热闹极了！

4) 今天卖水果的那一部分吸引了更多的人。

5) 农贸市场上的东西，往往要比国营商店的贵一些，但是今天的水果却比国营商店的便宜，大概是因为水果丰收了吧。

6. Write a diary (300-400 words).

7. Translate the following sentences with the words given in parentheses:

1) The wind had ceased, but the rain still continued.（仍然）

2) Who among you can drive a car?（中间）

3) I have no time to discuss this problem with him tonight.（工夫）

4) I have put in great efforts before I learned to write Chinese characters.（工夫）

5) Since you want to go, I give you the ticket for the ball game.（既然）

答案 Key

2. 用得不恰当的：　(2)　(4)　(6)　(8)

7. 1) 风已经停了，可是雨仍然在下。
 2) 你们中间谁会开汽车？
 3) 今天晚上我没有工夫跟他讨论这个问题。
 4) 我下了很大工夫才学会写汉字。
 5) 既然你想去，就把球票给你吧。

新年联欢会
New Year's Party

30

🔊 "Lìli,　gěi nǐ!"　Zhào Yùyīng shuō.
　"莉莉，给你！"赵　玉英　说。

"Shénme ya?"
"什么呀？"

"Nǐ zìjǐ kàn na!"
"你自己看哪！"

"À,　qǐngjiǎn!"　Lìli　jiē guò qǐngjiǎn, jiàn shàngmiàn xiězhe:
"啊，请柬！"莉莉接过　请柬，见　上　面　写着：

Zī dìng yú   yījiǔjiǔwǔ nián shí'èr yuè sānshíyī rì wǎn liù shí bàn zài
兹 定 于[1] 一九九五 年 十二 月 三十一日 晚 六 时 半 在

Qīngniángōng lǐtáng jǔxíng xīnnián liánhuānhuì.
青 年 宫 礼堂 举行 新 年 联 欢 会。

Jìngqǐng
敬 请

Guānglín
光 临[2]

Běijīngshì Xuésheng Liánhéhuì
北京市 学 生 联合会

Sānshíyī hào nàtiān xiàwǔ wǔ diǎn bàn, Lìli, Zhào Yùyīng hé cānjiā
三十一号 那天 下午 五 点 半,莉莉、赵 玉英 和 参加

liánhuānhuì de tóngxuémen yìqǐ zuò chē lái dào Qīngniángōng. Dàjiā xià chē yí
联 欢 会 的 同 学 们 一起 坐 车 来 到 青 年 宫。大家 下 车 一

kàn, lǐtáng ménkǒur guà mǎn le cǎidēng, cǎiqí, chéngxiàn chū yí pài jiérì
看,礼堂 门 口儿 挂 满 了 彩灯、彩旗, 呈 现 出 一 派 节日

jǐngxiàng. Cānjiā liánhuānhuì de rén, búduàn yǒng jìn lǐtáng. Lìli hé Zhào
景 象。 参加 联欢会 的 人,不 断 涌 进 礼堂。莉莉 和 赵

Yùyīng yě suízhe zǒu le jìnqu.   Yí jìn mén, jiù kànjiàn yí kuài páizishang xiězhe:
玉英 也 随着 走 了 进去。一 进 门,就 看 见 一 块 牌子 上 写着:

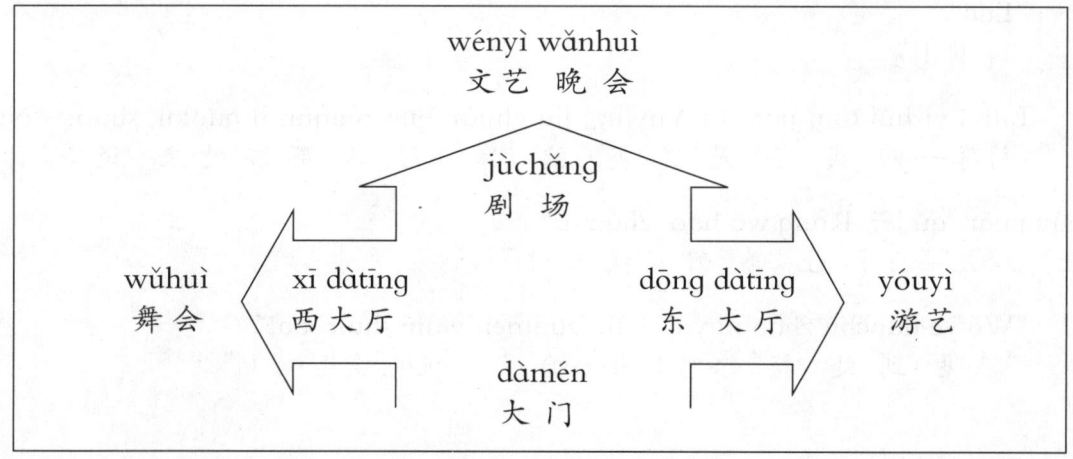

307

Lìli hé Zhào Yùyīng hái méi shāngliang hǎo xiān shàng nǎr, jiù bèi yǒng
莉莉 和 赵 玉英 还 没 商 量 好 先 上 哪儿，就 被 涌

jìnlai de rénqún gěi chōng sàn le.
进来的人群 给[3] 冲 散了。

Zhào Yùyīng xiǎng, dào gè dàtīng dōu qù zhuànzhuan, zhǔn néng zhǎo dào
赵 玉英 想，到 各 大厅 都 去 转 转，准 能 找 到

Lìli. Tā xiān jìn le jùchǎng, wǔtáishang zhèng biǎoyǎn zájì ne. Zhào Yùyīng
莉莉。她 先 进 了 剧场，舞台 上 正 表 演 杂技呢。赵 玉英

yìbiān kàn, yìbiān sìchù zhǎo Lìli, kěshì méi zhǎozháo.
一边 看，一边 四处 找 莉莉，可是 没 找 着。

Tā líkāi jùchǎng, suízhe rénqún lái dào xī dàtīng. Zài róuhé de dēngguāng
她 离开 剧 场，随着 人 群 来 到 西大厅。在 柔和 的 灯 光

xià, yí duìduì nán nǚ qīngnián suízhe yōuyáng de yīnyuè zài tiào wǔ. Yùyīng
下，一 对 对[4] 男 女 青 年 随着 悠 扬 的 音乐 在 跳 舞。玉英

jīhū zhǎo biàn le dàtīng, háishì méi zhǎo dào Lìli.
几乎 找 遍[5]了 大厅，还是 没 找 到 莉莉。

Zhào Yùyīng yòu dào le dōng dàtīng. Zhèli de yóuyì xiàngmù zhēn bù shǎo,
赵 玉英 又 到 了 东 大厅。这里的 游艺 项 目 真 不 少，

měi yí ge xiàngmù dōu xīyǐn le yí dà qún rén. Yùyīng xiǎng, Lìli yídìng zài zhèli.
每 一个 项 目 都 吸引了 一大 群 人。玉英 想，莉莉一定 在 这里。

Guǒrán, tā kàn jiàn Lìli zhèngzài nàr tào quānr ne.
果 然，她 看 见 莉莉 正 在 那儿 套 圈儿 呢。

"Lìli!"
"莉莉！"

Lìli yì huí tóu, jiàn shì Yùyīng, jiù chuān guò rénqún jǐ guòlai, shuō: "Nǐ
莉莉 一回 头，见 是 玉英，就 穿 过 人群 挤 过来，说："你

shàng nǎr qù le? Ràng wǒ hǎo zhǎo a!"
上 哪儿 去了？让 我 好[6] 找 啊！"

"Wǒ yě dàochù zhǎo nǐ ya! Lái, zánmen wánr huìr ba!"
"我 也 到 处 找 你 呀！来，咱 们 玩儿 会儿 吧！"

308

"Wánr shénme ne?" Lìli sìchù kàn le kàn, "Ái, nàr yǒu 'diào yú'! Zěnme
"玩儿 什 么 呢？"莉莉四处 看了看，"哎，那儿有'钓 鱼'！怎么

ge diào fǎ?"
个 钓 法[7]？"

"Nà shì mùbǎn zuò de yú, yúzuǐshang yǒu ge xiǎo quānr. Nǐ yòng yúgōur
"那 是 木 板 做 的 鱼，鱼嘴 上 有 个 小 圈儿。你 用 鱼钩儿

diào, sān fēn zhōng zhīnèi bǎ yú diào shànglai jiù yǒu jiǎng."
钓，三 分 钟 之内把鱼钓 上 来就有 奖。"

"Nàbiānr zài wánr shénme?"
"那 边儿在 玩儿 什 么？"

"Nà jiào 'ān bízi'. Nǐ kàn, nàbiānr mùbǎnshang huàzhe yì zhī méiyǒu
"那 叫'安鼻子'。你 看，那 边儿木 板 上 画着一 只 没 有

bízi de xióngmāo. Nǐ zhàn zài shí lái bù yuǎn de dìfang, gōngzuò rényuán yòng
鼻子的 熊 猫。你 站 在 十来步 远 的 地方，工 作 人 员 用

hēibù bǎ nǐ de yǎnjing méngshang, jiāo gěi nǐ yí ge xióngmāo bízi. Nǐ mōzhe
黑布把你 的 眼睛 蒙 上，交 给你一个 熊 猫 鼻子。你 摸着

zǒu guòqu, bǎ bízi ānshang. Rúguǒ ān duì le dìfang, jiù dé jiǎng."
走 过去，把鼻子安 上。如果 安 对了地方，就 得 奖。"

"Hǎo, jiù wánr zhège ba!"
"好，就 玩儿 这个吧！"

Tāmen zǒu le guòqu, Yùyīng ràng Lìli xiān wánr. Lìli méngzhe yǎnjing,
她们 走了过去，玉英 让 莉莉先 玩儿。莉莉 蒙 着 眼睛，

gāng bǎ bízi ānshang, jiù tīng dào zhōuwéi xiǎngqi yí zhèn xiào shēng. Tā máng
刚 把鼻子安 上，就 听 到 周 围 响 起一阵 笑 声。她 忙

bǎ hēibù cóng yǎnjingshang chě diào, yí kàn, yuánlái shì bǎ bízi ān zài xióngmāo
把黑布 从 眼睛 上 扯 掉，一看，原来是把鼻子安在 熊 猫

de ěrduoshang le. Tā zìjǐ yě rěn bu zhù hāhā dà xiào qǐlai.
的耳朵 上 了。她自己也忍 不住哈哈大 笑 起来。

联欢	liánhuān	〔动〕	get-together
请柬	qǐngjiǎn	〔名〕	invitation card
兹	zī	〔名〕	This, a stock word to begin a notice, etc
时	shí	〔名〕	o'clock
宫	gōng	〔名〕	centre, palace
敬	jìng	〔形〕	respectful
光临	guānglín	〔动〕	to be present
联合	liánhé	〔动〕	to federate, to unite
彩灯	cǎidēng	〔名〕	coloured bulb
彩旗	cǎiqí	〔名〕	coloured flag
呈现	chéngxiàn	〔动〕	to appear
派	pài	〔量〕	a measure word
节日	jiérì	〔名〕	festival
涌	yǒng	〔动〕	to swarm
文艺	wényì	〔名〕	theatrical performance
晚会	wǎnhuì	〔名〕	evening party
舞会	wǔhuì	〔名〕	ball, dance
游艺	yóuyì	〔名〕	recreation, entertainment
大门	dàmén	〔名〕	entrance, front gate
冲	chōng	〔动〕	to break
散	sàn	〔动〕	to separate
舞台	wǔtái	〔名〕	stage
四处	sìchù	〔名〕	everywhere, all around
柔和	róuhé	〔形〕	soft
光	guāng	〔名〕	light
悠扬	yōuyáng	〔形〕	melodious
几乎	jīhū	〔副〕	almost
遍	biàn	〔形〕	everywhere, every part of...
项目	xiàngmù	〔名〕	item

套 (圈儿)	tào(quānr)	〔动〕	to quoit, to throw (a ring at)
圈儿	quānr	〔名〕	quoit, ring
木板	mùbǎn	〔名〕	wood-board
钩儿	gōur	〔名〕	hook
之内	zhīnèi	〔名〕	within...
奖	jiǎng	〔名〕	prize
安	ān	〔动〕	to fix, to put
蒙	méng	〔动〕	to blindfold
周围	zhōuwéi	〔名〕	surrounding, around
阵	zhèn	〔量〕	a measure word, an outburst
扯	chě	〔动〕	to pull away, to take off
耳朵	ěrduo	〔名〕	ear

Proper nouns:

青年宫	Qīngniángōng	the Youth Centre
北京市学生联合会	Běijīngshì Xuéshēng Liánhéhuì	the Beijing Federation of Student Union

注 释 Study points :

1. 兹定于⋯

   It is a conventional formula used at the beginning of an invitation card, a notice, etc.

2. 敬请光临

   It is the conventional complimentary close in an invitation card, with "敬请" written after the body in a separate line, indenting a two-character space, followed by "光临" in the next line flush with the margin.

3. 就被涌进来的人群<u>给</u>冲散了。

"给" is a particle used before the predicate verb in a passive construction for intensification, but with no particular significance, often appearing in "把" or "被" structure.

4. 一<u>对对</u>男女青年在随着悠扬的音乐跳舞。

"对" is a measure word, often indicating a pair of the opposite sexes, as in "一对夫妇","一对青年男女", etc. "一对对" here stresses a larger number of young men and women.

5. 玉英几乎找<u>遍</u>了大厅。

"Verb ＋ 遍" indicates an action which is directed to every part of a given place. "找遍了大厅" implies that every part of the hall has been searched.

6. 让我<u>好</u>找啊！

The adverb "好" used before some verbs intensifies the speaker's tone, expressing his feeling as he/she says so, for example "上个月我好忙了一阵。" "好找" means one has spent a great deal of time and energy in the search.

7. 怎么个钓法？

The pattern of "怎么 ＋ 个 ＋ verb ＋ 法" is often used in asking how a thing can be done, for example:

怎么个写法？　　怎么个吃法？

怎么个打法？　　怎么个踢法？

词语例解
Study of words and expressions:

1. 就〔副〕

to indicate something that is going to happen very soon

(1) 快点儿，联欢会一会儿就开始。

to emphasize something that happened long ago

(2) 二十年以前我们就认识了。

to indicate two events that take place in succession

(3) 他们听完音乐就回家了。

to express one's firm attitude or strengthen the affirmativeness

(4) 我就不相信找不到他。

(5) 前面那座楼就是张大夫的家。

to set the scope or range

(6) 就苹果和梨贵一点儿，别的水果都很便宜。

to reach a solution according to the preceding context

(7) 既然大家都想跳舞，我们就跳舞去吧。

(8) 东西如果找不着就算了，不要再找了。

to emphasize the quantity, either large or small

(9) 我家就四口人，父亲、母亲、姐姐和我。

(10) 这个汽车厂，一天就能生产三百辆汽车。

2. 几乎〔副〕

almost

(1) 昨天他收到家里的信，高兴得几乎跳了起来。

(2) 张先生虽然才五十来岁，可是头发几乎全白了。

"几乎" may also indicate something that is about to happen, but actually has not happened, in the same way as "差点儿" does. For things unwished for, both the affirmative and negative constructions mean the same.

(3) 我几乎把他的事情给忘了。(But did not.)

(4) 我几乎没把他的事给忘了。(But did not.)

For things wished for, the affirmative and negative constructions mean the opposite.

(5) 事情几乎办成了。(But it failed.)

(6) 事情几乎没办成。(But it succeeded.)

3. 好〔形〕

satisfactory, having many strong points

(1) 这本小说很好，你可以看一看。

(2) 丁小姐唱歌唱得很好。

to be on friendly terms, at peace

(3) 这两个孩子刚才吵架，现在又好起来了。

(4) 我们从小就是好朋友。

to be recovered, healthy

(5) 小王的病好了，下星期一就可以来上课了。

The interrogative form of "好" is used to solicit the opinion of the hearer, conveying a consultative tone.

(6) 你等我一会儿，好吗？

When used after a verb, it indicates the completion of an action.

(7) 饭做好了，我们吃饭吧。

When used before a verb, it indicates the easiness with which a thing is done.

(8) 这个事情好办，我们马上商量一下。

When used before some verbs (like 看，玩儿，吃，etc.), it indicates some satisfactory effect.

(9) 这个歌很好听，请你再唱一遍。

to express approval, agreement or finality

(10) 好，就这样了，我明天八点半找你去。

(11) 好了，别说话了，睡觉吧。

〔副〕

When used before numeral-measure words, time words, or adjectives "多" and "久", it emphasizes "多" or "久".

(12) 昨天晚上我们好几个人都去参加文艺晚会了。

(13) 上星期天我等你好半天，你怎么没来？

(14) 这儿好多东西都很贵，我们不买了。

to express a greater degree or extent

(15) 我们今天好忙啊，从上午七点到现在还没休息呢！

〔助动〕

When it is used in the second clause, it indicates the purpose of the action in the first clause, meaning "so that" or "so as to".

(16) 给我留个地址，有事儿我好给你写信。

4. 叫 〔动〕

to call somebody

(1) 李小姐在外边儿叫你，你去看看。

(2) 坐公共汽车去不方便，你叫一辆出租汽车吧。

to be called, named

(3) 他叫王大年，我叫赵玉喜。

(4) 这叫黄瓜，那叫土豆。

to call

(5) 大家都叫他老张。

to ask to do

(6) 妈妈叫他去打扫卫生。

...by...(in passive structures)

(7) 墙上的画儿叫风刮下来了。

5. 来 〔动〕

to come

(1) 赵先生夫妇和赵小姐都来了。

to do (in place of a verb of a specific significance)

(2) 你喝那杯，我来这杯。

When used before another verb, it indicates something that is going to be done.

(3) 大家安静！现在我来介绍一下儿，这是新来的陈教授。

When used after a verb, it points to the action being performed towards the speaker.

(4) 小王把新年联欢会的请柬送来了。

〔助〕

Added to such numerals as "十", "百", "千" or numeral-measure words, it expresses an approximate number.

(5) 这十年这个学校毕业了四千来个学生。

练习 Exercises :

1. Read aloud:

民族宫	少年宫	科学宫	文化宫
(太阳) 阳光	(月亮) 月光	火光	(电灯) 灯光
一阵风	几阵雨	安电灯	比赛项目
项目比较丰富	项目很齐全	联合起来	文艺工作
联欢活动	敬茶	敬酒	敬你一杯

2. Fill in the blanks:

a) Use one of the given words and plus "遍"

```
吃    逛    传    翻    找    参观
```

1) 他 _____ 这几个书架，也没找到那本书。

2) 那个消息，很快就 _____ 全班了。

3) 你瞧，壁橱、桌子他们都 _____ 了。

4) 他们 _____ 这条街上的饭馆儿。

5) 城里的工厂我们都 _____ 了，真不想去了。

6) 他俩 _____ 十几家商店，也没买到满意的衣服。

b) Use the structure of "好 + adjective"

```
多    长    大    复杂    热闹    晚    深    机灵
```

1) 他的眼睛 _____ 呀！

2) 他们 _____ 才回到家。

3) 这个市场 _____ 呀！

4) _____ 事儿他们都没告诉我。

5) 我们等了他 _____ 时间，他才来。

316

6) 真没想到，这个问题 _____ 呀！

7) 他这个人 _____ 呀！

8) 哎呀，这里的水 _____ 哪！

3. Rewrite the following sentences:

a) Use "几乎"

1) 他高兴得要跳起来了

2) 电视机的声音怎么这么小，快要听不见了。

3) 大家差不多同时到的他们家。

4) 她急得差点儿哭了。

5) 汽车差点儿没碰了他们。

b) Use "就"

1) 你告诉他，我马上走。

2) 天快要亮了，你该起来了。

3) 他们家只有一个男孩子。

4) 一个夏天只下了这么几场小雨。

5) 我只喜欢这种，不要别的。

6) 老张只讲了三点意见，别的他没说。

4. Use "来" to denote an approximate figure:

请你说说这些大概是多少。

二十来个人	十来天时间	四十来岁
一百三十来件行李	六斤来重	二尺来长
十来斤重	十斤来重	

5. Please talk about one of the parties you went to recently.

6. Translate the following into Chinese:

1) The car will soon arrive, you go quickly and ask Miss Li to come.

2) As things thus stand, it has brought some new problem, to each and everyone of the families.

3) He only wants to eat fruits, so you don't buy any cakes for him.

4) He has been abroad for a good many years.

5) This article is pretty long, eh, so you haven't finished reading it yet.

答案 Key

2. **a)** (1) 找遍   (3) 翻遍   (5) 参观遍
        (2) 传遍   (4) 吃遍   (6) 逛遍

      b) (1) 好大   (3) 好热闹   (5) 好长   (7) 好机灵
        (2) 好晚   (4) 好多   (6) 好复杂   (8) 好深

6. 1) 汽车快来了，你快去请李小姐。

     2) 这样一来，给每个家庭都带来了新问题。

     3) 他就想吃水果，你就别买点心了。

     4) 他出国好几年了。

     5) 这篇文章好长啊，你现在还没读完。

李英谈北京
Talking about Beijing

31

Yuándàn nàtiān zǎoshang, Lǐ Yīng qǐ chuáng yǐhòu, lā kāi chuānglián,
元 旦 那天 早 上，李 英 起 床 以后，拉开 窗 帘，

jiàn chuāngwài zhèng piāozhe xuěhuā. Bù yíhuìr, mén wài yǒu rén qiāo mén.
见 窗 外 正 飘着 雪花。不 一会儿，门 外 有 人 敲 门。

Yuánlái shì Lìli tízhe zhàoxiàngjī lái yuē tā chūqu wánr.
原 来 是 莉莉 提着 照 相机 来 约 她 出去 玩儿。

"Xiǎng ràng wǒ péi nǐ chūqu xīnshǎng xuějǐng, shì ba?" Lǐ Yīng wèn.
"想 让 我 陪 你 出去 欣赏 雪景，是 吧？"李 英 问。

"Jì rán bèi nǐ cāi zháo le, nà jiù zǒu ba! Shàng Jǐngshān, kànkan xuězhōng
"既然 被 你 猜 着 了，那 就 走 吧！上 景山，看看 雪 中

319

de Běijīng, zěnmeyàng?"
的北京，怎么样？”

Liǎng ge gūniang dǎzhe yì bǎ sǎn, màozhe dà xuě chū le mén. Tāmen juédìng
两 个姑娘 打着一把伞，冒着大雪 出了门。她们 决定

zǒuzhe qù,   yílùshang shuōshuōxiàoxiào,   yìdiǎnr yě bù juéde lèi.
走着去，一路上 说 说 笑 笑[1]，一点儿也不觉得累。

"Lǐ Yīng jiě, nǐ shì lǎo Běijīng, duì Běijīng shì hěn shúxī de. Wǒ lái
“李英 姐，你是 老 北京[2]，对 北京 是 很 熟悉的。我来

kǎokao nǐ, zěnmeyàng?"
考 考 你，怎 么 样？”

"Běijīng shì wǒ de chūshēngdì, wǒ de gùxiāng, wǒ duì tā dāngrán liǎojiě.
“北京是我的 出 生 地，我的 故 乡，我对它 当 然 了解。

Nǐ yào kǎo wǒ, hǎo, nà jiù kǎo ba!"
你要 考 我，好，那就 考 吧！”

Lìlì   xiǎng le xiǎng, wèn: "Běijīng yǐjīng yǒu duōshao nián de lìshǐ le?"
莉莉 想了 想，问：“北京已经 有 多 少 年 的历史了？”

"Běijīng yǐjīng yǒu sānqiān nián de lìshǐ le. Zǎo zài gōngyuánqián shíyī shìjì
“北京已经 有 三 千 年 的历史了。早 在 公 元 前 十一 世纪

de Xī Zhōu shídài, Běijīng de xīnán yídài yǐjīng xiūjiàn le chéngbǎo, búguò nàshí
的西 周 时代，北京的西南一带已经 修 建 了 城 堡，不过那时

bú jiào Běijīng, jiào 'Jì',   shì dāngshí Yānguó de guódū, suǒyǐ yě jiào 'Yānjīng'.
不叫 北京，叫‘蓟’，是 当 时 燕国 的国都，所以也叫‘燕京’。

Yǐhòu,   tā de míngchēng yòu huànguo hǎo jǐ cì.   Lìshǐshang, Jīn·Yuán·Míng
以后，它的 名 称 又 换过 好几次[3]。历史 上，金、元、 明、

Qīng děng sì ge cháodài dōu céngjīng zài zhèr jiàn dū. Zhè jiù shì wèi shénme
清 等 四个 朝代都 曾 经 在 这儿建都。这就是为 什么

Běijīng yǒu nàme duō míngshèng gǔjī de yuányīn.   —— Zěnmeyàng, Wǒ de
北京 有 那么多 名 胜 古迹 的 原因。—— 怎么样，我的

huídá néng dé yìbǎi fēn ma?"
回答 能 得一百分[4]吗？”

"Bié máng, Wǒ hái yào wèn ne! Nǐ zài tántan Běijīng de dìlǐ qíngkuàng hé
"别 忙，我 还要 问 呢！你 再 谈谈 北京 的 地理 情 况 和

qìhòu ba."
气候 吧。"

"Běijīng hǎibá sìshisì diǎn sānbā mǐ, zài Huáběi Dà píngyuán de zuì
"北京 海拔四十四点 三八 米，在 华北 大 平 原[5]的 最

běibiānr. Xībù hé běibù dōu shì shān, zhàn quán shì miànjī de sān fēn zhī èr
北 边儿。西部 和 北部 都 是 山，占 全 市 面积的 三 分 之 二

zuǒyòu. Běijīng xīnánbù yǒu yìtiáo hé, jiào Yǒngdìnghé, shì běnshì zuì dà de
左 右。北京 西南部 有 一条 河，叫 永 定河，是 本市 最大 的

héliú. Běijīng de qìhòu shòu jìfēng yǐngxiǎng, chūn、xià、qiū、dōng sì jì fēnmíng.
河流。北京 的 气候 受 季风 影 响，春、夏、秋、冬 四季分 明。

Dōngtiān hěn lěng, yě hěn gānzào; xiàtiān hěn rè, píngjūn niányǔliàng liùbǎi
冬 天 很 冷，也 很 干燥；夏天 很 热，平 均 年雨量 六 百

sānshí háomǐ. Zuì lěng de shíhòu shì yī yuè, píngjūn qìwēn zài língxià sì dào bā
三十 毫米。最 冷 的 时候 是 一月，平 均 气温 在 零下 四到 八

shèshì dù zhījiān; zuì rè de shíhòu shì qīyuè, píngjūn qìwēn zài èrshísān dào
摄氏度 之 间；最热 的 时候 是 七月，平 均 气温 在 二十三 到

èrshíliù shèshì dù zhījiān. Chūntiān qìwēn shàngshēng hěn kuài, chángcháng guā
二十六 摄氏度 之 间。春 天气温 上 升 很 快，常 常 刮

fēng; qiūtiān shì Běijīng zuì hǎo de jìjié......"
风；秋天 是 北京 最 好 的 季节……"

Lǐ Yīng huídá de hěn shúliàn, jiù xiàng xiǎoxuéshēng bèi shū yíyàng, zhè shǐ
李英 回答 得 很 熟练，就 像 小学 生 背书 一样，这 使

Lìli hěn chī jīng, dàn tā hái xiǎng zài kǎo tā yíxiàr.
莉莉很 吃 惊，但 她 还 想 再 考 她一下儿。

"Wǒ zài wèn nǐ, Běijīng xiànzài yǒu duōshao rénkǒu?"
"我 再 问 你，北京 现在 有 多 少 人口？"

"Yìqiān yìbǎi wàn."
"一千 一百 万。"

321

"Běijīngshì de miànjī?"
"北京市 的 面积？"

"Yíwàn liùqiān bābǎi duō píngfāng gōnglǐ."
"一万 六 千 八百 多 平 方 公里。"

"Nǐmen dāng jìzhě de zhēn liǎobudé, jìxing nàme hǎo, lián shùzì dōu jìde
"你们 当 记者的 真 了不得，记性 那么 好，连 数字 都 记得

nàyàng qīngchu!"
那样 清楚！"

"Nà yǒu shénme!" Lǐ Yīng xiào le xiào. "Lǎoshi gàosù nǐ ba, zuìjìn wèi le
"那 有 什么[6]！"李 英 笑了 笑。"老实 告诉 你 吧，最近 为了

gěi yì jiā wàiguó bàozhǐ xiě yì piān jièshào Běijīng de xiǎo wénzhāng, wǒ gāng
给一家 外国 报纸 写一 篇 介绍 北京 的 小 文 章，我 刚

chá le yìxiē yǒuguān de zīliào."
查 了 一些 有 关 的 资料。"

🎧 生 词 New words

飘	piāo	〔动〕	to flutter
雪花	xuěhuā	〔名〕	snowflakes
欣赏	xīnshǎng	〔动〕	to enjoy, to appreciate
雪景	xuějǐng	〔名〕	snowy scene
冒(着)	mào (zhe)	〔动〕	to brave
雪	xuě	〔名〕	snow
故乡	gùxiāng	〔名〕	native land, hometown
公元	gōngyuán	〔名〕	A.D., the Christian era
世纪	shìjì	〔名〕	century
时代	shídài	〔名〕	period, era
一带	yídài	〔名〕	about a place, thereabouts
修建	xiūjiàn	〔动〕	to build, to construct
城堡	chéngbǎo	〔名〕	castle

国	guó	〔名〕	state, country
都	dū	〔名〕	capital
名称	míngchēng	〔名〕	appelation, name
朝代	cháodài	〔名〕	dynasty
曾经	céngjīng	〔副〕	once
建	jiàn	〔动〕	to establish
名胜	míngshèng	〔名〕	scenic spot
古迹	gǔjī	〔名〕	historic site
地理	dìlǐ	〔名〕	geography
气候	qìhòu	〔名〕	climate
海拔	hǎibá	〔名〕	altitude
平原	píngyuán	〔名〕	plain
…部	…bù	〔名〕	…part of…
市	shì	〔名〕	city, town
面积	miànjī	〔名〕	area
本	běn	〔代〕	this
河流	héliú	〔名〕	river, stream
季风	jìfēng	〔名〕	monsoon
分明	fēnmíng	〔形〕	distinct
干燥	gānzào	〔形〕	dry
毫米	háomǐ	〔量〕	millimetre
摄氏	shèshì	〔名〕	centigrade
上升	shàngshēng	〔动〕	to rise
公里	gōnglǐ	〔量〕	kilometre
数字	shùzì	〔名〕	figure
查	chá	〔动〕	to look up, to check
资料	zīliào	〔名〕	data

Proper nouns :

景山	Jǐngshān	a park located next to the Beihai Park
西周	Xī Zhōu	the Western Zhou Dynasty (1066-771B.C.)
蓟	Jì	the name for Beijing in the 11th century B.C.

燕国	Yānguó	the State of Yan
燕京	Yānjīng	the name of the capital of Yan
金	Jīn	Jin Dynasty (A.D. 1115-1234)
元	Yuán	Yuan Dynasty (A.D. 1271-1368)
明	Míng	Ming Dynasty (A.D. 1368-1644)
清	Qīng	Qing Dynasty (A.D. 1644-1911)
华北大平原	Huáběi Dà Píngyuán	Northern China Plain
永定河	Yǒngdìnghé	the Yongding River

注 释 Study points :

1. 一路上<u>说说笑笑</u>。

"说说笑笑" is the reduplicated form of "说笑", meaning "to be talking and laughing", showing a merry manner.

2. 你是<u>老北京</u>。

"老北京" refers to someone who has lived in Beijing for a long time and who is, therefore, very familiar with the City.

3. 它的名称又<u>换过好几次</u>。

Beijing has been named and renamed several times in its history. In the Tang Dynasty (A.D. 618-907), it was called "幽州"; in the Liao Dynasty (A.D. 916-1125), "南京"; in the Jin Dynasty (A.D. 1115-1235), "中都"; in the Yuan Dynasty (A.D. 1271-1368), "大都"; in the beginning of the Ming Dynasty (A.D. 1368-1644), "北平", which was changed to "北京" in A.D. 1403. For a time before liberation, it was called "北平" again until October 1, 1949 when the City was officially renamed "北京".

4. 我的回答能得<u>一百分</u>吗？

A 100% mark indicates the best academic performance in Chinese schools. The implied meaning of this remark is: Can my answer satisfy you?

5. 在华北大平原的最北边。

Northern China refers to the region across Hebei, Shanxi provinces, Beijing and Tianjin in the northern part of China. The Northern China Plains, being one of the three great plains, covers Hebei, Henan provinces, Beijing and Tianjin.

6. 那有什么！

"那有什么" means "那没什么", namely, it is not worthy of praise.

词语例解
Study of words and expressions:

1. 老〔形〕

(to look) old

(1) 王先生今年六十多了，可一点儿也不显得老。

old (friend)

(2) 我跟李教授是三十年的老朋友了。他很了解我，我也很了解他。

old (house)

(3) 这个房子太老了，应该修一修了。

old (appearance)

(4) 几年来这个地方没有什么变化，还是老样子。

〔副〕

always

(5) 明天我们吃中餐去，别老吃西餐了。

(6) 我早就想来看你了，可老没时间。

very

(7) 小张今天老早就回家了。

It can be used as part of the form of address before one-character family names.

(8) 老王是北京人，老赵是西安人。

When the word is put before numerals from two through ten, it indicates the seniority of brothers and sisters in a family. But the eldest one is expressed by placing "老" before "大".

(9) 老大是工程师，在工厂工作；老二是大夫，在医院工作。

2. 曾经 〔副〕

once

(1) 他曾经当过记者，后来才当老师的。

(2) 陈小姐曾经说过，有机会一定要到农村看看。

3. 最 〔副〕

"the most" as in (1), "(the) best" as in (2), "the last" as in (3)

(1) 中国是世界上人口最多的国家。

(2) 这是我最喜欢的一张画儿，价值五百多元。

(3) 坐在最后边的那位是小陈的叔叔。

"最好" suggests the best alternative to be taken.

(4) 你最好现在去找他，他下午就走了。

4. 本 〔代〕

this

(1) 这些设备都是本国生产的。

(2) 本市的报纸上午七点半就能到，外省的报纸下午五点才能到。

current

(3) 这个工厂已经完成本月的生产计划了。

〔量〕

copy

(4) 小王有两本《汉英词典》，你去找他借一本。

5. 有关 〔动〕

to relate, to be related

(1) 这几件事都跟他有关，你可以去问问他。

(2) 为了写一篇针灸理论的文章，他看了很多有关的资料。

to concern

(3) 有关今年下半年科学研究计划，明天开会讨论。

练习 Exercises：

1. Read aloud:

1)
本人	本厂	本国	本校
本车	本室	建校	建厂
建院	查字典	查地图	查卫生
儿童时代	少年时代	青年时代	新时代
北部	南部	东部	西部
公元前	公元(后)		

2)
冒着大雪	冒着大雨出发
请欣赏欣赏	他非常欣赏这幅画儿
城市面积比较大	游览名胜古迹
真是黑白分明	

2. Fill in the blanks:

a) Use "曾经" or "已经"

1) 三年前，我 _____ 住在北京，那儿有我很多朋友。

2) 我在北京 _____ 住了很多年，现在还不想离开北京。

3) 年轻时，他 _____ 学过法语，现在全忘了。

4) 王教授 _____ 住院好几天了，我们现在去看看他吧。

5) 父亲以前 _____ 犯过心脏病，从那时起一直不敢喝酒。

6) 这本小说我 _____ 看完了，你要借就拿去吧。

7) 我以前 _____ 抽过烟，现在 _____ 戒了。

8) 昨天他 _____ 给我打过一封电报，今天我 _____ 给他写了回信。

b) Use the following words, plus "着 (zháo)"

猜	找	买	接	点	踢

1) 要炒菜了，你把火 _____ 吧。

2) 他还没说话，我已经 _____ 他要说什么了。

327

3) 跑了好几家商店，他最后 _____ 那种上衣。

4) 你们踢球要注意，千万别 _____ 了人。

5) 一号运动员把球踢给五号，五号 _____ 。

6) 你翻了这么长时间了，还没 _____ 你要的资料？

3. **Complete the following dialogues with the words given in parentheses:**

1) A: 办这些手续，一定要他来吗？

   B: 是的。（本人）

2) A: 这些产品都是你们厂的？

   B: 可不。（本厂）

3) A: 这些设备难道都是从国外引进的吗？

   B: 不。（本国）

4) A: 你想找什么资料？

   B: (有关)

5) A: 你怎么看这件事？

   B: (跟…有关)

6) A: 你觉得他们的技术怎么样？

   B: (最)

7) A: 他虽然五十多岁了，可看起来不像，是不是？

   B: 是啊。（老）

8) A: 这件衣服的式样不太新吧？

   B: 你说对了。（老）

4. **Give a brief account of the history of an ancient architecture which you have visited before :**

讲讲你参观过的一个古代建筑的简单历史。

- 什么时候修建的？
- 已经有多少年历史了？
- 名称换过吗？
- 什么时候开始有人来参观？

5. Talk about the geography and climate of your hometown :

讲讲你家乡的地理和气候情况。

- 海拔多少公尺？
- 面积多大？
- 有河吗？有山吗？是不是平原？
- 气候有什么特点？
- 四季分明吗？
- 雨量多少？
- 平均气温是多少？
- 你最喜欢哪个季节？为什么？

6. Translate the following sentences into Chinese:

1) I haven't seen Lao Zhang for years, I wonder how he is getting along.

2) He has grown much older over these years.

3) He read the relevant data before.

4) Please stand yourself foremost.

5) This shop is under repair interiorly.

答 案 Key

2. a)
(1) 曾经	(3) 曾经	(5) 曾经	(7) 曾经，已经
(2) 已经	(4) 已经	(6) 已经	(8) 曾经，已经

b)
(1) 点着	(3) 实着	(5) 接着
(2) 猜着	(4) 踢着	(6) 找着

6.
1) 几年没见老张了，不知他怎么样了。
2) 他这几年可老多了。
3) 他曾经读过有关的资料。
4) 请你站在最前边儿吧。
5) 本店修理内部。

参加婚礼
Attending a Wedding Ceremony

Yìng Zhào Yùxǐ hé Sòng Xiǎolì de yāoqǐng, Lìli xiàwǔ lái dào Zhào jiā
应　赵　玉喜和宋　　晓丽的　邀请，莉莉下午来到　赵　家

cān jiā tāmen de hūnlǐ.
参加他们　的　婚礼。

"Gōngxǐ, gōngxǐ! Zhùhè nǐmen, xīnláng xīnniáng!" Yí jìn mén, Lìli jiù
"恭　喜，恭喜[1]！祝贺你们，新　郎　新　娘！"一进　门，莉莉就

duì Yùxǐ hé Xiǎolì shuō, tóngshí bǎ yí ge dàhóng zhǐbāo sòng gěi tāmen, "Zhè
对　玉喜和　晓丽说，同时把一个大红　纸包[2]送　给他们，"这

shì wǒ sòng gěi nǐmen de lǐwù."　Zhào Yùxǐ shuō le shēng "xièxie",　jiù jiē guòlai,
是 我　送 给 你们 的 礼物。"赵　玉喜 说 了 声　"谢谢",就 接 过 来,

zhǐjiàn shàngmiàn xiězhe:
只见　上　面 写着:

Zhào Yùxǐ Xiānshēng
赵　玉喜　先　生

Sòng Xiǎolì Xiǎojiě
宋　晓丽　小　姐

Jiéhūn zhì xǐ
结婚　志喜

Chén Lìli　jìng hè
陈　莉莉 敬　贺

Lìli　shuō: "Nǐ dǎ kāi kànkan!"　Yùxǐ dǎ kāi yí kàn, yuán lái lǐbiānr　shì yì
莉莉　说:"你 打 开 看 看。"玉喜 打 开 一 看,原　来 里 边儿　是 一

běn xiàngcè. Fan kai dǐ-yì yè,　shì yì zhang Yùxí hé Xiǎolì de héyǐng. Nà shì Lìli
本　相 册。翻 开 第 一 页,是 一　张　玉喜和　晓丽 的 合影。那 是 莉莉

zǎo xiē shíhòu gěi tāmen zhào de.
早 些 时 候 给 他们　照 的。

Lìli　jiàn Yùxǐ hé Xiǎolì liǎng ge rén xiōngqián dōu dài le yì duǒ hóng huā
莉莉 见 玉喜和　晓丽 两　个 人　胸　前 都 戴 了 一 朵 红 花,

xiǎnde géwài jīngshen. Xiǎolì suīrán yǒu diǎnr　xiūqiè, dàn zuǐbiān zǒng shì guàzhe
显 得 格外 精　神。晓丽 虽然 有　点儿 羞怯,但 嘴边　总 是 挂 着

xìngfú de wēixiào. Zhè shí, Xiǎolì gěi Lìli　duānlai yì pán xǐtáng. Lìli　suíbiàn ná le
幸 福 的 微 笑。这 时,晓丽 给 莉莉 端 来 一 盘 喜糖。莉莉 随 便 拿 了

yí kuài fàng zài zuǐli,　shuō: "Ā,　nǐ jīntiān bǐ píngshí gèng piàoliang le!"
一 块　放 在 嘴里,说:"啊,你 今 天 比 平 时 更　漂 亮 了!"

Lìli zuò le yíhuìr,   jiù gēn Zhào Yùyīng qù kàn xīnfáng. Xīnfáng ménkǒur
莉莉 坐 了一会儿，就 跟 赵 玉英 去 看 新房。新房 门口儿

liǎngbiānr tiēzhe yí fù dàhóng duìliánr,   shàngliánr shì: "Xīn zhēngtú zhōng hù
两 边儿 贴着 一副 大红 对联儿[3]，上 联儿 是："新 征途 中 互

bāng hù zhù bǐyì shuāng fēi";   xiàliánr shì: "Xiǎo jiātíngli xiāng qīn xiāng ài jǔ
帮 互 助 比翼 双 飞"；下联儿 是："小 家庭里 相 亲 相 爱举

àn qí méi". Fángmén shàngbiānr de héngpī shì: "Měimǎn yīnyuán".
案 齐眉"。房 门 上 边儿 的 横批 是："美 满 姻 缘"。

     Xīnfángli bùzhì de jì měiguān yòu dàfang: yíngmiàn qiángshang guàzhe
     新 房 里 布置 得 既 美 观 又 大方：迎 面 墙 上 挂着

xīnláng xīnniáng de cǎisè jiéhūn zhàopiàn; zhàopiàn xiàbiānr tiēzhe yí ge dàhóng
新 郎 新 娘 的 彩色结婚 照 片；照 片 下边儿 贴着 一个 大红

"xǐ" zì; zhǎnxīn de jiājù hé sīchóu bèirù shǎnshǎn fāguāng. Qīnqi péngyou sòng
"囍" 字[4]；崭 新 的 家具 和 丝绸 被褥 闪 闪 发 光。 亲 戚 朋 友 送

láide lǐwù bǎi zài yì zhāng zhuōzishang.
来的 礼物 摆 在 一 张 桌子上。

     Kèren láiláiwǎngwǎng, zhēn shì rènao. Dào le sì diǎn lái zhōng, rén shāowēi
     客人 来来 往 往[5]，真 是 热闹。到 了 四点 来 钟，人 稍微

shǎo le yìdiǎnr,   Lìli gēn Zhào shěnr liáo le qǐlai.
少 了 一点儿，莉莉 跟 赵 婶儿 聊 了 起来。

     "Dàmā, xiànzài Zhōngguó niánqīngrén jiéhūn dōu xiàng tāmen zhèyàng bàn
     "大妈，现在 中 国 年 轻人 结婚 都 像 他们 这 样 办

ma?"
吗？"

     "Nà dào bù yídìng. Zhè zhǐ shì qízhōng de yì zhǒng xíngshì. Xiànzài bú shì
     "那 倒[6]不一定。这 只 是 其 中 的 一 种 形式。现在 不 是

hái yǒu shénme jítǐ hūnlǐ,   lǚyóu jiéhūn ma? Búguò, yìbān dōu bànde bǐjiào
还 有 什么 集体 婚礼[7]，旅游 结婚 吗？不 过，一般 都 办 得 比较

jiǎndān. Nǐ kàn, xiàng Yùxǐ tāmen zhèyàng, bù gǎo shénme yíshì,   bú dà bǎi
简 单。你 看，像 玉喜他们 这 样，不 搞 什 么 仪式，不 大 摆

jiǔxí,   qīnqi péngyou lái zhùhezhùhe, jiǎndān de sòng diǎnr lǐ,   chī kuài xǐtáng,
酒席，亲戚 朋 友来 祝贺祝贺，简 单 地 送 点儿礼[8]，吃 块 喜糖，

rènaorènao, bú shì yě tǐng hǎo ma?"
热闹热闹，不是也挺 好 吗？”

　　"Zhè jiào yí fēng yì sú,   xǐ shì xīn bàn."   Zhào Yùyīng chā le yí jù.
　　“这 叫 移 风 易俗，喜事 新 办[9]。” 赵 玉英 插 了 一句。

　　"Dàmā, yǐhòu Yùyīng yě děi zhèyàng bàn ba?"   Lìli kàn le Yùyīng yìyǎn,
　　“大妈，以后 玉 英 也得 这 样 办 吧？”莉莉看 了 玉英 一眼[10]，

wèn Zhào shěnr.
问 赵 婶儿。

　　"Qù,   qù, qù!   Nǐ húshuō shénme!"   Zhào Yùyīng shuōzhe, chuíle Lìli
　　“去，去，去[12]！你 胡 说 什 么！” 赵 玉英 说 着，搥 了莉莉

yíxiàr.
一下儿。

　　Zhào shěnr "gēgē" de xiào le: "Tā ya, bā zìr hái méi yì piěr ne!"
　　赵 婶儿“咯咯”地 笑 了：“她呀，八字儿还 没 一撇儿呢[12]！”

　　"Zhōngguó hūnyīnfǎ guīdìng, nǔde èrshí jiù kěyǐ jiéhūn. Yùyīng zǎo dào
　　“中   国 婚 姻法规 定，女的二十 就 可以结婚。玉英 早 到

le!"   Lìli shuō.
了！” 莉莉 说。

　　"Wǒ shì shuō, Yùyīng lián duìxiàng hái dōu méiyǒu ne!"
　　“我 是 说，玉英 连 对 象 还 都 没有 呢！”

　　"Mā, nín gēn tā shuō diǎnr biéde bùxíng ma?"
　　“妈，您 跟 她 说 点儿别的不 行 吗？”

　　Lìli hé Zhào shěnr yìqǐ "hāhā" dà xiào qǐlai.
　　莉莉和 赵 婶儿一起“哈哈”大 笑 起来。

婚礼	hūnlǐ	〔名〕	wedding ceremony
恭喜	gōngxǐ	〔动〕	congratulations, to congratulate
祝贺	zhùhè	〔动〕	to congratulate
新郎	xīnláng	〔名〕	bridegroom
新娘	xīnniáng	〔名〕	bride
大红	dàhóng	〔形〕	bright red, scarlet
志喜	zhì xǐ		a happiness to be remembered (a polite formula)
敬贺	jìng hè		to congratulate with respect, best wishes (a polite formula)
相册	xiàngcè	〔名〕	photo album
格外	géwài	〔副〕	exceptionally
羞怯	xiūqiè	〔形〕	shy
端	duān	〔动〕	to bring...with both hands
喜糖	xǐtáng	〔名〕	"Happiness" sweets, wedding sweets
新房	xīnfáng	〔名〕	bridal chamber
副	fù	〔量〕	a measure word indicating a set of something
对联儿	duìliánr	〔名〕	couplet (written on scrolls)
上联儿	shàngliánr	〔名〕	the first line of a couplet
征途	zhēngtú	〔名〕	journey
比翼双飞	bǐyì shuāng fēi		pair off wing to wing; fly side by side
下联儿	xiàliánr	〔名〕	the second line of a couplet
相亲相爱	xiāng qīn xiāng ài		to love each other
举案齐眉	jǔ àn qí méi		to respect each other
横批	héngpī	〔名〕	a horizontal scroll bearing an inscription
姻缘	yīnyuán	〔名〕	marriage, the happy fate which brings lovers together

美观	měiguān	〔形〕	pleasing to the eye, beautiful
崭新	zhǎnxīn	〔形〕	completely new, spick-and-span
褥 (子)	rù (zi)	〔名〕	cotton-padded mattress
闪闪	shǎnshǎn	〔副〕	glittering
发光	fā guāng		to give off light
稍微	shāowēi	〔副〕	slightly
形式	xíngshì	〔名〕	way, form
仪式	yíshì	〔名〕	ceremony
酒席	jiǔxí	〔名〕	banquet
移风易俗	yí fēng yì sú		change prevailing habits and customs
喜事	xǐshì	〔名〕	wedding, joyous occasion
胡说	húshuō	〔动〕	nonsense
搥	chuí	〔动〕	to hit with a fist
撇 (儿)	piě(r)	〔名〕	a stroke written downward, tilting to the left at the end of the stroke
婚姻	hūnyīn	〔名〕	marriage
法	fǎ	〔名〕	law
规定	guīdìng	〔动、名〕	to stipulate; stipulation

注 释 Study points :

1. <u>恭喜，恭喜</u>！

   A polite formula used to congratulate someone on such happy occasions as one's marriage, child-birth, etc.

2. 同时把一个<u>大红纸包</u>送给他们。

   In China it is the custom to wrap up the wedding gift in a red paper package, or to have a sheet of red paper glued on, because red colour is symbolic of happiness and auspiciousness. "大红" is bright red, or scarlet.

335

3. 新房门口儿两边儿贴着一幅大红对联儿。

It is also the custom of the Chinese to post up couplets on both doors on wedding days, on Spring Festivals, or on other joyous occasions. The couplets are written on scarlet papers, consisting of two lines, with the one on the right-hand side door being the first line and the one on the left the second line; both lines have words in equal numbers and properly matched in senses and in sounds as well. The couplet carries a joyous note, sometimes with an inscription written in a horizontal scroll pasted up on the lintel.

4. 照片下边儿贴着一个大红"囍"字。

There is no such a written form as "囍" in Chinese; it is a combined form of two "喜" s, meaning double happiness, for special use on wedding days. The Chinese take things in double forms as auspicious.

5. 客人来来往往。

"来来往往" is the reduplicated form of "来往", implying that guests come and go unceaselessly for congratulating the newly-weds.

6. 那倒不一定。

"倒" is used in a negative sentence to soften down the tone.

7. 现在不是还有什么集体婚礼，旅游结婚吗？

Sponsored by the department concerned, the group wedding ceremony is a ritual observed collectively by several or scores of pairs of young men and women who are to be wedded.

8. 简单地送点儿礼。

"礼" refers to "礼物" (gift).

9. 这叫移风易俗，喜事新办。

Of the old-fashioned weddings, grand ceremonies are conducted, magnificent banquets laid out and a large troupe of guests invited for the feast. With the change of times, more and more young couples, breaking away from old customs and institutions, have taken to the new way: to celebrate their wedding in a simple but meaningful manner. This is what comes to be called "喜事新办" ("to wed the new way").

10. 莉莉看了玉英一眼。

"一眼" is a measure word indicating the number of times of the action "看" performed.

11. <u>去，去，去</u>！你胡说什么！

"去，去，去！" is an expression often employed to stop or interrupt the talk of a person, often because one is unwilling to hear what is being talked about. It is impolite to use this expression to persons one is on ordinary terms with, for it expresses a sort of disgust, but to familiar acquaintances of one's own generation, no such disgust is intended.

12. 八字儿还没一撇儿呢！

This is a popular saying. In Chinese, the character "八", containing two strokes only, is exceedingly easy to write. According to the rules of handwriting of Chinese characters, to write "八", the left stroke "丿" must be first written before the right stroke "乀". "八字还没一撇" is a figurative speech, implying there is no prospect of a solution yet.

词语例解
Study of words and expressions:

1. 稍微 〔副〕

"slightly" as in (1), "a little" as in (2)

(1) 这辆汽车比那辆汽车稍微新一点儿。

(2) 今天稍微有点儿冷。

2. 比较 〔动〕

to compare

(1) 这两篇课文我比较过了，还是第二篇生词多。

(2) 东西是好是坏，一比较就可以知道了。

　　　　〔副〕

relatively, comparatively

(3) 他比较爱打网球，我比较爱踢足球。

(4) 到飞机场去，走这条路比较近。

3. 简单〔形〕

simple

(1) 这个故事情节比较简单，但却很有意思。

(2) 事情往往不是像人们想的那样简单。

(no) simple (matter)

(3) 他会五种外语，真不简单！

brief

(4) 时间不够了，关于北京的历史，我今天就简单地介绍这一些。

4. 大〔形〕

"loud or big" as in (1), "older" as in (2)

(1) 声音太大了，请你开小一点儿。

(2) 哥哥比弟弟大五岁，姐姐比妹妹大两岁。

the eldest

(3) 我大哥大姐都是演员。

〔副〕

"(to work) like hell" as in (4), used before time expressions for emphasis as in (5)

(4) 昨天我们大干了一天，屋子打扫好了，东西也布置好了。

(5) 天大亮了，该起床了！

"不 + 大 + verb" indicates an infrequent occurrence.

(6) 他以前不大喝酒，不知道为什么，近来变得爱喝了。

(not) quite

(7) 吴老师讲得太快，我听不大懂。

1. **Read aloud:**

   大喜事　　　　　喝喜酒　　　　　吃喜糖　　　　　贴喜联

   恭喜　　　　　　贺喜　　　　　　新媳妇　　　　　新房布置得很美观

   新婚志喜　　　　她很大方　　　　要大大方方的　　衣服的式样很大方

2. **Make sentences with "既…又…" to indicate two aspects or qualities being existent simultaneously:**

   1) 漂亮，大方　　　　　　4) 会说话，能写文章

   2) 好看，好听　　　　　　5) 减少了污染，美化了环境

   3) 有趣，有意思　　　　　6) 节约了原料，增加了产量

3. **Complete the following sentences with "稍微" and the words given in parentheses:**

   1) 张先生马上就来，_____。（等）

   2) 太累了，_____。（休息）

   3) 我喜欢吃甜的，_____。（甜）

   4) 球票刚卖完，_____。（早）

   5) 让我说呀，他个子_____。（高）

   6) 换了个新环境，_____。（习惯）

   7) 骑自行车安全第一，_____。（注意）

4. **Rewrite the following sentences with "比较":**

   1) 请你看看这两个句子到底有什么不一样的地方。

   2) 把这两篇文章好好读读，就看出高低来了。

   3) 从这里去机场要近点儿。

   4) 今天的气温比昨天低多了。

   5) 我爱看话剧，但更爱看电影。

   6) 前几天来参观的人没有今天的多。

7) 那个医院的环境比这个医院要安静。

8) 这个人办事总能想出办法来。

5. Read the following couplets :

1) 春回大地风光好　When Spring revisits the earth, the sight is marvellous.

福满人间喜事多　When fortune befalls the world, joyous events are numerous.

春色满园　The garden is a scene of greenery.

2) 立新风计划生育　Foster the new custom by planning childbirths.

破旧俗婚事新办　Break the old institution by wedding the new way.

生活美满　Life is happy.

答案 Key

2.
1) 既漂亮，又大方。
2) 既好看，又好听。
3) 既有趣，又有意思。
4) 既会说话，又能写文章。
5) 既减少了污染，又美化了环境。
6) 既节约了原料，又增加了产量。

3.
1) 请稍微等一下儿。
2) 稍微休息休息。
3) 稍微甜一点。
4) 下次稍微早一点儿。
5) 稍微高一点。
6) 稍微不习惯。
7) 稍微注意一下。

4.
1) 请你比较这两个句子到底有什么不一样的地方。
2) 把这两篇文章好好读读，就比较出高低来了。
3) 从这里去机场要比较近点儿。
4) 今天的气温比较低了。
5) 我比较爱看电影。
6) 前几天来参观的人比较少。
7) 那个医院的环境比较安静。
8) 这个人办事比较有办法。

中国人的姓氏
The Chinese Family Names

33

百家姓　百－表示多的意思
熊牛马龙－图腾
姜姬姚　－母系社会
夏商

Jīntiān xiàwǔ, Lìli tīng le yíge hěn yǒuqù de zhīshi jiǎngzuò, tímù shì:
今天 下午，莉莉 听了一个很 有趣的 知识 讲 座，题目是：

Zhōngguó rén de xìngshì. Zhǔjiǎngrén shì Zhōngyī Dàxué gǔdài hànyǔ jiǎngshī
中 国人的 姓氏。主讲人是 中医大学古代汉语讲师

Wén Fúshēng. Tā shuō:
文 福生。他说：

"Zhōngguó rén de xìngshì —— zhèli shuō de zhǔyào shì Hànzú rén de xìngshì
"中 国人的 姓氏—— 这里说 的主要是 汉族人的 姓氏

—— shì hěn duō de. Jiūjìng yǒu duōshao? Guòqu yǒu bùshǎo shōují xìngshì de
—— 是很多的。究竟 有多少？过去有不少 收集姓氏的

341

shū, rú 《Bǎijiā Xìng》 jiù shì qízhōng zuì liúxíng de yì zhǒng. Rúguǒ yí jiàn zhège
书，如《百家 姓》 就是其中 最流行的一种。如果一见 这个

shūmíng, jiù yǐwéi Zhōngguó rén de xìng zhǐ yǒu yìbǎi ge, nà jiù cuò le. Zhèlǐ de
书名，就以为 中国人的姓只有一百个，那就错了。这里的

'bǎi' shì biǎoshì 'duō' de yìsi. Shíjìshang, "Bǎijiā Xìng" li shōují de xìng yě bú shì
'百'是 表示'多'的意思。 实际上，《百家 姓》里 收集的 姓 也不是

yìbǎi ge, ér shì wǔbǎi duō ge, réqiě shōujíde hái hěn bù quán.
一百个，而是 五百 多个，而且 收集得还 很 不 全。

Xìngshì duō fǎnyìng le Zhōngguó lìshǐ wénhuà de yōujiǔ. Cóng hé dòngwù
姓氏多 反映了 中国历史 文化的 悠久。从 和动物

míngchēng xiāngtóng de xìng, rú: Xióng、Niú、Mǎ、Lóng děng, kěyǐ kànchū tàigǔ
名 称 相同的姓，如：熊、牛、马、龙 等，可以看出太古

shèhuì túténg de yǐngxiǎng; cóng Jiāng、Jī、Yáo děng dài nǚzìpáng de xìng, kěyǐ
社会图腾的影 响；从 姜、姬、姚 等 带女字旁 的 姓，可以

kàndào yuǎngǔ shídài yǐ nǚxìng wéi zhōngxīn de mǔxì shèhuì de hénjī; Xià、
看到 远古时代以女性 为 中 心的母系社会的 痕迹；夏、

Shāng、Zhōu、Qí、Sòng、Yān děng xìng, ràng rén xiǎngqǐ xǔduō gǔguó de
商、 周、齐、宋、 燕[1] 等 姓， 让 人 想起许多 古国的

míngchēng; Sītú、Yuè、Wén、Shǐ děng xìng zhènghǎo gēn gǔdài de guānzhí huò
名 称；司徒、乐、文、史 等 姓 正好 跟古代的 官职或

zhíyè de míngchēng yíyàng; Jīn、Sà、Jiǎn děng xìng gàosù wǒmen: Zhōnghuá
职业的 名 称 一样；金、萨、翦 等 姓 告诉我们：中 华

mínzú yǒuzhe gè mínzú xuètǒng jiāoróng de lìshǐ. Lìngwài, yǒude xìng hé
民族[2]有 着各民族血统 交融 的历史。另外，有的姓和

biǎoshì yánsè de zì xiāngtóng, rú: Huáng、Lán、Bái; yǒude xìng gēn zhíwù de
表示颜色的字相 同，如：黄、蓝、白；有的姓跟植物的

míngchēng xiāngtóng, rú: Yáng、Yè、Mǐ、Gǔ děng. Zhèxiē dōu fǎnyìng le lìshǐ
名 称 相 同，如：杨、叶、米、谷 等。这些都 反映了历史

shàng shèhuì jīngjì wénhuà duì xìngshì de yǐngxiǎng.
上 社会 经济文化对 姓氏的影 响。

Zhōngguó xìngshì de biànhuà, zǒngde qūshì shì yóu duō dào shǎo, yóu fùzá
中 国 姓氏的变化，总 的 趋势是 由 多 到 少，由复杂

dào jiǎndān. Míng Cháo de shíhòu yǒu sānqiān qībǎi duō ge xìng, xiànzài lián
到 简 单[3]。明 朝 的时候 有 三 千 七百 多 个 姓，现在 连

yìqiān ge yě bú dào le. Běnlái, xìng yǒu yí ge zì de, rú: Zhāng、Wáng、Lǐ、Zhào
一 千 个 也 不 到 了。本来，姓 有 一个字的，如：张、 王、李、赵

děng; yě yǒu liǎng ge zì de, Shàngguān、Ōuyáng、Sīmǎ、 Sītú děng. Xiànzài liǎng
等；也 有 两个字的，上 官、欧 阳、司 马、司 徒 等。 现 在 两

ge zì de xìng yuè lái yuè shǎo, érqiě yǒude yǐ biànchéng yí ge zì le. Rú xìng Sīmǎ,
个字的 姓 越来越 少，而且 有 的也 变 成 一个字了。如 姓 司马、

Sītú de rén, yǒude yǐjīng gǎi chéng xìng Sī le. Zhè shī shùliàng fāngmiàn de
司徒的人，有的已经 改 成 姓 司了。这 是 数 量 方 面 的

biànhuà. Hái yǒu xìngzhì fāngmiàn de biànhuà. Rú mǔxì shèhuì shí, rénmen dōu
变 化。还 有 性 质 方 面 的 变 化。如 母系社会时，人 们 都

xìng mǔqin de xìng. Hòulái, dào le fùxì shèhuì, jiù gǎi wéi xìng fùqin de xìng le.
姓 母亲的 姓。后来，到 了父系社会，就 改 为 姓父亲的 姓 了。

Xiànzài Zhōngguó rén suīrán háishì yǐ xìng fūqīn de xìng zhàn dà duōshù, dàn yě
现 在 中 国人虽然还是以姓父亲的姓 占大多数，但也

kěyǐ xìng mǔqīn de xìng. Hái yǒu yí ge gèng míngxiǎn de biànhuà, jiù shì: Zài
可以姓 母亲的 姓。还 有 一 个 更 明 显 的 变 化，就是：在

jiù shèhuì, jié le hūn de fùnǚ yào bǎ zhàngfu de xìng fàng zài zìjǐ de xìng de
旧 社 会[4]，结了 婚 的妇女要 把 丈 夫的 姓 放 在自己的 姓 的

qiánbiānr, zài zài hòubiānr jiā ge 'shì' zì. Rú zìjǐ xìng Wáng, zhàngfu xìng
前 边儿，再 在 后 边儿加个'氏'字。如自己姓 王， 丈 夫姓

Zhào, jiù jiào Zhào-Wáng shì, biérén zé chēnghū tā 'Zhào tàitai' huòzhě 'Zhào
赵，就 叫 赵 王氏，别人则 称 呼她'赵 太太'或 者'赵

fūren'. Xiànzài bù yíyàng le, fùnǚ jié hūn yǐhòu hái yòng zìjǐ de xìng, bú zài
夫人'。 现 在 不 一 样 了，妇女结 婚 以 后 还 用 自己的 姓[5]，不 再

xiàng yǐqián nàyàng yòng zhàngfu de xìng le."
像 以 前 那 样 用 丈 夫的 姓了"。

343

Wén lǎoshī jiǎng wán yǐhòu, Lìli wèn: " 'Bǎijiā Xìng' li de dì-yī ge xìng
文　老师　讲　完以后，莉莉问："《百家　姓》里的第一个　姓

wèi shénme shì 'Zhào' ne?"　Wén lǎoshī shuō: "Zhè shì yīnwei 'Bǎijiā Xìng' zhè
为　什么是'赵'呢？"文老师　说："这是因为《百家　姓》这

běn shū shì Sòng Cháo de rén biān de,　ér Sòng Cháo de huángdì xìng Zhào,
本　书是宋　朝的人编的，而宋　朝的皇帝姓　赵[6]，

suǒyǐ dì-yī ge xìng jiù shì 'Zhào' le."
所以第一个　姓　就是'赵'了"。

生词 New words

有趣	yǒuqù	〔形〕	interesting
讲座	jiǎngzuò	〔名〕	lecture
主讲人	zhǔjiǎngrén	〔名〕	speaker
讲师	jiǎngshī	〔名〕	lecturer
氏	shì	〔名〕	family name, surname
过去	guòqù	〔名〕	(in the) past
收集	shōují	〔动〕	to collect
错	cuò	〔形〕	wrong
反映	fǎnyìng	〔动〕	to reflect, to manifest
牛	niú	〔名〕	ox
马	mǎ	〔名〕	horse
龙	lóng	〔名〕	dragon
相同	xiāngtóng	〔形〕	same, identical
太古	tàigǔ	〔名〕	remote antiquity
图腾	túténg	〔名〕	totem
…旁	…páng	〔名〕	basic structural part of Chinese character
远古	yuǎngǔ	〔名〕	remote antiquity
…性	…xìng	〔名〕	sex
母系	mǔxì	〔名〕	matriarchy

痕迹	hénjī	〔名〕	vestige, trace
司徒	sītú	〔名〕	official title in ancient times, a two-character family name
乐	yuè	〔名〕	music, family name
官职	guānzhí	〔名〕	official title, rank
职业	zhíyè	〔名〕	profession, trade
民族	mínzú	〔名〕	nation
血统	xuètǒng	〔名〕	blood relationship
交融	jiāoróng	〔动〕	to intermingle, to mix
另外	lìngwài	〔副〕	besides
黄	huáng	〔形〕	yellow
蓝	lán	〔形〕	blue
植物	zhíwù	〔名〕	plant, flora
杨	yáng	〔名〕	poplar
叶	yè	〔名〕	leaf
米	mǐ	〔名〕	rice
谷	gǔ	〔名〕	cereals
趋势	qūshì	〔名〕	tendency, trend
数量	shùliàng	〔名〕	quantity
父系	fùxì	〔名〕	patriarchy
性质	xìngzhì	〔名〕	quality
多数	duōshù	〔名〕	majority
丈夫	zhàngfu	〔名〕	husband
则	zé	〔连〕	then
夫人	fūrén	〔名〕	wife
皇帝	huángdì	〔名〕	emperor
编	biān	〔动〕	to compile

Proper nouns :

| 文福生 | Wén Fúshēng | name of a lecturer specialised in classical Chinese |
| 汉族 | Hànzú | the Han nationality |

《百家姓》	Bǎijiā Xìng	*the Hundred Family Names*
姜	Jiāng	family name
姬	Jī	family name
姚	Yáo	family name
夏	Xià	family name
商	Shāng	family name
周	Zhōu	family name
齐	Qí	family name
宋	Sòng	family name
燕	Yān	family name
金	Jīn	family name
萨	Sà	family name
翦	Jiǎn	family name
中华民族	Zhōnghuá Mínzú	the Chinese nation
上官	Shàngguān	family name
欧阳	Ōuyáng	family name
司马	Sīmǎ	family name
司	Sī	family name
宋朝	Sòng cháo	the Song Dynasty (A.D. 960-1279)

注释 Study points :

1. <u>夏、商、周、齐、宋、燕等姓</u>，让人想起许多古国的名称。
   "夏", "商", "周" (the end of the 22nd century-256 B.C.) are the earliest three dynasties in the history of China. "齐", "宋", "燕" are the warlord states during the Spring and Autumn Period (770-476 B.C.) and the Warring States Period (476-221 B.C.)

2. <u>中华民族有着各民族血统交融的历史</u>。
   "中华民族" is the general appelation for the 50 or so nationalities in China, which enjoys a long history. "金", "萨", "翦" are mainly the family names of minority nationalities.

3. 总的趋势是由多到少，由复杂到简单。

"总" means "整个" (general) here.

"由…到…" means "从…到…"; the former is often used in written language, the latter in colloquial language.

4. 在旧社会，结了婚的妇女要把丈夫的姓放在自己的姓的前边。

"旧社会" refers to the old society before the founding of the People's Republic of China in 1949, including the feudal societies that lasted a long time.

5. 现在不一样了，妇女结婚以后还用自己的姓。

Today, Chinese women keep their own names after marriage, but in some forms of address, their husbands' family names are used, e.g. "陈太太", "赵大婶", etc.

6. 而宋朝的皇帝姓赵。

The conjunction "而" is used here to connect two clauses complementing each other. 赵匡胤 (Zhào Kuāngyìn) founded the Song Dynasty in A.D. 960 and became its first emperor. In feudal societies the monarchy was hereditary, therefore, all the emperors of the Song Dynasty, which lasted over 300 years, had the same family name "赵".

词语例解
Study of words and expressions:

1. 究竟〔副〕

actually

(1) 究竟北京有多少人口？

(2) 大家可以讨论一下，原因究竟是什么？为什么会发生这种事情？

after all

(3) 吴太太究竟老了，话也说不清楚了，记性也不行了。

(4) 他究竟是个老演员，演得确实有水平。

2. 不是…而是…

not ... but ...

(1) 这不是外科病房而是内科病房。

(2) 他们不是不来而是来不了，因为太忙了。

3. 反映 〔动〕

to reflect

(1) 这个轻工业品展销会反映了几年来本市轻工业生产发展的情况。

to report, make known

(2) 大家学习上有什么意见可以向老师反映。

4. 影响 〔动〕

to interfere with

(1) 你们说话小声点儿，不要影响别人学习。

to influence

(2) 抽烟已经影响了他的健康了。

　　　　〔名〕

influence

(3) 我父亲对中国历史很有研究，在他的影响下，我也决心学习中国历史。

(4) 这本小说很有影响，已经翻释成好几种文字了。

5. 以…为…

take ... as ...

(1) 这次开会以交流经验为主。

(2) 以这个湖为中心，要修建一个漂亮的公园。

6. 而 〔连〕

It is often used in written language to connect two phrases or sentences which are similar or opposite or complementary to each other, indicating a shift in meaning.

(1) 这里很多商店布置得美观而又大方。

(2) 那是一个古老而又年轻的城市。

(3) 我们这里已经是春天了，而你们那儿还是冬天呢。

练习 Exercises :

1. Read aloud:

1) 有知识　　　丰富的知识　　　知识很多　　　知识性
   女性　　　　男性　　　　　　急性　　　　　慢性
   艺术性　　　科学性　　　　　实践性　　　　思想性
   特殊性　　　习惯性

2) 收集资料　　　反映情况　　　反映问题　　　另外的人
   形式上相同　　…跟…相同　　职业运动员　　多民族的国家
   另外的问题　　另外一种趋势　我另外买的　　数量太大
   性质严重　　　有趣的故事

2. Complete the following sentences with "不是…而是…":

Model:

> 《百家姓》里收集的姓，不是一百个，而是五百多个。

1) 我们约的时间，＿＿＿＿＿＿＿＿＿＿＿＿。

2) 他俩参加过的婚礼＿＿＿＿＿＿＿＿＿＿＿。

3) 他家请的客人＿＿＿＿＿＿＿＿＿＿＿。

4) 大家喜欢的活动＿＿＿＿＿＿＿＿＿＿＿。

5) 他最关心的问题＿＿＿＿＿＿＿＿＿＿＿。

6) 青年人感兴趣的书＿＿＿＿＿＿＿＿＿＿＿。

3. Fill in the blanks by choosing one of the two synonyms given:

> 以为　　　认为

1) 我＿＿＿＿＿他们不来了呢，没想到他们准时到了。

2) 我＿＿＿＿＿只有这么办才对。

3) 原来你没走啊，我＿＿＿＿＿你早就走了呢。

4) 我们大家都 _____ 他是最好的学生。

5) 游泳被这里的孩子们 _____ 是一项不可少的运动。

6) 你的态度让别人 _____ 你不同意这样办。

4. Use "究竟"

a) Make sentences with "究竟" to express a persistent enquiry

Model:

> 这辆自行车
>
> → 这辆自行车究竟好骑不好骑？

1) 问题   4) 这件事

2) 房间的温度   5) 老李的地址

3) 这辆汽车   6) 小王的电话号码

b) Rewrite the following sentences by using "究竟" to emphasize the special feature of someone or something

Model:

> 因为他是从农村来的，他懂得农活儿。
>
> → 他究竟是从农村来的，他懂得农活儿。

1) 他是个老司机了，开车有经验。

2) 他为什么熟悉北京的地理？他是个老北京啊。

3) 孩子到底是孩子，刚哭完就又笑了。

4) 他到底是基础好，落下的功课很快就补上了。

5. Answer the following questions according to the text:

1) 中国姓氏在数量上有什么变化？

2) 中国姓氏在性质方面有什么变化？

3) 从中国姓氏的历史可以看出姓氏受到了哪些影响？

答案 Key

2. 1) 不是八点，而是七点。
2) 不是在中国举行，而是在美国举行。
3) 他家请的客人，不是中国人，而是外国人。
4) 不是唱歌，而是跳舞。
5) 不是怕不加薪金，而是怕给老闆解雇。
6) 不是历史，而是有趣味的小品。

3. 1) 以为　　4) 认为
2) 认为　　5) 认为
3) 以为　　6) 以为

4. a) (1) 问题究竟在哪里？
(2) 房间的温度究竟多少度？
(3) 买这辆汽车究竟贵不贵？
(4) 这件事究竟办妥了没有？
(5) 老李的地址究竟是对还是错？
(6) 小王的电话号码究竟对不对？

b) (1) 他究竟是个老司机了，开车有经验。
(2) 他为什么熟悉北京的地理？他究竟是个老北京啊。
(3) 孩子究竟是孩子，刚哭完就又笑了。
(4) 他究竟是基础好，落下的功课很快就补上了。

351

骑摩托车旅行
Travelling by Motorcycle

34

"Lìli,　zhèr yǒu yì piān wénzhāng, hěn yǒu yìsi,　shì yí duì niánqīng fūfù
"莉莉，这儿 有 一 篇　文　章，很 有 意思，是一对 年 轻 夫妇

xiě de."　Zhào Yùyīng zhǐzhe lǚyóu zázhìshang de yì piān wénzhāng shuō.
写 的。"　赵　玉英　指着 旅游 杂志上　的 一 篇　文　章　说。

"Shénme nèiróng?"　Lìli　wèn.
"什 么 内 容？"莉莉 问。

"Xiě de shì tāmen qí mótuóchē pǎo le bàn ge Zhōngguó de shì."
"写 的是他们 骑摩托车　跑了半个　中　国 的事。"

"Shì ma? Wǒ kànkan! Tāmen shì cóng nǎr　chūfā de?"
"是 吗？我 看 看！他 们 是 从 哪儿 出 发 的？"

352

"Nǐ kàn, zhèr bú shì yǒu fú tāmen de lǚxíng lùxiàntú ma? Lái, wǒmen kàn
"你看，这儿不是有幅他们的旅行路线图吗？来，我们看

tāmen dōu qù le nǎxiē dìfang."
他们都去了哪些地方。"

Liǎng ge gūniang duìzhàozhe lùxiàntú, zǐxì de dú qǐ nàpiān wénzhāng lai.
两个姑娘对照着路线图，仔细地读起那篇文章来。

Yuánlái, zhè duì fūfù shì cóng Dōngběi Hā'ěrbīn chūfā de, jīngguò Dōngběi
原来，这对夫妇是从东北[1]哈尔滨出发的，经过东北

zuì dà de gōngyè chéngshì Shěnyáng, dàodá Wànlǐ Chángchéng de qǐdiǎn ——
最大的工业城市沈阳，到达万里长城的起点 ——

Shānhǎiguān. Ránhòu, yánzhe Jīng-Shān Tiělù wàng nán, dào le Tiānjīn shì
山海关。然后，沿着京山铁路往南，到了天津市

cānguān le Zhōngguó běifāng zuì dà de hǎigǎng —— Tiānjīn Xīngǎng. Líkāi
参观了中国北方[2]最大的海港 —— 天津新港。离开

Tiānjīn yǐhòu, tāmen yuè guò Huáběi Dà Píngyuán, kuà Huánghé, guò
天津以后，他们越过华北大平原，跨黄河，过

Chángjiāng, láidào Nánjīng, zhānyǎng le Zhōngshānlíng. Dào le Sūzhōu, tāmen
长江，来到南京，瞻仰了中山陵。到了苏州，他们

xīnshǎng le gǔlǎo de yuánlín yìshù. Zài Shànghǎi xiūxi le liǎng tiān, yòu jìxù nán
欣赏了古老的园林艺术。在上海休息了两天，又继续南

xià, zài zhùmíng de yóulǎn chéngshì —— Hángzhōu yóulán le Xīhú. Měilì de
下[3]，在著名的游览城市 —— 杭州游览了西湖。美丽的

Xīhú fēngjǐng shǐ tāmen zàntàn bùyǐ. Ránhòu yòu wàng xī, yóu Huángshān,
西湖风景使他们赞叹不已。然后又往西，游黄山，

dēng Lúshān, jīng Chángshā, zhídá chímíng Zhōng-wài de Guìlín. Guìlín de
登庐山，经长沙，直达驰名中外的桂林。桂林的

fēngjǐng guǒrán míngbùxūchuán, qīngshān lǜshuǐ, zhēn xiàng yì fúfú Zhōngguó
风景果然名不虚传，青山绿水，真像一幅幅中国

chuántǒng shānshuǐhuà. Zuìhòu, tāmen gàobié le Guìlín, dàodá le lǚxíng de
传　统　山水画。最后，他们　告别了桂林，到达了旅行的

zhōngdiǎn —— Yúnnán Xīshuāngbǎnnà.
终　　点 —— 云南西双　版纳。

　　Wénzhāngli hái xiě le zhèyàng yí duàn yǒuqù de shì:
　　文　章里还写了这样一段　有趣的事：

"Xīshuāngbǎnnà shì Dǎizú rénmín jùjū de dìfang. Zhèlǐ dàochù shì màomì
“西双　版纳是　傣族人民聚居的地方。这里到处是茂密

de sēnlín. Zhètiān shàngwǔ, wǒmen pǎo le jǐshí lǐ lù, zhōngwǔ, lái dào yì tiáo
的森林。这天　上午，我们　跑了几十里路，中午，来到一条

xiǎohé biān, gǎndào yòu è yòu lèi. Wǒmen xiǎng zài hébiān yì kē dà shù xiàmiàn
小河边，感到又饿又累。我们　想　在河边一棵大树下面

xiūxixiūxi, jiù ná chū suí shēn dàilai de miànbāo, xiāngcháng, guàntou hé
休息休息，就拿出随身带来的面包、香　肠、　罐头和

shuǐhú, zhǔnbèi yěcān. Tūrán, bù zhī cóng shénme dìfang pǎolai yì qún Dǎizú
水壶，准备野餐。突然，不知从　什么地方　跑来一群傣族

gūniang, bǎ wǒmen wéi zài zhōngjiān. Qízhōng yí ge gūniang bǎ yì tǒng shuǐ
姑娘，把我们　围在中间。其中　一个姑娘把一桶水

xiàng wǒmen shēnshang pō lái; wǒmen bèi shuǐ pō de quán shēn shīlínlín de.
向　我们　身上　泼来；我们　被水泼得全　身湿淋淋的。

Gūniangmen 'gēgē' de xiào ge bù tíng. Wǒmen zhèng bù zhī shì zěnme huí
姑娘　们‘咯咯’地笑个不停[4]。我们　正　不知是怎么回

shì, yí ge huì shuō Hànyǔ de Dǎizú gūniang wèn: 'Nǐmen zhīdao jīntiān shì
事，一个会说　汉语的傣族姑娘　问：‘你们　知道今天是

shénme rìzi ma?' Zhèshí, wǒmen cái míngbai guòlai: Jīntiān shì Dǎizú rénmín
什么日子吗？’这时，我们　才明白过来：今天是傣族人民

de chuántǒng jiérì —— Pōshuǐjié. Yúshì, wǒmen qiǎng guò shuǐtǒng, zài hélǐ
的传　统　节日——泼水节。于是，我们　抢　过水桶，在河里

tí le mǎnmǎn yì tǒng shuǐ yě xiàng tāmen pō qù......"
提了满满一桶水也向她们　泼去……”

Yùyīng fàngxia shǒuli de zázhì, xiànmù de shuō: "Zhēn yǒu yìsi!　Rúguǒ
玉英　放下　手里的杂志，羡慕地说："真　有意思！如果

zán liǎ yǒu jīhuì yě xiàng tāmen nàyàng qù lǚxíng yí cì,　nà gāi duō hǎo a!"
咱俩有机会也像　他们那样　去旅行一次，那该[5]多　好啊！"

"Shǔjià qù zěnmeyàng?"　Lìli　wèn.
"暑假去　怎么样？"莉莉　问。

生词 New words

摩托车	mótuóchē	〔名〕	motorcycle
旅行	lǚxíng	〔动〕	to travel
路线	lùxiàn	〔名〕	route
图	tú	〔名〕	map
对照	duìzhào	〔动〕	to refer to
仔细	zǐxì	〔形〕	careful
达	dá	〔动〕	to arrive
起点	qǐdiǎn	〔名〕	originating point
铁路	tiělù	〔名〕	railway
…方	…fāng	〔名〕	…part
海港	hǎigǎng	〔名〕	sea port, harbour
港	gǎng	〔名〕	port, harbour
越 (过)	yuè(guò)	〔动〕	to go through, to cross
跨	kuà	〔动〕	to go across
瞻仰	zhānyǎng	〔动〕	to pay homage to, to pay a visit
陵	líng	〔名〕	tomb
园林	yuánlín	〔名〕	horticulture, gardening
赞叹	zàntàn	〔动〕	to praise highly
不已	bù yǐ		without stop, incessantly

游	yóu	〔动〕	to travel round
登	dēng	〔动〕	to ascend, to climb
驰名	chímíng	〔动〕	well-known
名不虚传	míngbùxūchuán		to be worthy of its name
传统	chuántǒng	〔名〕	tradition
终点	zhōngdiǎn	〔名〕	destination
段	duàn	〔量〕	a measure word indicating a paragraph or a passage
聚居	jùjū	〔动〕	to inhabit in compact communities
茂密	màomì	〔形〕	dense, thick
森林	sēnlín	〔名〕	forest
随身	suí shēn		(carry sth.) with one
香肠	xiāngcháng	〔名〕	sausage
水壶	shuǐhú	〔名〕	canteen
野餐	yěcān	〔动〕	picnic
桶	tǒng	〔名〕	pail
泼	pō	〔动〕	to sprinkle
湿淋淋	shīlīnlīn	〔形〕	wet through
日子	rìzi	〔名〕	day
羡慕	xiànmù	〔动〕	to admire
暑假	shǔjià	〔名〕	summer vacation

Proper nouns :

东北	Dōngběi	the North-east (of China)
哈尔滨	Hā'ěrbīn	Harbin, capital of Heilongjiang Province
沈阳	Shěnyáng	capital of Liaoning Province
山海关	Shānhǎiguān	a coastal town bordering on the Bohai sea

京山铁路	Jīng Shān Tiělù	the Beijing-Shanhaiguan line
天津	Tiānjīn	a port city lying southeast of Beijing
天津新港	Tiānjīn Xīngǎng	the New Port of Tianjin
黄河	Huánghé	the Yellow River
长江	Chángjiāng	the Yangtse River
南京	Nánjīng	capital of Jiangsu Province
中山陵	Zhōngshānlíng	Dr. Sun Yat-sen's Tomb
苏州	Sūzhōu	a city famous for its scenery, in Jiangsu Province
杭州	Hángzhōu	another equally famous city to the south of Suzhou
西湖	Xīhú	the West Lake
黄山	Huángshān	the Huangshan Mountain
庐山	Lúshān	the Lushan Mountain
长沙	Chángshā	capital of Hunan Province
桂林	Guìlín	a city in Guangxi, famous for its beautiful landscape
云南	Yúnnán	a province in the southwest of China
西双版纳	Xīshuāngbǎnnà	an autonomous region in Yunnan Province
傣族	Dǎizú	the Dai (Tai) nationality
泼水节	Pōshuǐjié	the water-sprinkling festival

附 Attached:

旅行路线图 The travel-route map

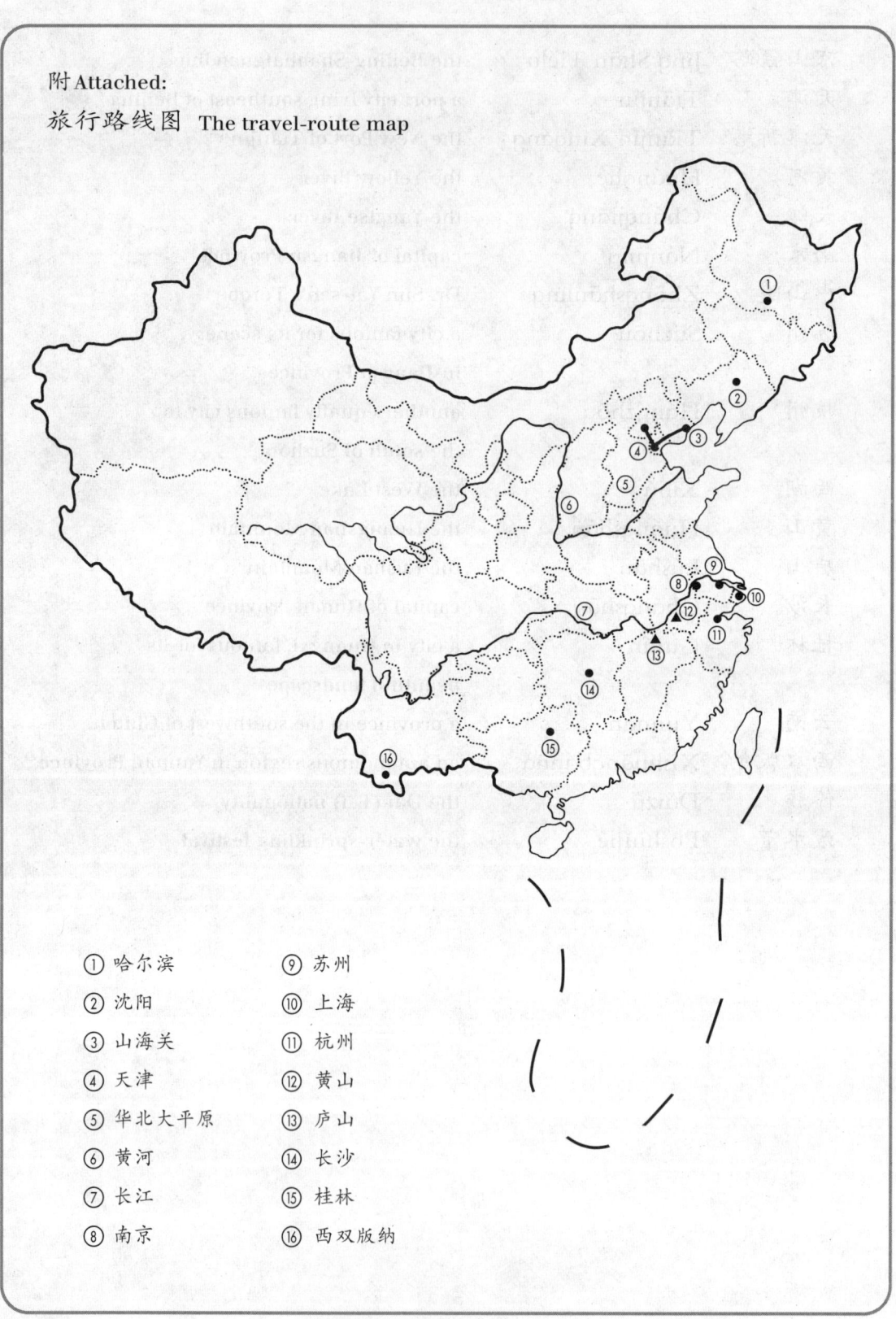

① 哈尔滨 ⑨ 苏州

② 沈阳 ⑩ 上海

③ 山海关 ⑪ 杭州

④ 天津 ⑫ 黄山

⑤ 华北大平原 ⑬ 庐山

⑥ 黄河 ⑭ 长沙

⑦ 长江 ⑮ 桂林

⑧ 南京 ⑯ 西双版纳

1. 这对夫妇是从<u>东北</u>哈尔滨出发的。

"东北" refers to the northeastern part of China, including three provinces of Heilongjiang, Jilin and Liaoning. Harbin is the capital of Heilongjiang province.

2. 参观了中国<u>北方</u>最大的海港——天津新港。

The area of the Huanghe River valley and the district north of it is traditionally called "北方" (the North).

3. 在上海休息了两天，又继续<u>南下</u>。

"南下" means "to march southward". The Chinese people are accustomed to saying "南下", meaning "to march southward" and "北上", "to march northward".

4. 姑娘们"咯咯"地<u>笑个不停</u>。

"笑个不停" means "to laugh unceaselessly". Here "个 + 不停" modifies "笑" in complement.

5. 那<u>该</u>多好啊！

Used in exclamation for emphasis, "该" indicates what will happen according to inference.

词语例解
Study of words and expressions:

1. 意思〔名〕

meaning

(1) 这句话是什么意思，请你给翻译一下儿。

idea

(2) 我的意思是暑假我们到桂林去旅行。

"有意思" means interesting

(3) 参观中药厂很有意思，可以了解中药的加工过程。

(4) 这个电影没 (有) 多大意思，看不看都可以。

2. 跑 〔动〕

to run

(1) 赵明比陈山跑得快，去年全国运动会上，四百米比赛，他得第一名。

to run about doing something, to run errands

(2) 为了办出国手续，我已经跑了两天了。

(3) 半年来他跑了好几个城市了，但是有些设备还是没有买到。

to run away, to escape

(4) 罪犯差点儿没跑了，他刚一跑就给抓住了。

3. 带 〔动〕

to take something with somebody

(1) 照相机我们要随身带着，哪儿风景好我们就照一张。

to bring

(2) 汽车多了也会给城市交通带来问题。

to take

(3) 张先生带他的两个孩子去逛动物园了。

to buy something as it is convenient for one to do for another person

(4) 你进城时给我带点儿糖来。

4. 中间 〔名〕

"middle" as in (1), "on the way" as in (2)

(1) 照片上左边那个是我表哥，右边是我表妹，中间是我舅舅。

(2) 从这儿坐公共汽车去北京大学，中间要换一次车。

"among" as in (3), "during" as in (4)

(3) 在我们同学中间，他年岁最小，但学得最好。

(4) 这半年中间，我病了两次。

5. 明白 〔动〕

to understand

(1) 他这一讲我才明白，赵大婶为什么提前退休。

(2) 明白了这个道理，对你以后怎么样做人很有好处。

〔形〕

clear

(1) 事情很明白，不用再说了。我一定按照你说的去办。

(2) 他讲得十分明白，没有什么好商量的了。

练习 Exercises :

1. Read aloud:

他做事很仔细　　　　　　　路不好走，我们仔细些

这是三路汽车起点站　　　　那是十一路无轨电车终点站

民族传统　　　　　　　　　传统友谊

他们出去好多日子了　　　　日子越过越美

这是个好日子　　　　　　　我一点儿也不明白

真叫人羡慕啊　　　　　　　他很羡慕我有个好师傅

2. Express admiration or approval, using "该":

Model:　好 → 那该多好啊！

(1) 漂亮　　　　(3) 好吃　　　　(5) 舒服

(2) 好看　　　　(4) 好玩儿　　　(6) 美

3. Fill in the blanks with the right one of the two synonyms given below:

意思　意义

1) 请告诉我这两个词是什么 _____。

2) 这篇文章很有教育 _____。

3) 这本小说太有 _____。

4) 他送给你这张照片可有特殊 _____ 呀！

5) 他这句话的 _____ 你真的不明白？

6) 在这儿照张相很有纪念 _____。

7) 听你这么一讲，那个电影一点儿 _____ 也没有。

4. Answer the following questions with the words given in parentheses:

1) 从这儿进城坐几路车？（中间）

2) 他这一年病过吗？（中间）

3) 咱们的座位在哪儿？（中间）

4) 哎呀，人家讲了这么多话，你还没懂？（明白）

5) 你空手去他们那儿？（带）

6) 他好像不是一个人去的，是不是？（带）

7) 你的工作证在哪儿哪？（随身）

8) 这封信你看过了吗？（仔细）

5. Write out the place names according to the text:

这对年轻夫妇经过的地方：

1) 城市：

2) 海港：

3) 江河：

4) 名胜古迹：

6. Translate the following sentences with the words given in parentheses:

1) He circled round three times on a motorcycle.（跑）

2) Their car went on for two days before reaching the shore.（走）

3) All his three children are away at strange places, the eldest is in the Northeast, the second in Shanghai, and the third in Guangzhou.（老）

4) I haven't received any letter from them for quite a long time.（好久）

5) For how long has he been away from here?（多久）

362

拜年
Paying a New Year Call

35

Jīntiān shì Zhōngguó zuì dà de chuántǒng jiérì —— Chūnjié de dì-yī tiān.
今天 是 中 国 最大的 传 统 节日—— 春节 的第 一 天。

Ànzhào Zhōngguó rén de fēngsú, Chūnjié qījiān, qīnqi péngyou zhījiān yào
按照 中 国 人 的 风俗，春节 期间，亲戚 朋 友 之 间 要

hùxiāng bài nián, suǒyǐ Lìli chī guò zǎofàn, jiù zuò chē shàng Lǐ Wénhàn jiā bài
互 相 拜 年，所以 莉莉 吃 过 早饭， 就 坐 车 上 李 文 汉 家 拜

nián qu le.
年 去 了。

Dào le Lǐ jiā, jiàn le Lǐ Wénhàn fūfù, Lìli shuō: "Bófù bómǔ, Chūnjié
到 了李家，见 了李 文 汉 夫妇，莉莉 说："伯父伯母， 春节

364

hǎo!"　Lǐ Wénhàn fūfù jiàn Lìli lái bài nián, fēicháng gāoxìng, yě duì tā shuō:
好[1]！"李 文 汉夫妇见 莉莉来 拜 年，非 常　高兴，也 对 她 说：

"Chūnjié hǎo!"
"春 节 好！"

Lǐ Yīng tīngjiàn Lìli shuō huà de shēngyīn, máng cóng zìjǐ de wūzili zǒu
李英　听见 莉莉说 话的 声 音，忙 从 自己的 屋子里走

chūlai.
出 来。

"Ā, Lìli, Chūnjié hǎo! Zhù nǐ xīnchūn yúkuài!"
"啊，莉莉，春 节 好！祝 你 新 春[2] 愉 快！"

"Lǐ Yīng jiě, Chūnjié hǎo! Lǐ Jiàn gē ne?"
"李英 姐，春 节 好！李 健 哥呢？"

"Tā yì zǎo jiù shàng jiùjiu jiā bài nián qu le."
"他 一 早 就　上 舅舅家拜 年 去了。"

Lìli zuò xia yǐhòu, Dīng Shūqín hé Lǐ Yīng gěi tā duānlai le hěn duō chī de
莉莉坐 下 以后，丁 淑琴和李 英 给她 端 来了很 多 吃的

dōngxi: huāshēng, guāzǐr, tángguǒ, gāodiǎn, júzi, píngguǒ.
东 西：花 生、瓜 子儿、糖 果、糕 点、桔子、苹 果。

"Ā, zhème duō dōngxi! Wǒ dōu bù zhīdao chī shénme hǎo le!"　Lìli
"啊，这么 多　东西！我 都 不 知 道吃 什么 好了！"莉莉

xiàozhe shuō.
笑 着　说。

"Guò Chūnjié, zǒu dào nǎ jiā dōu yíyàng, shǎo bu liǎo ge chī.　Nǐ jiù
"过　春 节，走 到 哪家都 一 样，少 不 了 个 吃[3]。你 就

suíbiàn ba, bú yào kèqi!"　Dīng Shūqín shuō.
随便 吧，不 要 客气！"丁　淑琴 说。

Lìli yìbiān chīzhe guāzǐr, yìbiān shuō: "Zhè shì wǒ dì-yī cì zài Zhōngguó
莉莉一边 吃 着 瓜子儿，一 边 说："这 是我 第一次在　中 国

guò Chūnjié, méi xiǎng dào guò Chūnjié zhème yǒu yìsi!"
过　春 节，没 想 到 过　春 节这么 有 意思！

"Bófù, tīng bàba shuō, guò Chūnjié, jiājiāhùhù dōu yào tiē chūnliánr, fàng
"伯父，听 爸爸 说，过 春节，家家户户 都 要 贴 春 联儿、放

biānpào, shì ma?" Lìli wèn Lǐ Wénhàn.
鞭 炮，是 吗？"莉莉问李 文汉。

"Méi cuòr, dàn xiànzài chéngli tiē chūnliánr de rén bù duō, zhè kěnéng
"没 错儿，但 现在 城里贴 春 联儿的人不多，这可能

gēn zhù lóufáng yǒu guānxi. Zhìyú fàng biānpào, yǒu xiē dà chéngshì yǐ jìnzhǐ
跟 住 楼 房 有 关系。至于 放 鞭 炮，有 些 大 城 市 已禁 止

le. Dànshì, zài yì xiē xiǎo chéngshì huò dà chéngshì jiāoqū, hái yǒu guǎngdà
了。但是，在一些 小 城 市 或 大 城 市 郊区，还 有 广 大

nóngcūn, tiē chūnliánr, fàng biānpào de fēngsú háishì gēn yǐqián yíyàng."
农 村，贴 春 联儿，放 鞭 炮 的 风俗还是 跟以前 一 样。"

"Wèi shénme yào fàng biānpào, tiē chūnliánr ne?"
"为 什么 要 放 鞭 炮，贴 春 联儿呢？"

"Fàng biānpào, tiē chūnliánr běnlái dōu shì qǔ jílì, bì bùxiáng de yìsi.
"放 鞭 炮，贴 春 联儿本来 都 是 取吉利，辟不 祥 的 意思。

Chuánshuō gǔdài yǒu yì zhǒng bùxiáng de dòngwù, jiào 'nián', měi dào yì nián
传 说古代有一种 不祥 的 动物，叫'年'，每到一年

de zuìhòu yì tiān, jiù yào chūlai chī rén. Rénmen wèi le gǎn zǒu 'nián', jiù yòng
的 最后 一 天，就要 出来吃 人。人 们 为了 赶 走'年'，就 用

hóng zhǐ xiě chéng chūnliánr, tiē zài ménshang, yòu bǎ zhúzi fàng zài huǒli
红 纸 写 成 春 联儿，贴 在 门 上，又 把 竹子 放 在 火里

shāo, fāchū 'pī pī pā pā' de shēngyin. Zhè jiù shì zuì zǎo de bàozhú, Xiànzài yě
烧，发出'噼噼叭叭'的 声 音。这 就是 最早 的 爆竹，现 在 也

jiào biānpào. 'Nián' jiàn le hóng yánsè, yòu tīng jiàn 'pī pī pā pā' de shēngyīn
叫 鞭 炮。'年'见了 红 颜色，又 听见'噼噼叭叭'的 声 音

jiù xià pǎo le. Zhè dāngrán zhǐ shì yì zhǒng chuánshuō.
就吓 跑 了。这 当 然 只 是 一 种 传 说。

366

"Guò Chūnjié —— yǐqián jiào 'guò nián', háizimen zuì gāoxìng." Dīng
"过 春节 —— 以前 叫'过 年',孩子们 最 高兴。" 丁

Shūqín jiē guòlai shuō: "Jìde wǒ xiǎo shíhou jiù pànzhe guò nián. Chūnjié qián
淑琴 接过来 说:"记得 我 小 时候 就 盼着 过年。 春节 前

jǐ tiān, jiājiāhùhù mángzhe bàn niánhuò, dǎsǎo wèishēng, fùnǚmen mángzhe
几 天,家家户户 忙着 办[4] 年货,打扫 卫生,妇女们 忙着

gěi háizi zuò xīn xié、xīn yīfu. Suǒyǐ yí dào guò nián, chī de hǎo, yòu yǒu xì
给 孩子 做 新 鞋、新 衣服。所以 一到 过 年,吃得 好, 又 有 戏

kàn, yòu yǒu xīn xié、xīn yīfu chuān. Chúxī wǎnshang chī wán niányèfàn ——
看, 又 有 新 鞋、新 衣服 穿。 除夕 晚 上 吃 完 年夜饭[5] ——

yǒude dìfang jiào 'tuányuánfàn' ——, gěi zhǎngbèimen kē tóu, hái gěi
有的 地方 叫'团 圆 饭'——,给 长 辈们 磕头, 还 给

yāsuìqián. Zhǐ yǒu yí jiàn shì hěn kǔ: Zhètiàn yèli bù guò shí'èr diǎn bú ràng
压岁钱。只 有 一件 事 很 苦: 这 天 夜里 不过 十二 点 不 让

shuì jiào, kùn de zhēng bù kāi yǎn, zhè jiàozuò 'shǒusuì.'
睡 觉,困 得 睁 不 开 眼,这 叫做'守岁'。"

"Zhè xiē fēngsú zhēn yǒu yìsi, dōu bǎoliú xiàlai le ba?" Lìli wèn.
"这 些 风俗 真 有 意思, 都 保留 下来 了 吧?"莉莉 问。

"Bù," Lǐ Yīng shuō. "Bàba hé māma jiù cónglái méi gěiguo wǒmen
"不," 李 英 说。"爸爸 和 妈妈 就 从 来 没 给过 我 们

yāsuìqián!"
压岁钱!"

"Nà nǐmen yě cónglái méi gěi wǒmen kēguo tóu wa!" Lǐ Wénhàn hāhā
"那 你们 也 从 来 没 给 我们 磕过 头 哇!"李 文 汉 哈哈

dà xiào qǐlai.
大 笑 起来。

Lǐ Yīng xiàozhe zǒujìn chúfáng. Chūlai shí, shǒuli duānzhe yí dà pán niángāo.
李英 笑着 走进 厨房。 出来时,手里 端着 一 大 盘 年糕。

Tā duì Lìli shuō: "Lái, chī diǎnr niángāo ba!"
她 对莉莉说:"来,吃 点儿 年糕 吧!"

367

"Xièxie, wǒ yì diǎnr yě bú è."
"谢谢，我一点儿也不饿。"

"Nǐ yídìng děi chī. Zhè shì wǒ mā qīnshǒu zuò de. Tā shì nánfāngrén.
"你一定得吃。这是我妈亲手做的。她是南方人[6]。

Chū-yī zǎoshang chī niángāo huòzhě tāngyuán, zhè shì nánfāngrén de xíguàn."
初一早上吃年糕或者汤圆[7]，这是南方人的习惯。"

Lìli náqi kuàizi, cháng le yì xiǎo kuàir, shuō: "Ā, zhēn búcuò! Kěxī wǒ
莉莉拿起筷子，尝了一小块儿，说："啊，真不错！可惜我

shízài chī bu xià le!"
实在吃不下了！"

🎧 生词 New words

拜年	bài nián		to pay New Year call
风俗	fēngsú	〔名〕	custom
期间	qījiān	〔名〕	period
花生	huāshēng	〔名〕	peanut
瓜子儿	guāzǐr	〔名〕	melon seeds
糖果	tángguǒ	〔名〕	sweets, candy
糕点	gāodiǎn	〔名〕	cakes
桔子	júzi	〔名〕	orange
户	hù	〔名〕	household
春联（儿）	chūnlián(r)	〔名〕	Spring couplet
放鞭炮	fàng biānpào		to let off (firecrackers)
鞭炮	biānpào	〔名〕	a string of small firecrackers
楼房	lóufáng	〔名〕	building
广大	guǎngdà	〔形〕	vast
吉利	jílì	〔形〕	lucky, auspicious
辟	bì	〔动〕	to ward off, exorcise
不祥	bùxiáng	〔形〕	ominous, inauspicious

368

传说	chuánshuō	〔动、名〕	as the legend goes; legend
赶	gǎn	〔动〕	to drive away
竹子	zhúzi	〔名〕	bamboo
火	huǒ	〔名〕	fire
烧	shāo	〔动〕	to burn
噼噼叭叭	pī pī pā pā	〔象声〕	cracking and spluttering
爆竹	bàozhú	〔名〕	firecrackers
吓	xià	〔动〕	to frighten
盼	pàn	〔动〕	to look forward to
年货	niánhuò	〔名〕	(lunar) New Year purchases
戏	xì	〔名〕	play, drama
除夕	chúxī	〔名〕	(lunar) New Year's Eve
年夜	niányè	〔名〕	the eve of the (lunar) New Year
团圆	tuányuán	〔动〕	to reunite, to get together (of a family)
长辈	zhǎngbèi	〔名〕	the elders
磕头	kē tóu		to kowtow
压岁钱	yāsuìqián	〔名〕	money given to children as a (lunar) New Year gift
苦	kǔ	〔形〕	trying, suffering
困	kùn	〔形〕	sleepy
睁	zhēng	〔动〕	to open (the eyes)
守岁	shǒu suì		to stay up all night on New Year's Eve
保留	bǎoliú	〔动〕	to retain
年糕	niángāo	〔名〕	(lunar) New Year cake (made of glutinous rice or millet)
亲手	qīnshǒu	〔副〕	with one's own hands, oneself
初	chū		beginning
汤圆	tāngyuán	〔名〕	stuffed dumplings made of glutinous rice flour served in soup
习惯	xíguàn	〔名、动〕	usual practice, custom; to be accustomed to

注 释 Study points :

1. 伯父伯母，春节好！

   "春节好" is a conventional polite formula in exchanging greetings during the Spring Festival (lunar New Year) holidays.

2. 祝你新春愉快！

   "新春" refers to the period of time after the Spring Festival, lasting ten to twenty days.

3. 少不了个吃。

   "少不了个吃" equals "少不了吃" in meaning. By putting "个" in between "少不了" and "吃", the sentence is made lively.

4. 家家户户忙着办年货。

   "办" means "采购" (purchase) here.

5. 晚上吃完年夜饭。

   On the eve of the lunar New Year, all the members of the family gathered to have dinner, which is called "年夜饭", symbolizing family reunion.

6. 她是南方人。

   People living in the Yangtze River valley and south of it are customarily called southerners.

7. 初一早上吃年糕或者汤圆，这是南方人的习惯。

   "年糕" is the homophone of "年高", namely "年年高升" (to make progress and get better year by year). "汤圆" means "团圆" (family reunion). The names of what people have for the first meal of the lunar New Year often imply good luck or good beginning.

词语例解
Study of words and expressions:

1. 放〔动〕

   to put

   (1) 他把新买的英文书都放在书柜里了。

   to add

   (2) 这杯咖啡已经放好糖了。

   to set off (firecrackers)

   (3) 逢年过节的时候，小孩子们都喜欢放鞭炮。

2. 每〔代〕

   every, each

   (1) 每个人都有自己的爱好和兴趣。

   (2) 每天晚上他都要写日记。

   〔副〕

   "whenever" as in (3), "wherever" as in (4)

   (3) 每来一个客人，他们都要热情地表示欢迎。

   (4) 每游览一个地方，他都要拍几张照片。

3. 习惯〔动〕

   to get used to

   (1) 这儿的气候，我已经慢慢习惯了。

   (2) 他刚来还不习惯这儿的生活呢。

   〔名〕

   habit

   (3) 每个人有每个人的习惯，这是很自然的事情。

   (4) 北方人和南方人的生活习惯不一样，南方人喜欢吃米饭，北方人喜欢吃馒头。

4. 可惜 〔形〕

   pity

   (1) 这次去杭州旅行，你没去，太可惜了。杭州是驰名中外的游览城市。风景漂亮极了。

   (2) 这是一件十分可惜的事情，但是谁也没有办法。

   〔副〕

   unfortunately

   (3) 他写过很多诗，可惜大部分都丢失了。

5. 实在 〔形〕

   honest, frank

   (1) 小陈这个人很实在，大家都愿意跟他交朋友。

   (2) 说实在的，你跟他那样吵架是不太好。

   〔副〕

   really, indeed

   (3) 你做的菜实在不错，够得上半个厨师。

   (4) 你们实在不愿意在北方生活，可以到南方去。

练习 Exercises :

1. Read aloud:

互相拜年	快过年了	办年货	做年糕
吃年夜饭	贴年画儿	风俗习惯	一种传说
劳动期间	学习期间	看戏	大团圆
苦事儿	睁着眼睛	有保留	保留下来了

2. Fill in the blanks:

a) Use "每", plus one of these verbs: 到, 来, 喝, 去, 写, 走

Model:
> 每来一个客人，他俩都递上喜糖。

1) _____ 一步，他都要回头看一眼。

2) _____ 一个人，他们都主动打招呼。

3) _____ 一次商店，他们都要买回不少东西来。

4) _____ 一杯咖啡，他都要加很多糖。

5) _____ 完一幅对联，人们都抢着看。

6) _____ 暑假，他都要参加游泳比赛。

b) Choose the right one of the two given below

> 实在   确实

1) 我 _____ 吃不下了，真的。

2) 他是个 _____ 人。

3) 他的 _____ 地址我也不知道。

4) 说 _____ 的，你去比我去更合适。

5) 这两年，他的身体 _____ 比前几年好多了。

6) 他工作从来做得很 _____。

3. Complete the following dialogues with "可惜":

1) A: 昨天我家来客人了。

   B: 你没看球赛？_____。

2) A: 他再学习一年就好了。

   B: _____ 他家里有事，不得不回国了。

3) A: 你找没找到他们？

   B: _____。

4) A: 这种书还有吗？卖完了？

   B: _____。

5) A: 你再听一会儿音乐吧。

   B: _____。

Appendix I

375

Study Points	Book	Lesson	Number

B

bǎ (把), preposition	1	35	1
ba (吧), particle	1	5	5
	1	9	5
	1	9	7
bǎi wén bùrú yí jiàn (百闻不如一见)	1	22	3
bàn niánhuò (办年货)	2	35	4
Běifāng (北方)	2	34	2
bǐ (比), comparison indicator	1	25	2
bǐ bu shàng (比不上)	2	5	7
bǐ ... dà duō le (比…大多了)	1	33	3
biàn (遍) after a verb	2	30	5
biǎodì (表弟)	2	24	1
bié kàn ..., kě ... (别看…，可…)	2	11	2
bié kèqi (别客气)	1	22	8
bié máng (别忙)	2	21	6
bìng (并) before bù (不), méi (没)	2	13	1
bú dào Chángchéng fēi hǎohàn (不到长城非好汉)	1	22	6
bú huì (不会)	1	2	2
bú shì (不是)	1	1	4
bú shì ... bù ... ma (不是…不…吗)	2	9	5
bú shì ... ma (不是…吗), rhetorical question	1	11	8
búyòng xiè (不用谢)	1	7	2
bùxíng (不行)	1	17	2
bù yíhuìr (不一会儿)	2	15	10

C

centigrade scale	1	15	2
chéng ... chéng ... (成…成…)	2	29	10
chéng (成) + measure word	2	19	3
Chinese names	1	1	1
chū (初), beginning	2	6	4
chū ... lai (出…来…), after a verb	2	1	5
chúle ... yǐwài ... yě ... (除了…以外…也…)	1	28	8
Chūnjié (春节)	2	29	11

378

Study Points	Book	Lesson	Number
gěi（给）, preposition	2	4	5
gēn ... yíyàng（跟⋯一样）	1	30	1
	2	9	4
gōngxǐ gōngxǐ（恭喜恭喜）, congratulations	2	32	1
gòu ... de（够⋯的）	2	7	2
greeting	1	1	2
	1	2	7
	1	4	1
	2	22	1
	2	35	1
gǔdài Hànyǔ（古代汉语）	2	29	3
gǔdài shīcí（古汉诗词）	2	25	1
gūgu（姑姑）and jiùjiu（舅舅）	1	34	2
Guóqìng（国庆）	1	27	2
guò（过）, after a verb	2	18	3
guò（过）, after "verb + de（得）/bu（不）"	2	21	2
guò（过）, modifying an adjective	2	24	3
guòjiǎng（过奖）	1	28	3
guò yíhuìr（过一会儿）	2	3	4
guòlai（过来）, after verbs	2	3	11
	2	16	1
... guòlai ... guòqu（⋯过来⋯过去）	2	2	3
guòqu（过去）, after verbs	2	3	1
guo（过）, particle	1	33	1

H

hái（还）	1	13	5
	1	19	5
	1	29	3
	1	33	7
	2	26	6
hái hǎo（还好）	1	18	2
hái méi（yǒu）... ne [还没（有）⋯呢]	1	21	9
háishì（还是）, conjunction	1	14	2
háiyǒu（还有）, conjunction	2	1	4
hǎo（好）, after a verb	1	24	6

Study Points	Book	Lesson	Number
hǎo（好）, adverb	2	30	6
... hǎo（好）, greeting	2	35	1
hǎo（好）, question marker	2	3	3
hǎo bu hǎo（好不好）	1	26	1
hǎo hāor（好好儿）, used as an adverbial	2	26	8
hǎo jǐ ...（好几…）	2	15	5
hǎo le（好了）	1	18	4
hǎo ma（好吗）	1	9	3
hé（和）, preposition	2	6	2
hěn（很）, adverb	1	12	2
homophone	2	15	8
	2	35	7
huā yǎn（花眼）, being not able to see clearly	2	19	2
Huáběi（华北）	2	31	5
huà（化）, suffix	2	23	5
huì（会）, auxiliary verb	1	13	4
husbands' family name + tàitai（太太）	1	2	5

I

indirect object	1	8	5
indirect object being left out	1	20	4

J

jítǐ hūnlǐ（集体婚礼）	2	32	7
jǐ（几）and duōshao（多少）	1	5	3
jiā（家）, measure word	2	6	1
jiàn（见）, after other verb	1	25	3
jiāo fèi（交费）	2	4	6
jiēdào jūmín wěiyuánhuì（街道居民委员会）	2	14	7
jiéhūn（结婚）	1	27	7
jīn（斤）, measure word	2	29	9
jīntiān jǐhào（今天几号）	1	8	1
jìn（近）+ numerals	2	27	3
jìn（近）+ time element	2	27	5
jìnqu（进去）, after a verb	2	28	6

K

L

381

Study Points	Book	Lesson	Number
lǎo dà (老大)	1	27	6
lǎoshi shuō (老实说), parenthesis	2	29	6
Lǎo Wáng mài guā, zì mài zì kuā (老王卖瓜，自卖自夸)	2	22	3
lǎo xiānsheng (老先生)	1	17	1
le (了), particle	1	9	6
	1	9	8
	1	16	1
	1	17	3
	1	18	3
	1	20	2
	1	20	3
lǐ (礼)	2	32	8
liǎng kǒuzi (两口子)	2	14	7
liǎng tiān (两天), showing an approximation	1	31	5
liǎo (了), after "verb (adjective) + bu (不)"	2	5	2
	2	20	5
lǚtú yúkuài (旅途愉快)	1	22	9

M

Study Points	Book	Lesson	Number
ma (吗), particle	1	1	3
ma (嘛), interjection	1	16	2
máfan (麻烦)	1	10	6
	1	24	1
	1	26	4
marking system	2	29	2
measure words	1	5	1
méi ge wán (没个完)	2	24	2
méi shénme yìjiàn (没什么意见)	1	35	2
méi shìr (没事儿)	2	9	1
méiyou (没有), used for comparison	1	33	4
mǐ (米), measure word	2	20	2
míngbùxūchuán (名不虚传)	1	23	3
months of the year	1	8	3

Study Points	Book	Lesson	Number
N			
nǎlǐ (哪裏), response to a compliment	1	17	6
nà (那), conjunction	1	11	5
	1	19	6
nà yǒu shénme (那有什么)	2	31	6
name being repeated	1	21	1
Nánfāng (南方)	2	35	6
nán péngyou (男朋友)	2	9	7
ne (呢), after a nominal element	2	3	8
ne (呢), particle	1	26	3
negative answers	1	4	7
néng (能), auxiliary verb	1	13	4
niányèfàn (年夜饭)	2	35	5
... nián ... yuè ... rì (…年…月…日)	1	27	4
nǐ lái wǒ wǎng (你来我往)	2	21	5
nǐ shuō ne (你说呢)	2	13	4
nǐ tīngting (你听听)	1	28	4
nǐ yìyán, wǒ yìyǔ (你一言，你一语)	2	17	5
nóngmào shìchǎng (农贸市场)	2	29	8
noun/pronoun + ne (呢)	1	4	3
noun phrase + adjective phrase	1	12	2
number of times	2	17	4
O			
object being a clause	2	9	2
	2	9	6
omission of the subject	2	10	2
P			
passive construction employing bèi (被)	2	7	3
passive sentence indicated by bèi (被)	1	34	1
passive sentence without passive indicator	1	30	2
	1	34	1
pattern for making a phone call	1	10	1

383

Study Points	Book	Lesson	Number
per cent	2	17	7
phrases indicating time	1	4	5
piě (撇), the left stroke	2	32	12
predicate	1	1	3
predicate including two verbs	1	4	2
prepositional structure as adverbials	1	21	4
pǔtōnghuà (普通话)	1	17	8

Q

	Book	Lesson	Number
qǐlai (起来), after a verb	2	3	2
qǐ míngzi (起名字)	2	23	3
qián (前), after a noun	2	27	1
qiáo (瞧), in an exclamatory sentence	2	3	9
qiáoqiān zhī xǐ (乔迁之喜)	2	5	1
qǐng (请), verb	2	18	4
qīzhōng (期中), mid-term	2	22	8
qu (去), as direction indicator	1	10	5
	1	22	1
question with interrogative pronoun	1	3	2
qù, qù, qù (去,去,去), expression of disgust	2	33	11

R

	Book	Lesson	Number
ràng (让), verb	1	25	1
reduplicated form	2	19	1
	2	31	1
	2	32	5
reduplicated form of a measure word	2	3	10
rénjiā (人家), pronoun	2	18	7
rénmínbì (人民币)	1	6	1
rhetorical question	2	14	2
	2	15	1
	2	23	4

Study Points	Book	Lesson	Number
shì ma (是吗)	1	11	9
	1	16	4
shì yǎ hé xū dà, huā xiāng bú zài duō (室雅何须大，花香不在多)	2	25	2
shuí ...shuí ... (谁…谁…), any unidentifiable person	2	8	5
shuō lái (说来)	2	24	7
shuō qǐ ... (说起…), indicating a subject for discussion	2	9	5
sǐ (死), indicating an extreme state	2	16	2
sǐ (死), verb	2	6	5
statement to greet customers	1	14	1
suàn (算) + clause	2	19	4
subject	1	1	3
subject + action word + time element	1	31	3
subject + bǎ (把) + object + verb + other element	1	35	1
subject + bú (不) + shì (是) + object	1	1	3
subject + shì (是) + object	1	1	3
subject + shì (是) + verb + object + de (的)	1	28	5
subject + subject + predicate predicate	1	15	1
suí xìn jì shàng (随信寄上), postscript	2	12	8
suǒ (所) + verb	2	28	5
syllable-dividing mark	1	2	6
syllables ending with r	1	3	4

T

	Book	Lesson	Number
tāmen (他/她们), after a name	1	21	3
tècǐ tōngzhī (特此通知)	2	27	2
term of blame	2	8	2
	2	8	3
time of the next meeting + jiàn (见)	1	18	5
tīng de qīngchu (听得清楚) and tīng bu qīngchu (听不清楚)	1	32	1
tīng shuō (听说), parenthetical expression	2	7	5
tīng ... shuō (听…说)	1	16	3
tǐng (挺), adverb	2	3	7
tóu yìhuí (头一回)	2	18	2

Study Points	Book	Lesson	Number
xiàlai (下来), after a verb	2	8	7
xiàlai (下来), after "verb + bu (不)"	2	12	4
xiàqu (下去), implying the continuing process	2	6	6
Xià, Shāng, Zhōu (夏、商、周)	2	33	1
xiānsheng (先生)	1	13	7
xiān xià hòu shàng (先下后上)	2	8	6
xiāng érxífu (相儿媳妇)	2	18	1
xiāngjiàn shí nán bié yì nán (相见时难别亦难)	1	24	2
xiǎng bu tōng (想不通)	2	16	5
xiǎng jiā (想家)	2	12	1
xiàng ... yíyàng (像…一样)	2	17	1
xiǎo (小) + a family name	1	11	1
xiǎo liǎngkǒu (小两口)	2	6	10
xiào yí xiào, shí nián shào (笑一笑，十年少)	2	11	6
xiē (歇), taking a rest	2	18	5
xīnchūn (新春)	2	35	2
xiōngmèi (兄妹)	2	20	7

Y

Study Points	Book	Lesson	Number
yāo (一), in a number	1	3	3
yào (要), auxiliary verb	1	13	3
yào (要), indicating a supposition	2	15	3
yào ... le (要…了)	1	19	3
yě (也), adverb	1	16	6
	1	21	7
yě jiù shì shuō (也就是说)	1	30	4
yī (一), meaning whole	2	1	6
yìbǎi fēn (一百分)	2	31	4
yìdiǎnr yě bù (一点儿也不) + adjective	1	29	1
yìjiā rén (一家人), members of the same family	2	14	3
yílùpíng'ān (一路平安)	1	20	5
yílùshang (一路上)	2	28	8
yì nián dào tóu (一年到头)	2	23	3
yíxiàzi (一下子)	2	25	3
yì yǎn (一眼)	2	32	10
yīn (因), short for yīnwei (因为)	2	26	3

Study Points	Book	Lesson	Number
Yōuzhōu（幽州）	2	31	3
yóu（由）... dào（到）	2	33	3
yǒu（有）, after monosyllabic verbs	2	28	2
yǒu bànfǎ（有办法）	2	22	5
yǒudiǎnr（有点儿）	1	15	3
yǒu méiyǒu（有没有）	1	14	4
yǒu（有）+ noun + verb	2	22	2
yǒu rén（有人）+ S - P structure	2	4	1
yǒu shuǐpíng（有水平）	2	13	2
yòu（又）, adverb	1	24	4
	2	3	5
	2	8	4
yòu（又）, indicating a change in tone	2	12	2
yòu ... yòu ...（又…又…）	1	28	2
yú（于）, preposition	2	12	7
	2	29	7
yuǎn zài tiānbiān, jìn zài yǎnqián（远在天边，近在眼前）	1	29	7
yún（云）, in a diary	2	29	1

Z

	Book	Lesson	Number
zài（再）, adverb	1	15	4
	1	32	3
zài（再）, indicating an action in future	2	1	8
zàishuō（再说）, moreover	2	10	4
zài（在）, expressing location	2	2	4
zài shēnbiān（在身边）	1	27	5
zài（在）+ word of place, after other verbs	1	24	5
zài ... zhōng（在…中）	2	21	3
zánmen（咱们）	1	8	7
zěnme（怎么）	1	29	5
zěnme ge ... fǎ（怎么个…法）	2	30	7
zěnmeyàng（怎么样）, used to ask for one's opinion	1	12	3
zěnme yě ...（怎么也…）	1	31	4
zháo（着）, verb	2	5	5
zháo（着）, after "verb + de（得）"	2	5	6

389

Study Points	Book	Lesson	Number
zhào（照）, abbreviation of zhàopiàn（照片）	2	28	4
Zhào dà shěn（赵大婶）	2	33	5
zhèbu（这不）	1	19	1
zhè bù máng（这不忙）	1	34	4
zhème shuō（这么说）	2	7	1
zhèmezhè ba（这么着吧）	2	23	2
zhe（着）, particle	1	29	2
zhèng shì shíhòu（正是时候）	1	18	1
zhì jìnglǐ（致敬礼）	2	26	4
zhízi（侄子）and wàisheng（外甥）	1	21	5
Zhōnghuá mínzú（中华民族）	2	33	2
Zhōng wai（中外）	1	33	6
zhōngxún（中旬）, the mid-ten days of a month	2	1	7
zī dìng yú ...（兹订于…）, conventional formula	2	30	1
zǒng qǐlai shuō（总起来说）, parenthesis	2	29	4
zǒu（走）, after a verb	2	28	3
zuò（作）+ verb	1	35	4
zuǒ kàn yòu kàn（左看右看）	2	18	6
... zuǒyòu（…左右）, expression of approximation	1	34	3

Appendix II

词语例解索引
Index for Study of Words and Expressions

本索引包括《今日汉语》第二册各课出现的词语例解，按汉语拼音顺序排列。

This index includes all the "Study of Words and Expressions" in each lesson of Book 2 of *CHINESE FOR TODAY*. They are arranged in alphabetical order.

	A	**Lesson**
ànzhào	按照	5

	B	
bàn	办	17
běn	本	31
bǐ	比	21
bǐjiào	比较	32
bǐrú	比如	9
bǔ	补	26
búguò	不过	1
búshì … érshì …	不是…而是…	33
búshì … jiùshì …	不是…就是…	15
bù zhīdao … hǎo	不知道…好…	10

C

cái	才	16
cānguān	参观	27
céngjīng	曾经	31
chà bu duō	差不多	4
chàdiǎnr	差点儿	16
chéng	成	19
chóngxīn	重新	28
chú le ... yǐwài	除了…以外	11
chuān	穿	2
cóng ... dào ...	从…到…	5
cónglái	从来	11

D

dǎ	打	10
dǎ qiú de dǎ qiú, pǎo bù de pǎo bù	打球的打球，跑步的跑步	12
dǎsuàn	打算	19
dà	大	32
dàgài	大概	5
dài	带	34
dāngrán	当然	13
dào	倒	18
dàodǐ	到底	18
dé	得	16
... de huà	…的话	11
děng	等	4
dī	低	28
diǎn	点	27
dōu	都	7
duì	对	1
duō	多	3

E

F

G

H

J

394

N

ná ... lái shuō	拿…来说	29
nǎpà	哪怕	12
nǎr	哪儿	23
nándào	难道	20
nánmiǎn	难免	18
nòng	弄	10

P

pǎo	跑	34
píngjūn	平均	17

Q

qíshí	其实	9
qízhōng	其中	27
qiānwàn	千万	14
qǐng	请	18
quán	全	28
què	却	17
quèshí	确实	13

R

ràng	让	8
réngrán	仍然	13

S

shàng	上	13
shāowēi	稍微	32
shǎo	少	23
shénme	什么	20
shífēn	十分	12
shíjì	实际	22
shízài	实在	35

396

Z

Appendix III

词汇表 Vocabulary

					Lesson
A					
ái	癌症	áizhèng	〔名〕	cancer	6
ài	爱好	àihào	〔动、名〕	to be fond of, hobby	20
	爱情	àiqíng	〔名〕	love	24
ān	安	ān	〔动〕	to fix, to put	30
	安静	ānjìng	〔形〕	quiet	2
	安全	ānquán	〔形、名〕	safe; safety	7
	安慰	ānwèi	〔动〕	to comfort, to console	26
àn	按	àn	〔动〕	to press	20
	按照	ànzhào	〔介〕	according to	5
	案件	ànjiàn	〔名〕	case	28
	岸	àn	〔名〕	bank	10
B					
bái	白血球	báixuèqiú	〔名〕	white blood corpuscles	26
bǎi	百分之…	bǎifēn zhī…		per cent	17
	百货	bǎihuò	〔名〕	general merchandise	8
	百里挑一	bǎilǐtiāoyī		the best one in a hundred	18
	百万	bǎiwàn	〔数〕	million	17
	摆	bǎi	〔动〕	to put, to place	3
bài	拜年	bài nián	〔动〕	to pay New Year call	35
bān	搬（家）	bān (jiā)	〔动〕	to move (one's house)	1
bàn	办法	bànfǎ	〔名〕	method, way	24
	办公	bàngōng	〔动〕	to handle official business, work	4
bāo	包	bāo	〔量〕	a package of	8
	包装	bāozhuāng	〔动〕	to pack	27
bǎo	保持	bǎochí	〔动〕	to keep	11
	保存	bǎocún	〔动〕	to store up, to preserve	29

	保留	bǎoliú	〔动、名〕	to retain	35
bào	抱	bào	〔动〕	to hold, to carry in one's arms	
	报到	bàodào	〔动〕	to register	4
	爆竹	bàozhú	〔名〕	firecrackers	35
bèi	被	bèi	〔介〕	a preposition used in passive constructions to introduce the agent	7
	被告	bèigào	〔名〕	defendant	28
	被子	bèizi	〔名〕	quilt	3
	倍	bèi	〔量〕	time or -fold (a measure word)	17
běn	本	běn	〔代〕	this	31
	本来	běnlái	〔形〕	original	16
béng	甭	béng	〔副〕	not	8
běng	绷	běng	〔动〕	to keep a straight face, to strain one's muscles	20
bǐ	比	bǐ	〔动〕	...to... (in a score)	21
	比分	bǐfēn	〔名〕	score, scoring	21
	比划	bǐhua	〔动〕	to gesture	10
	比如	bǐrú	〔动〕	for example	9
	（比）赛	(bǐ) sài	〔动、名〕	to compete; match	21
	比翼双飞	bǐyì shuāng fēi		pair off wing to wing; fly side by side	32
	笔	bǐ	〔名〕	pen	26
	笔记	bǐjì	〔名〕	notes	12
bì	辟	bì	〔动〕	to ward off, exorcise	35
	壁橱	bìchú	〔名〕	a built-in wardrobe	3
biān	鞭炮	biānpào	〔名〕	a string of small firecrackers	35
	编	biān	〔动〕	to compile	33
biàn	遍	biàn	〔形〕	everywhere, every part of...	30
	变	biàn	〔动〕	to become	14
	辩护	biànhù	〔动〕	to plead, defend	28
biǎo	表弟	biǎodì	〔名〕	cousin (one's younger brother on one's mother's side, or on one's father's sister's side)	24
	表哥	biǎogē	〔名〕	cousin (one's elder brother on one's mother's side or on one's father's sister's side)	24
	表演	biǎoyǎn	〔动〕	to act	13
bié	别看	biékàn	〔连〕	although	11
	别人	biérén	〔代〕	other (person)	8
bìng	并排	bìngpái	〔副〕	abreast, side by side	17
	并且	bìngqiě	〔连〕	and	22

	病房	bìngfáng	〔名〕	ward (of a hospital)	26
	病情	bìngqíng	〔名〕	patient's condition	26
bú	不测风云	bú cè fēngyún		unexpected disaster	6
	不但…而且…	búdàn...érqiě...		not only...but also...	12
	不断	búduàn	〔副〕	continually	27
bǔ	补	bǔ	〔动〕	to make up (the missing lessons)	26
	补习	bǔxí	〔动〕	to take lessons after school	12
	补药	bǔyào	〔名〕	tonic	11
bù	不好意思	bù hǎo yìsi		abashed	9
	不仅	bùjǐn	〔连〕	not only...	19
	不然	bùrán	〔连〕	otherwise	16
	不祥	bùxiáng	〔形〕	ominous, inauspicious	35
	不已	bù yǐ		without stop, incessantly	34
	不知不觉	bùzhībùjué		unknowingly, unawares	22
	布置	bùzhì	〔动〕	to fix up, to arrange	3
	步	bù	〔量、名〕	step, a measure word for steps	11
	…部	...bù	〔名〕	...part of...	31
	部	bù	〔量〕	a work (of literature)	13
	部分	bùfen	〔名〕	part	16

C

cā	擦	cā	〔动〕	to wipe	8
cāi	猜	cāi	〔动〕	to guess	19
cái	才华	cáihuá	〔名〕	talent, gift	13
	财物	cáiwù	〔名〕	property	28
	裁判员	cáipànyuán	〔名〕	referee	21
cǎi	采访	cǎifǎng	〔动〕	to gather news for the press	5
	彩灯	cǎidēng	〔名〕	coloured bulb	30
	彩旗	cǎiqí	〔名〕	coloured flag	30
	踩	cǎi	〔动〕	to step on, to trample	7
cān	参加	cānjiā	〔动〕	to take part in	1
	餐厅	cāntīng	〔名〕	dining room	2
cāo	操场	cāochǎng	〔名〕	sports ground	12
	操心	cāo xīn		to worry about	3
cǎo	草坪	cǎopíng	〔名〕	lawn	2
cè	厕所	cèsuǒ	〔名〕	water closet	2
céng	曾经	céngjīng	〔副〕	once	31
chā	插	chā	〔动〕	to plug in	3

	插曲	chāqǔ	〔名〕	song in a film or a play	13
	插头	chātóu	〔名〕	plug	3
	插嘴	chā zuǐ		interrupt, to break in	14
chá	茶杯	chábēi	〔名〕	teacup	19
	茶具	chájù	〔名〕	tea set	19
	查	chá	〔动〕	to look up, to check	31
chà	差点儿	chàdiǎnr		nearly	16
chāi	拆	chāi	〔动〕	to remove	26
chǎn	产量	chǎnliàng	〔名〕	output	19
	产品	chǎnpǐn	〔名〕	product	19
	产生	chǎnshēng	〔动〕	to take (an interest in...)	1
cháng	长处	chángchù	〔名〕	strong point, advantage	22
	长寿	chángshòu	〔名〕	long life, longevity	11
chǎng	场	chǎng	〔量〕	a measure word indicating the set of match	21
	...场	...chǎng	〔名〕	...farm	23
chāo	超（过）	chāo (guò)	〔动〕	to surpass	17
cháo	朝	cháo	〔动〕	to face, towards	15
	朝代	cháodài	〔名〕	dynasty	31
	潮水	cháoshuǐ	〔名〕	tidewater	17
chǎo	吵架	chǎo jià		to quarrel	14
	炒	chǎo	〔动〕	to stir-fry	15
chē	车带	chēdài	〔名〕	tyre	23
	车间	chējiān	〔名〕	workshop	14
chě	扯	chě	〔动〕	to pull away, to take off	30
chén	沉	chén	〔形〕	heavy, dragging	23
chéng	成倍	chéng (bèi)	〔动〕	to achieve (twice, or several times over)	19
	成绩	chéngjì	〔名〕	result	29
	成千上万	chéngqiānshàngwàn		tens of thousands	17
	成员	chéngyuán	〔名〕	member	4
	城	chéng	〔名〕	city, town	17
	城堡	chéngbǎo	〔名〕	castle	31
	盛	chéng	〔动〕	to dish out	15
	呈现	chéngxiàn	〔动〕	to appear	30
	乘（车）	chéng (chē)	〔动〕	to take (a bus)	27
chī	吃惊	chījīng		to be surprised	13
chí	驰名	chímíng	〔动〕	well-known	34
chōng	冲（散）	chōng (sàn)	〔动〕	to break, separate	30
	冲洗	chōngxǐ	〔动〕	to develop (a film) and print	20
	充足	chōngzú	〔形〕	full of, ample	2

chóng	重新	chóngxīn	〔副〕	anew	28
chōu	抽空	chōu kòng		to find time	24
	抽屉	chōuti	〔名〕	drawer	26
chóu	绸子	chóuzi	〔名〕	silk fabric	19
	愁	chóu	〔动〕	to worry	11
chū	出产	chūchǎn	〔动、名〕	to produce	19
	出发	chūfā	〔动〕	to set out	27
	出口	chūkǒu	〔动〕	to export	23
	出生	chūshēng	〔动〕	to be born	4
	…初	…chū	〔名〕	…beginning of…	6
	初	chū		beginning	35
	初犯	chū fàn		to offend for the first time	28
chú	除夕	chúxī	〔名〕	(lunar) New Year's Eve	35
	厨房	chúfáng	〔名〕	kitchen	2
	厨师	chúshī	〔名〕	cook	14
chǔ	处理	chǔlǐ	〔动〕	to handle	28
chù	…处	…chù	〔名〕	office (of registration)	4
chuān	穿（过）	chuān (guò)	〔动〕	walk (through)	2
chuán	传	chuán	〔动〕	to come, to transmit	8
	传说	chuánshuō	〔动、名〕	as the legend goes; legend	35
	传统	chuántǒng	〔名〕	tradition	34
	船	chuán	〔名〕	boat	10
chuāng	窗户	chuānghu	〔名〕	window	3
	窗帘	chuānglián	〔名〕	window curtain	3
chuáng	床单	chuángdān	〔名〕	bed sheet	3
chuī	吹	chuī	〔动〕	to blow, to whistle	21
	吹风	chuī fēng		to dry (hair) with a hair-dryer	18
	吹牛	chuī niú		to boast	10
chuí	捶	chuí	〔动〕	to hit with a fist	32
chūn	春联（儿）	chūnlián (r)	〔名〕	Spring couplet	35
cí	词	cí	〔名〕	*ci*, poetry written to certain tunes with strict tonal patterns & rhyme schemes, in fixed numbers of lines & words	25
	瓷雕	cídiāo	〔名〕	porcelain carving	19
	瓷器	cíqì	〔名〕	porcelain, chinaware	19
	磁带	cídài	〔名〕	magnetic tape	19
cǐ	此	cǐ	〔代〕	here	7
cōng	葱	cōng	〔名〕	scallion	15
	葱头	cōngtóu	〔名〕	onion	15
cóng	从轻	cóng qīng		(to handle) leniently	28

	从来	cónglái	〔副〕	at all times	11
cuò	措施	cuòshī	〔名〕	measure	16
	错	cuò	〔形〕	wrong	33
	错不了	cuò bu liǎo		sure to be good	18
	错误	cuòwù	〔名、形〕	mistake; wrong	12

D

dá	达	dá	〔动〕	to arrive	34
	打	dá	〔量〕	dozen, a measure word	25
dǎ	打（哈欠）	dǎ (hāqian)	〔动〕	to yawn	13
	打（气）	dǎ (qì)	〔动〕	to inflate	23
	打（球）	dǎ (qiú)	〔动〕	to play (ball games)	12
	打（拳）	dǎ (quán)	〔动〕	to do *taijiquan*, a kind of traditional Chinese shadow boxing	2
	打（伞）	dǎ (sǎn)	〔动〕	to hold (an umbrella)	10
	打（招呼）	dǎ (zhāohu)	〔动〕	to greet, to acknowledge	10
	打扮	dǎban	〔动〕	to dress up	9
	打火机	dǎhuǒjī	〔名〕	cigaret lighter	24
	打开	dǎ kāi		to show (a ticket)	8
	打扫	dǎsǎo	〔动〕	to sweep, to clean	14
	打听	dǎting	〔动〕	to enquire	23
dà	大伯	dàbó	〔名〕	uncle, a polite form of address for an elderly (man)	14
	大方	dàfang	〔形〕	natural and poised	18
	大概	dàgài	〔形、副〕	probably	5
	大红	dàhóng	〔形〕	bright red, scarlet	32
	大力	dàlì	〔副〕	energetically, vigorously	16
	大妈	dàmā	〔名〕	aunt, a polite form of address for an elderly (woman)	14
	大门	dàmén	〔名〕	entrance, front gate	30
	大前年	dàqiánnián	〔名〕	three years ago	16
	大人	dàren	〔名〕	parents, adult	16
	大声	dàshēng	〔副〕	loudly	2
	大约	dàyuē	〔副〕	about	5
dān	…单	…dān	〔名〕	(test) report	26
	单调	dāndiào	〔形〕	monotonous, dull	13
	单位	dānwèi	〔名〕	a general term, referring to the organization one is working with	24

	担	dān	〔动〕	to shoulder, to carry	6
dàn	但愿	dàn yuàn	〔动〕	if only, I wish	28
	淡	dàn	〔形〕	insipid, tasteless	15
dāng	当然	dāngrán	〔形、副〕	certainly, of course	9
dàng	当	dàng	〔动〕	to treat as	6
dāo	刀	dāo	〔名〕	knife	15
	刀口	dāokǒu	〔名〕	cut	26
dǎo	导演	dǎoyǎn	〔名、动〕	director; to direct	13
	倒	dǎo	〔动〕	to change to (another bus)	8
dào	倒茶	dào (chá)	〔动〕	to pour (a cup of tea)	14
	盗窃	dàoqiè	〔动、名〕	to steal; theft	28
	道理	dàolǐ	〔名〕	reason, truth, principle	11
	道歉	dàoqiàn	〔动〕	to apologize	8
dé	得	dé	〔动〕	to contract	6
	得了	dé le		all right	20
dēng	登	dēng	〔动〕	to ascend, to climb	34
	登记	dēngjì	〔动〕	to register	4
děng	等	děng	〔代〕	another, etc	4
dǐ	底片	dǐpiàn	〔名〕	negative, photographic plate	20
dì	地	dì	〔名〕	ground, floor	15
	地理	dìlǐ	〔名〕	geography	31
	地区	dìqū	〔名〕	area	16
	递	dì	〔动〕	to pass, to hand	4
diǎn	点	diǎn	〔动〕	to light	15
	点头	diǎn tóu		nod	2
	点心	diǎnxin	〔名〕	cake	26
diàn	电冰箱	diànbīngxiāng	〔名〕	refrigerator	3
	电车	diànchē	〔名〕	trolleybus, tram	8
	电器	diànqì	〔名〕	electrical appliances	19
	电扇	diànshàn	〔名〕	electric fan	3
	电影院	diànyǐngyuàn	〔名〕	cinema	13
	电源	diànyuán	〔名〕	mains	3
diào	掉	diào	〔动〕	to fall off, to lose	7
	钓	diào	〔动〕	to fish	7
dié	蝶泳	diéyǒng	〔名〕	butterfly stroke	10
dōng	咚	dōng	〔象声〕	rat-a-tat	14
dòng	动身	dòngshēn		to set out	1
	动物	dòngwù	〔名〕	animal	7
	动物园	dòngwùyuán		zoo	7
dòu	逗	dòu	〔动〕	to provoke, to cause to	25

dū	都	dū	〔名〕	capital	31
dú	读	dú	〔动〕	to read	28
	独立	dúlì	〔副〕	independently; on one's own	29
dǔ	堵塞	dǔsè	〔动〕	to block up, jam	17
dù	肚子	dùzi	〔名〕	belly, abdomen	26
duān	端	duān	〔动〕	to bring...with both hands	32
	端详	duānxiáng	〔动〕	to look somebody up and down, to size up	5
duǎn	短处	duǎnchù	〔名〕	weak point, drawback	22
duàn	段	duàn	〔量〕	a measure word indicating a paragraph or a passage	34
	锻炼	duànliàn	〔动〕	to have physical training	11
duì	队	duì	〔名〕	team	21
	对（镜头）	duì (jìngtóu)	〔动〕	to adjust (the focus)	20
	对联儿	duìliánr	〔名〕	couplet (written on scrolls)	32
	对照	duìzhào	〔动〕	to refer to	34
duō	多数	duōshù	〔名〕	majority	33
	多子多福	duōzǐduōfú		more kids, greater bliss	16

E

ě	恶心	ěxin	〔动〕	to feel nauseated	26
è	饿	è	〔形〕	hungry	9
ér	儿媳妇	érxífu	〔名〕	daughter-in-law (son's wife)	18
	而且	érqiě	〔连〕	and	6
ěr	耳	ěr	〔名〕	ear	11
	耳朵	ěrduo	〔名〕	ear	30

F

fā	发	fā	〔动〕	to issue	4
	发表	fābiǎo	〔动〕	to express	17
	发光	fā guāng		to give off light	32
	发挥	fāhuī	〔动〕	to bring...into play	21
	发现	fāxiàn	〔动〕	to find, to see	8
	发展	fāzhǎn	〔动、名〕	to develop; development	13
fá	罚（球）	fá (qiú)	〔动〕	to penalize	21
fǎ	法	fǎ	〔名〕	law	32

	法警	fǎjǐng	〔名〕	bailiff	28
	法庭	fǎtíng	〔名〕	court	28
fà	发	fà	〔名〕	hair	5
fān	翻	fān	〔动〕	to turn over	10
fǎn	反对	fǎnduì	〔动〕	to oppose	24
	反映	fǎnyìng	〔动〕	to reflect, to manifest	33
	反正	fǎnzhèng	〔副〕	anyway	21
fàn	犯	fàn	〔动〕	to commit	28
	犯	fàn	〔动〕	to have an attack (of one's old illness)	24
fāng	…方	…fāng		…part	34
	方便	fāngbiàn	〔形〕	easily available, convenient	2
fáng	防守	fángshǒu	〔动〕	to defend	21
	房产	fángchǎn	〔名〕	house property	1
	房子	fángzi	〔名〕	house	1
fàng	放	fàng	〔动〕	to let off	35
	放大	fàngdà	〔动〕	to enlarge	20
fēi	非…不可	fēi…bù kě		must, not… unless	16
	非常	fēicháng	〔副〕	very much	19
féi	肥皂	féizào	〔名〕	soap	9
fèi	肺	fèi	〔名〕	lungs	24
	费	fèi	〔名〕	fee	4
fēn	分	fēn	〔名〕	marks	29
	分明	fēnmíng	〔形〕	distinct	31
	分手	fēn shǒu		to part company, to say good-bye	8
fēng	丰富	fēngfù	〔形〕	rich, abundant	12
	丰富多采	fēngfù duōcǎi		rich and varied	14
	丰收	fēngshōu	〔名、动〕	good harvest; to harvest	23
	风俗	fēngsú	〔名〕	custom	35
	蜂蜜	fēngmì	〔名〕	honey	27
féng	逢	féng	〔动〕	to come upon	14
fū	夫妇	fūfù	〔名〕	husband and wife, couple	2
	夫人	fūrén	〔名〕	wife	33
fú	服务	fúwù	〔动〕	to serve	18
	服装	fúzhuāng	〔名〕	clothing	19
	幅	fú	〔量〕	a measure word, indicating a work of painting, etc.	5
	福利	fúlì	〔名〕	welfare	27
	抚养	fúyǎng	〔动〕	to bring up, to rear	6
fù	父系	fùxì	〔名〕	patriarchy	33

407

	妇女	fùnǚ	〔名〕	women	9
	副	fù	〔量〕	a measure word indicating a set of something	32
	副业	fùyè	〔名〕	side-line occupation	23
	复习	fùxí	〔动〕	to review	22

G

gǎi	改编	gǎibiān	〔动〕	to adapt	13
	改变	gǎibiàn	〔动〕	to change	29
	改正	gǎizhèng	〔动〕	to correct	12
gài	盖	gài	〔动〕	to cover	15
gān	干燥	gānzào	〔形〕	dry	31
gǎn	赶路	gǎn lù		to be in a hurry to leave	23
	赶忙	gǎnmáng	〔副〕	hastily	8
	赶	gǎn	〔动〕	to drive away	35
	感	gǎn	〔动〕	to find (something interesting)	11
	感觉	gǎnjué	〔名、动〕	feeling; to feel	25
	感人	gǎnrén	〔形〕	touching, moving	13
gàn	干部	gànbù	〔名〕	cadre	27
gāng	缸	gāng	〔名、量〕	bowl	25
	钢铁	gāngtiě	〔名〕	iron and steel, steel	6
gǎng	港	gǎng	〔名〕	port, harbour	34
gāo	高跟鞋	gāogēnxié	〔名〕	high-heeled shoes	9
	高级	gāojí	〔形〕	high quality	11
	糕点	gāodiǎn	〔名〕	cakes	35
gào	告别	gàobié	〔动〕	to say good-bye	11
	告辞	gàocí	〔动〕	to take leave, to say good-bye	5
gē	割	gē	〔动〕	to cut	18
gé	格外	géwài	〔副〕	exceptionally	32
	隔壁	gébì	〔名〕	next door	26
guā	刮脸	guā liǎn		to shave	18
guà	挂	guà	〔动〕	to hang, to put up	3
guān	观众	guānzhòng	〔名〕	spectator, audience	21
	关系	guānxi	〔名〕	relationship	7
	关心	guānxīn	〔动〕	to show concern for	5
	官职	guānzhí	〔名〕	official title, rank	33
...guǎn	馆	...guǎn	〔名〕	a building for animals	7
	管保	guǎnbǎo	〔动〕	to assure, a guarantee	20

408

	管理	guǎnlǐ	〔动〕	to manage	1
guàn	冠军	guànjūn	〔名〕	champion	21
	盥洗室	guànxǐshì	〔名〕	toilet	2
	罐头	guàntou	〔名〕	can	26
guāng	光	guāng	〔名〕	light	30
	光临	guānglín	〔动〕	to be present	30
	光圈	guāngquān	〔名〕	aperture	20
guǎng	广告	guǎnggào	〔名〕	advertisement	18
	广播	guǎngbō	〔动、名〕	to broadcast; broadcasting	14
	广大	guǎngdà	〔形〕	vast	35
guī	规定	guīdìng	〔动、名〕	to stipulate; stipulation	32
	规章	gūzhāng	〔名〕	rules	4
	闺女	gūnǚ	〔名〕	daughter, maiden	16
guì	柜台	guìtái	〔名〕	counter	19
	贵重	guìzhòng	〔形〕	valuable	28
guō	锅	guō	〔名〕	pot, pan	15
guó	国	guó	〔名〕	state, country	31
	国徽	guóhuī	〔名〕	national emblem	28
	国籍	guójí	〔名〕	nationality	4
	国家	guójiā	〔名〕	country	17
	国营	guóyíng	〔形〕	state-operated, state-run	29
guǒ	果然	guǒrán	〔副〕	really, as expected	18
guò	过	guò	〔动〕	to spend	14
	过	guò	〔副〕	premature	24
	过程	guòchéng	〔名〕	process	22
	过去	guòqù	〔名〕	(in the) past	33

H

hā	哈欠	hāqian	〔名〕	yawn	13
hǎi	海拔	hǎibá	〔名〕	altitude	31
	海港	hǎigǎng	〔名〕	sea port, harbour	34
	海棠花	hǎitánghuā	〔名〕	Chinese flowering crabapple	25
hài	害	hài	〔动〕	to harm	24
	害处	hàichu	〔名〕	harm	24
hán	含有	hányǒu	〔动〕	contain	24
	寒暄	hánxuān	〔动〕	exchange of conventional greetings	22
hǎn	喊	hǎn	〔动〕	to shout	10
hàn	汗	hàn	〔名〕	sweat	8

	旱	hàn	〔形〕	drought	23
háo	毫米	háomǐ	〔量〕	millimetre	31
hǎo	好	hǎo	〔助动〕	so as to, so that	1
	好处	hǎochu	〔名〕	good (do good to one's health)	11
	好看	hǎokàn	〔形〕	nice-looking	9
	好受	hǎoshòu	〔形〕	comfortable	16
	好听	hǎotīng	〔形〕	pleasant to hear	13
	好在	hǎozài	〔连〕	fortunately, luckily	14
hào	好奇	hàoqí	〔形〕	curious	29
hé	合理	hélǐ	〔形〕	reasonable	13
	合影	héyǐng	〔名〕	group photo	20
	盒	hé	〔量、名〕	packet	27
	盒子	hézi	〔名〕	box	19
	何	hé	〔疑代〕	why	25
	河	hé	〔名〕	river, stream	7
	河流	héliú	〔名〕	river, stream	31
	和蔼	hé'ǎi	〔形〕	amiable	18
hēi	嘿嘿	hēihēi	〔象声〕	ha ha	23
hén	痕迹	hénjī	〔名〕	vestige, trace	33
hēng	哼	hēng	〔叹〕	humph	18
héng	横批	héngpī	〔名〕	a horizontal scroll bearing an inscription	32
hóu	猴子	hóuzi	〔名〕	monkey	7
hū	忽然	hūrán	〔副〕	suddenly	9
hú	胡说	húshuō	〔动〕	nonsense	32
	胡同	hútòng	〔名〕	lane, alley	17
	胡子	húzi	〔名〕	beard, moustache	11
	湖	hú	〔名〕	lake	10
	糊	hú	〔形〕	(of food) burnt	15
hù	户	hù	〔量〕	household	35
	护士	hùshi	〔名〕	nurse	6
huā	花儿	huār	〔名〕	flower	22
	花	huā	〔形〕	dim eyesight	11
	花	huā	〔形〕	colourful	17
	花生	huāshēng	〔名〕	peanut	35
huá	划	huá	〔动〕	to row	10
huà	画	huà	〔动〕	to pencil (the eyebrows), to paint	9
	画儿	huàr	〔名〕	picture, painting	3
	化妆	huàzhuāng	〔动〕	to put on makeup, to make up	9
	化妆品	huàzhuāngpǐn	〔名〕	makeup, cosmetics	9
huán	环境	huánjìng	〔名〕	environment, surroundings	2

huàn	患	huàn	〔动〕	to suffer from, contract	26
huáng	皇帝	huángdì	〔名〕	emperor	33
	黄	huáng	〔形〕	yellow	33
	黄瓜	huángguā	〔名〕	cucumber	15
huí	回答	huídá	〔动〕	to answer	5
	回头	huí tóu		turn back	7
huì	会	huì	〔名〕	meeting	5
hūn	荤	hūn	〔形〕	meat (dish)	11
	婚礼	hūnlǐ	〔名〕	wedding ceremony	32
	婚姻	hūnyīn	〔名〕	marriage	32
huó	活	huó	〔动〕	to live	11
	活儿	huór	〔名〕	work	3
huǒ	火	huǒ	〔名〕	fire	35
	火	huǒ	〔名〕	cooker, stove	15
huò	货	huò	〔名〕	goods	25
	获得	huòdé	〔动〕	to win	21

J

Jī	几乎	jīhū	〔副〕	almost	30
	…机	…jī	〔名〕	…machine	3
	机灵	jīling	〔形〕	clever, smart	18
	机械化	jīxièhuà	〔名、动〕	mechanization; to mechanize	23
	积累	jīlěi	〔动〕	to accumulate	22
	基础	jīchǔ	〔名〕	basis	12
	激动	jīdòng	〔动、形〕	excited	1
	激烈	jīliè	〔副〕	closely (fight)	21
	吉利	jílì	〔形〕	lucky, auspicious	3
	即日	jírì	〔名〕	this very day	26
	急性	jíxìng	〔形〕	acute	26
	急诊	jízhěn	〔名〕	emergency treatment, emergency call	26
	疾病	jíbìng	〔名〕	disease	22
	集合	jíhé	〔动〕	to assemble	27
	集体	jítǐ	〔名〕	collective, group	23
jǐ	挤	jǐ	〔动〕	to elbow (one's way), to push through	7
jì	计划	jìhuà	〔动、名〕	plan, to plan	1
	记	jì	〔动〕	to write down	12
	记性	jìxing	〔名〕	memory	3
	记者	jìzhě	〔名〕	correspondent, journalist	5

	技术	jìshù	〔名〕	skill	10
	既…又…	jì...yòu...		both...and, as well as	7
	既然	jìrán	〔连〕	since	29
	季	jì	〔名〕	season	25
	季风	jìfēng	〔名〕	monsoon	31
	继续	jìxù	〔动〕	to go on	16
jiā	加	jiā	〔动〕	to add	16
	加工	jiā gōng	〔动〕	to process	27
	家常	jiācháng	〔名〕	the daily life of a family, small talk	16
	家具	jiājù	〔名〕	furniture	3
	家禽	jiāqín	〔名〕	poultry	29
	家务	jiāwù	〔名〕	household chores	14
	家乡	jiāxiāng	〔名〕	hometown, native land	12
	家信	jiāxìn	〔名〕	a letter to (or from) one's family	12
jià	价值	jiàzhí	〔动、名〕	value	28
	架	jià	〔名〕	rack	25
	假	jià	〔名〕	leave	26
jiān	坚持	jiānchí	〔动〕	to insist	13
	煎	jiān	〔动〕	to fry (in shallow oil)	15
jiǎn	检查	jiǎnchá	〔动〕	to check	3
	减少	jiǎnshǎo	〔动〕	to decrease	17
jiàn	建	jiàn	〔动〕	to establish	31
	建立	jiànlì	〔动〕	to build	27
	建设	jiànshè	〔动〕	to build, to construct	16
jiāng	姜	jiāng	〔名〕	ginger	15
jiǎng	讲解	jiǎngjiě	〔动〕	to explain	12
	讲究	jiǎngjiu	〔动、形〕	to be particular about	9
	讲师	jiǎngshī	〔名〕	lecturer	33
	讲座	jiǎngzuò	〔名〕	lecture	33
	奖	jiǎng	〔名〕	prize	30
	奖金	jiǎngjīn	〔名〕	bonus	27
	桨	jiǎng	〔名〕	oar	10
jiàng	酱	jiàng	〔名〕	thick sauce made from soya beans, flour, etc.	15
	酱油	jiàngyóu	〔名〕	soy sauce	15
jiāo	交融	jiāoróng	〔动〕	to intermingle, to mix	33
	交通	jiāotōng	〔名〕	transport services	2
	郊区	jiāoqū	〔名〕	suburbs	23
	胶卷	jiāojuǎn	〔名〕	film	70
	浇	jiāo	〔动〕	to water	22

jiǎo	角度	jiǎodù		angle	20
	脚步	jiǎobù	〔名〕	footstep	18
jiào	教室	jiàoshì		classroom	4
	教授	jiàoshòu	〔名〕	professor	12
	教学	jiàoxué	〔名〕	teaching	12
jiē	接 (过来)	jiē (guòlai)	〔动〕	to take (up)	10
	接触	jiēchù	〔动〕	to contact, have a breath (of fresh air)	11
	接受	jiēshòu	〔动〕	to accept	14
	接着	jiēzhe	〔连〕	and then	7
	街头	jiētóu	〔名〕	street	17
jié	节	jié	〔名〕	festival, holiday	14
	节日	jiérì	〔名〕	festival	30
	节约	jiéyuē	〔动〕	to economize, to save	17
	结果	jiéguǒ	〔名〕	result	25
	结尾	jiéwěi	〔名、动〕	ending; to end	13
jiě	解释	jiěshi	〔动〕	to explain	23
jiè	戒	jiè	〔动〕	to give up	24
	戒指	jièzhi	〔名〕	finger-ring	9
	届	jiè	〔量〕	a measure word indicating the number in a series of events, meetings, etc.	21
	借	jiè	〔动〕	to borrow, to loan	4
jīn	今年	jīnnián	〔名〕	this year	5
	斤	jīn	〔量〕	a measure word, 1 jin is equal to ½ kilo	29
	金鱼	jīnyú	〔名〕	goldfish	25
jǐn	紧张	jǐnzhāng	〔形〕	nervous, tense	24
jìn	进步	jìnbù	〔动、名〕	to make progress; progress	21
	进攻	jìngōng	〔动〕	to attack	21
	进行	jìnxíng	〔动〕	to proceed	29
	禁止	jìnzhǐ	〔动〕	to forbid	7
jīng	经过	jīngguò	〔动、名〕	to undergo	25
	经验	jīngyàn	〔名〕	experience	11
	精彩	jīngcǎi	〔形〕	exiting	21
	精神	jīngshén	〔名〕	spirit, mind	11
jǐng	景色	jǐngsè	〔名〕	scenery	10
	景象	jǐngxiàng	〔名〕	scene	17
jìng	敬	jìng	〔形〕	respectful	30
	敬贺	jìng hè		to congratulate with respect, best wishes (a polite formula)	32
	敬礼	jìnglǐ	〔名、动〕	greeting; to greet	26
	镜头	jìngtóu	〔名〕	shot, lens	20

413

jiū	纠纷	jiūfēn	〔名〕	(family) quarrel, dispute	14
jiǔ	久	jiǔ	〔形〕	(for a) long (time)	24
	酒席	jiǔxí	〔名〕	banquet	32
jiù	救	jiù	〔动〕	to save, to rescue	10
	就是…也…	jiùshì…yě…		even if, a construction often used in an unreal conditional sentence	10
jū	居留	jūliú	〔动〕	to reside	4
	居民	jūmín	〔名〕	resident	14
jú	桔子	júzi	〔名〕	orange	35
	菊花	júhuā	〔名〕	chrysanthemum	25
jǔ	举案齐眉	jǔ àn qí méi		to respect each other	32
	举行	jǔxíng	〔动〕	to hold	21
jù	剧情	jùqíng	〔名〕	the story of a play	13
	据说	jùshuō	〔动〕	it is said…	25
	距离	jùlí	〔名〕	distance	20
	聚居	jùjū	〔动〕	to inhabit in compact communities	34
jiǎn	卷儿	juǎnr	〔量〕	a measure word for a roll of film	20
jué	决赛	juésài	〔名〕	final	21
	决心	juéxīn	〔名〕	determination	24

K

kā	咔嚓	kāchā	〔象声〕	click	20
kāi	开（花儿）	kāi (huār)	〔动〕	to bloom	25
	开	kāi	〔动〕	to hold, to convene	5
	开动	kāidòng	〔动〕	to start (to move)	8
	开庭	kāi tíng		open a court session	28
kàn	看法	kànfǎ	〔名〕	view, a way of looking at a thing	13
	看来	kànlái		it seems	14
kàng	炕	kàng	〔名〕	brick-bed	23
kǎo	考	kǎo	〔动〕	to examine	29
	考虑	kǎolǜ	〔动〕	to consider	28
	考试	kǎoshì	〔动、名〕	to examine; examination	1
kào	靠	kào	〔动〕	to stand or lean against	3
	靠近	kàojìn	〔动〕	to get close to	7
kē	科学	kēxué	〔名、形〕	science; scientific	22
	磕头	kē tóu		to kowtow	35
kě	可爱	kě'ài	〔形〕	lovely	7
kè	刻苦	kèkǔ	〔副〕	assiduously	12

414

	客人	kèren	〔名〕	guest	23
	客厅	kètīng	〔名〕	drawing room	2
	课	kè	〔名〕	lessons	5
kōng	空气	kōngqì	〔名〕	air	2
kǒng	恐怕	kǒngpà	〔副〕	to be afraid...	13
kòng	控告	kònggào	〔动〕	to charge, to accuse	28
	控制	kòngzhì	〔动〕	to control	16
kǒu	口红	kǒuhóng	〔名〕	lipstick	9
	口语	kǒuyǔ	〔名〕	oral performance	5
	口子	kǒuzi	〔名〕	a cut	18
kǔ	苦	kǔ	〔形〕	trying, suffering	35
kuā	夸	kuā	〔动〕	to praise, to boast	22
kuà	跨	kuà	〔动〕	to go across	34
kuài	快门	kuàimén	〔名〕	shutter	20
	块	kuài	〔量〕	(a) cake (of)	9
kuān	宽敞	kuānchang	〔形〕	spacious	3
kuāng	筐	kuāng	〔名〕	basket	29
kùn	困难	kùnnan	〔名、形〕	difficulty; difficult	5
	困	kùn	〔形〕	sleepy	35
kuò	扩音器	kuòyīnqì	〔名〕	loudspeaker	8

L

lā	拉	lā	〔动〕	to hold (hands)	5
	垃圾	lājī	〔名〕	garbage (can)	24
là	落	là	〔动〕	to miss (classes)	26
	辣椒	làjiāo	〔名〕	hot pepper, chilli	15
lái	来得及	lái de jí		There is still enough time...	10
	来源	láiyuán	〔名〕	source	27
lán	兰花	lánhuā	〔名〕	orchid	25
	阑尾炎	lánwěiyán	〔名〕	appendicitis	26
	蓝	lán	〔形〕	blue	33
lāo	捞	lāo	〔动〕	to fish up	10
lǎo	老伴儿	lǎobànr	〔名〕	either one of an old married couple	6
	老虎	lǎohǔ	〔名〕	tiger	7
	老师	lǎoshī	〔名〕	teacher	6
	老实	lǎoshi	〔形〕	(to be) frank	29
lào	涝	lào	〔形〕	waterlogging	23
	落	lào	〔动〕	to result	16

lè	乐呵呵	lèhēhē	〔形〕	cheerful, buoyant	11
lí	梨	lí	〔名〕	pear	29
lǐ	礼堂	lǐtáng	〔名〕	auditorium	27
	里间	lǐjiān	〔名〕	inner part	2
	理发	lǐ fà		haircut	18
	理解	lǐjiě	〔动〕	to understand	29
	理论	lǐlùn	〔名〕	theory	12
	理想	lǐxiǎng	〔形、名〕	ideal	20
lì	力量	lìliàng	〔名〕	influence (of love), force	24
	立刻	lìkè	〔副〕	immediately	26
	厉害	lìhai	〔形〕	serious	24
	利润	lìrùn	〔名〕	profit	27
	例子	lìzi	〔名〕	example	22
liǎ	俩	liǎ	〔数〕	two	20
lián	连…都…	lián...dōu...		even	1
	连连	liánlián	〔副〕	again and again	11
	连忙	liánmáng	〔副〕	promptly, at once	10
	连声	lián shēng	〔副〕	to speak in unison	2
	连衣裙	liányīqún	〔名〕	one-piece dress	5
	联合	liánhé	〔动〕	to federate, to unite	30
	联欢	liánhuān	〔动〕	get-together	30
liǎn	脸	liǎn	〔名〕	face	8
liàn	练	liàn	〔动〕	to practice, to do	11
liáng	粮食	liángshi	〔名〕	grains	23
liàng	亮	liàng	〔形〕	to brighten	8
	量刑	liàngxíng	〔动〕	to measure penalty	28
liǎo	了	liǎo	〔动〕	to finish, a verb indicating possibility	5
	了不得	liǎo bu de	〔形〕	extremely	18
liào	料子	liàozi	〔名〕	material (for making clothes)	19
lín	邻居	línjū	〔名〕	neighbour	16
	淋浴	línyù	〔名〕	shower	2
líng	铃	líng	〔名〕	bell	3
	陵	líng	〔名〕	tomb	34
	零售	língshòu	〔动〕	to sell at retail, to retail	27
lǐng	领	lǐng	〔动〕	to get, to receive	4
	领	lǐng	〔动〕	to lead	2
	领先	lǐngxiān	〔动〕	to lead, to take the lead	21
lìng	另外	lìngwài	〔副〕	besides	33
liú	流动	liúdòng	〔动〕	to flow	17
	流行	liúxíng	〔形〕	fashionable, in vogue	9

	留学	liúxué	〔动〕	to study abroad	1
lóng	龙	lóng	〔名〕	dragon	33
	龙头	lóngtóu	〔名〕	water tap	2
	聋	lóng	〔形〕	deaf	11
lóu	楼房	lóufáng	〔名〕	building	35
lù	陆续	lùxù	〔副〕	one after another, in succession	27
	录取	lùqǔ	〔动〕	to enroll, to admit	1
	路线	lùxiàn	〔名〕	route	34
lǚ	旅行	lǚxíng	〔名〕	to travel	34
lǜ	律师	lǜshī	〔名〕	lawyer	28

M

mǎ	马	mǎ	〔名〕	horse	33
mài	卖	mài	〔动〕	to sell	25
mǎn	满	mǎn	〔形〕	full	15
	满足	mǎnzú	〔动〕	to be content with, to be satisfied with	29
màn	慢行道	mànxíngdào	〔名〕	traffic lane for cyclists	17
máng	忙	máng	〔形〕	hurriedly	8
māo	猫	māo	〔名〕	cat	7
máo	毛病	máobìng	〔名〕	illness, ailment	16
	毛巾	máojīn	〔名〕	towel	9
	毛线	máoxiàn	〔名〕	knitting wool	8
mào	茂密	màomì	〔形〕	dense, thick	34
	冒（着）	mào (zhe)	〔动〕	to brave	31
méi	眉毛	méimao	〔名〕	eyebrows	9
	煤气	méiqì	〔名〕	coal gas	15
měi	每当…	měidāng...		whenever..., every time	20
	美观	měiguān	〔形〕	pleasing to the eye, beautiful	32
	美满	měimǎn	〔形〕	perfectly satisfactory, happy	6
mén	门	mén	〔量〕	subject, discipline	11
	门口儿	ménkǒur	〔名〕	doorway	3
mèn	焖	mèn	〔动〕	to braise	15
méng	蒙	méng	〔动〕	to blindfold	30
mí	…迷	...mí	〔名〕	...fan	21
mǐ	米	mǐ	〔名〕	rice	33
	米	mǐ	〔量〕	metre	20
mián	棉花	miánhua	〔名〕	cotton	23
miǎn	免不了	miǎn bù liǎo		one cannot help..., it's unavoidable	8

miàn	…面	…miàn	〔名〕	…part	7
	面积	miànjī	〔名〕	area	31
miǎo	苗条	miáotiao	〔形〕	slender, slim	9
miǎo	秒	miǎo	〔名〕	second (of time)	24
mín	民歌	míngē	〔名〕	folk song	13
	民族	mínzú	〔名〕	nation	33
míng	名	míng	〔量〕	a measure word indicating the number (of persons)	27
	名不虚传	míngbùxūchuán		to be worthy of its name	34
	名称	míngchēng	〔名〕	appelation, name	31
	名牌儿	míngpáir	〔名〕	famous brand, quality brand	19
	名胜	míngshèng	〔名〕	scenic spot	31
	明白	míngbai	〔形〕	clear about	22
mìng	命	mìng	〔名〕	life	24
mō	摸	mō	〔动〕	to feel	11
mó	摩托车	mótuóchē	〔名〕	motorcycle	34
mò	默默	mòmò	〔副〕	silently	6
mǔ	母系	mǔxì	〔名〕	matriarchy	33
mù	木板	mùbǎn	〔名〕	wood-board	30

N

nǎ	哪怕	nǎpà	〔连〕	even though	12
nài	耐心	nàixīn	〔形、名〕	patient; patience	6
nán	难道	nándào	〔副〕	an expression used adverbially in a rhetorical question for emphasis, an affirmative reply is usually expected	20
	难看	nánkàn	〔形〕	ugly	9
	难免	nánmiǎn	〔形〕	unavoidable	18
	难为	nánwei	〔动〕	to embarrass, to be hard on	20
nǎo	脑袋	nǎodai	〔名〕	head	25
nèi	内科	nèikē	〔名〕	internal medicine	22
néng	能源	néngyuán	〔名〕	energy resources	17
ní	尼龙	nílóng	〔名〕	nylon	10
nǐ	你一言，我一语 nǐ yì yán, wǒ yì yǔ			a lively conversation with everybody joining in	17
nián	年糕	niángāo	〔名〕	(lunar) New Year cake (made of glutinous rice of millet)	35

	年货	niánhuò	〔名〕	(lunar) New Year purchases	35
	年夜	niányè	〔名〕	the eve of the (lunar) New Year	35
nǐng	拧	nǐng	〔动〕	to turn (on)	2
niú	牛	niú	〔名〕	ox	33
niǔ	钮扣	niǔkòu	〔名〕	button	7
nóng	农 (业)	nóng (yè)	〔名〕	agriculture	29
	农村	nóngcūn	〔名〕	rural area, countryside	16
	农民	nóngmín	〔名〕	farmer	23
nòng	弄	nòng	〔动〕	to make	10
nǔ	努力	nǔlì	〔形〕	hard-working	29
nuó	挪	nuó	〔动〕	to move	3

O

| ōu | 呕吐 | ōutù | 〔动〕 | to vomit | 26 |

P

pá	爬虫	páchóng	〔名〕	reptile	7
pà	怕	pà	〔动〕	to fear	23
pāi	拍照	pāi zhào		to photograph	28
pái	牌儿	páir	〔名〕	brand	25
	牌子	páizi	〔名〕	plate	7
pài	派	pài	〔动〕	to send	27
	派	pài	〔量〕	a measure word	30
pán	盘	pán	〔量〕	a measure word for a piece of tape, etc.	19
	盘子	pánzi	〔名〕	plate	15
pàn	判处	pànchǔ	〔动〕	sentence, condemn	28
	盼	pàn	〔动〕	to look forward to	35
páng	旁	páng	〔名〕	side	17
	…旁	…páng	〔名〕	basic structural part of Chinese character	33
	旁边儿	pángbiānr	〔名〕	(by) the side (of)	3
	旁听	pángtīng	〔动〕	visitor	28
pàng	胖	pàng	〔形〕	plump, stout	5
pǎo	跑步	pǎo bù		to run	12
péi	陪	péi	〔动〕	to accompany	7
	陪同	péitóng	〔动〕	to accompany	27

	培养	péiyǎng	〔动〕	to breed	25
pén	盆	pén	〔量、名〕	pot	25
	盆浴	pényù	〔名〕	bath	2
pèng	碰	pèng	〔动〕	to bump, to touch	8
pī	批评	pīpíng	〔名、动〕	criticism; to criticise	14
	噼噼叭叭	pī pī pā pā	〔象声〕	cracking and spluttering	35
pí	皮	pí	〔名〕	skin	15
piān	篇	piān	〔量〕	a piece of (writing)	1
pián	便宜	piányi	〔形〕	cheap	29
piàn	片	piàn	〔量〕	a measure word for a mixture of...	19
	骗	piàn	〔动〕	to deceive	15
piāo	飘	piāo	〔动〕	to flutter	31
piào	漂亮	piàoliang	〔形〕	pretty	9
piě	撇（儿）	piě (r)	〔名〕	a stroke written downward, tilting to the left at the end of the stroke	32
pǐn	…品	...pǐn	〔名〕	...product, article	19
pīng	乒乓球	pīngpāngqiú	〔名〕	table tennis	12
píng	平方（米）	píngfāng (mǐ)	〔名〕	square (metre)	2
	平均	píngjūn	〔动〕	to average	17
	平时	píngshí	〔名〕	(in) normal times, on weekdays	14
	平坦	píngtǎn	〔形〕	even, smooth	17
	平原	píngyuán	〔名〕	plain	31
	苹果	píngguǒ	〔名〕	apple	10
pō	泼	pō	〔动〕	to sprinkle	34

Q

qī	妻子	qīzi	〔名〕	wife	1
	期间	qījiān	〔名〕	period	35
	期中	qīzhōng	〔名〕	mid-term	22
qí	齐	qí	〔形〕	trim, even	18
	齐全	qíquán	〔形〕	complete	19
	其实	qíshí	〔副〕	in fact	9
	其他	qítā	〔指、代〕	other	6
	其中	qízhōng	〔名〕	among which	27
	旗袍儿	qípáor	〔名〕	a traditional garment with up-to-the-knee slits at the sides	9
	骑	qí	〔动〕	to ride (a bike)	9
qǐ	起	qǐ	〔动〕	to give (a name) to	6

	起点	qǐdiǎn	〔名〕	originating point	34
	起诉	qǐsù	〔动〕	to bring a suit against	28
qì	气	qì	〔名〕	air	23
	气	qì	〔动〕	to get angry	18
	气功	qìgōng	〔名〕	a system of deep breathing exercises	11
	气管炎	qìguǎnyán	〔名〕	tracheitis	24
	气候	qìhòu	〔名〕	climate	31
	气筒	qìtǒng	〔名〕	air-pump	23
qiān	千万	qiānwàn	〔副〕	an expression used adverbially to express sincere exhortation	14
	铅笔	qiānbǐ	〔名〕	pencil	25
qiǎn	浅	qiǎn	〔形〕	light (colour)	9
qiáng	墙	qiáng	〔名〕	wall	3
qiǎng	抢	qiǎng	〔动〕	to snatch up	4
qiāo	悄悄	qiāoqiao	〔副〕	on the quiet	18
	敲	qiāo	〔动〕	to knock	4
qiáo	乔迁之喜	qiáoqiān zhī xǐ		Best wishes for your new home	5
	瞧	qiáo	〔动〕	to look	3
qiǎo	巧	qiǎo	〔形〕	coincidental	18
qiē	切	qiē	〔动〕	to slice, cut	15
	切除	qiēchú	〔动〕	to excise, cut off	26
	亲	qīn	〔形〕	one's own blood relations	6
	亲爱	qīn'ài	〔形〕	dear	12
	亲人	qīnrén	〔名〕	one's family members (parents, spouse, children); one's immediate blood relations	6
	亲手	qīnshǒu	〔副〕	with one's own hands, oneself	35
qín	勤劳	qínláo	〔形〕	hard-working, industrious	6
qīng	青	qīng	〔形〕	green	23
	轻	qīng	〔形〕	light	19
qíng	情节	qíngjié	〔名〕	plot	13
	晴朗	qínglǎng	〔形〕	sunny	20
qǐng	请柬	qǐngjiǎn	〔名〕	invitation card	30
	请教	qǐngjiào	〔动〕	to consult, to ask for advice	11
	请求	qǐngqiú	〔动〕	to request	28
qiú	球	qiú	〔名〕	ball	12
qū	趋势	qūshì	〔名〕	tendency, trend	33
qǔ	取长补短 qǔchángbǔduǎn			to learn from others' strong points to offset one's weaknesses	22
qù	去年	qùnián	〔名〕	last year	5

	去世	qùshì	〔动〕	to pass away, to die	6
quān	圈儿	quānr	〔名〕	quoit, ring	30
quàn	劝	quàn	〔动〕	to persuade	6
quē	缺	quē	〔动〕	to lack	25
què	却	què	〔副〕	but, yet, however	17
	确凿	quèzáo	〔形〕	conclusive	28
qún	裙子	qúnzi	〔名〕	skirt	9

R

rán	然后	ránhòu	〔副〕	then	4
ràng	让	ràng	〔动〕	to offer (one's seat to somebody)	8
rè	热烈	rèliè	〔形〕	warm	27
	热闹	rènao	〔形〕	bustling with noisy and busy activity	29
rén	人工	réngōng	〔名〕	artificial, man-made	25
	人家	rénjiā	〔代〕	they, others, a pronoun referring to some persons in general	1
	人口	rénkǒu	〔名〕	population	16
	人类	rénlèi	〔名〕	mankind	22
	人群	rénqún	〔名〕	crowd	19
rěn	忍受	rěnshòu	〔动〕	to bear, to endure	6
	忍住	rěn zhù		(cannot) help (...ing), to suppress	10
rèn	认为	rènwéi	〔动〕	to think	13
	认真	rènzhēn	〔形、副〕	serious; seriously	12
	认罪	rèn zuì		to admit one's guilt, to plead guilty	28
	任务	rènwù	〔名〕	assignment, duty, task	5
rēng	扔	rēng	〔动〕	to throw	24
rì	日记	rìjì	〔名〕	diary	29
	日子	rìzi		day	34
róng	容易	róngyì	〔形〕	easy	29
róu	柔和	róuhé	〔形〕	soft	30
rú	如实	rúshí	〔副〕	strictly according to the facts, as things really are, truthfully	28
rù	入学	rù xué		to be admitted to a school	4
	褥(子)	rù (zi)	〔名〕	cotton-padded mattress	32

S

sǎn	伞	sǎn	〔名〕	umbrella	10
sàn	散	sàn	〔动〕	to separate	30
	散步	sàn bù		to take a walk	2
sēn	森林	sēnlín	〔名〕	forest	34
shān	山	shān	〔名〕	hill, mountain	10
	扇	shān	〔动〕	to fan	3
shǎn	闪	shǎn	〔动〕	to dodge to one side	14
	闪光灯	shǎnguāngdēng	〔名〕	flash lamp	20
	闪闪	shǎnshǎn	〔副〕	glittering	32
shàn	扇子	shànzi	〔名〕	fan	3
	善良	shànliáng	〔形〕	kind-hearted	6
	善于	shànyú	〔副〕	to be good at	29
shāng	商场	shāngchǎng	〔名〕	bazaar, market	8
	商量	shāngliang	〔动〕	to consult, to hold discussions	26
shàng	上联儿	shànglián r	〔名〕	the first line of a couplet	32
	上升	shàngshēng	〔动〕	to rise	31
shāo	烧	shāo	〔动〕	to burn	35
	稍微	shāowēi	〔副〕	slightly	32
shào	少	shào	〔形〕	young	6
	哨子	shàozi	〔名〕	whistle	21
shè	设备	shèbèi	〔名〕	equipment	27
	设计	shèjì	〔动、名〕	to design; design	19
	社会	shèhuì	〔名〕	society	16
	射门	shè mèn	〔动〕	to shoot at the goal	21
	摄氏	shèshì	〔名〕	centigrade	31
	摄影	shèyǐng	〔动〕	to photograph	20
shēn	申请	shēnqǐng	〔动、名〕	to apply; application	1
shén	什么的	shénmede	〔助〕	or the like	9
shěn	审判	shěnpàn	〔动〕	to try, to bring to trial	28
	婶儿	shěnr	〔名〕	aunt	14
shēng	生	shēng	〔动〕	to give birth to	6
	生病	shēng bìng		to fall ill	11
	生产	shēngchǎn	〔名、动〕	production; to produce	14
	生动	shēngdòng	〔形〕	lively, vivid	12
	…声	…shēng	〔名〕	sound of...	10
shī	失	shī	〔动〕	to lose	6
	师傅	shīfù	〔名〕	master worker (a qualified worker as distinct from an apprentice)	14

	狮子	shīzi	〔名〕	lion	7
	诗	shī	〔名〕	poetry, poem	25
	诗意	shīyì	〔名〕	poetic flavour	25
	湿淋淋	shīlínlín	〔形〕	wet through	34
shí	十分	shífēn	〔副〕	very	12
	十字	shízì	〔名〕	cross (road)	8
	时	shí	〔名〕	o'clock	30
	时代	shídài	〔名〕	period, era	31
	实际	shíjì	〔名、形〕	practical	22
	实践	shíjiàn	〔动、名〕	to practise; practice	22
	实况	shíkuàng	〔名〕	live broadcast	21
	实验	shíyàn	〔名、动〕	experiment	12
	实用	shíyòng	〔形〕	practical	19
	食堂	shítáng	〔名〕	dining hall, mess	27
shǐ	使	shǐ	〔动〕	to make, to cause	12
shì	氏	shì	〔名〕	family name, surname	33
	市	shì	〔名〕	city, town	31
	市场	shìchǎng	〔名〕	market	8
	世纪	shìjì	〔名〕	century	31
	世界	shìjiè	〔名〕	world	19
	式样	shìyàng	〔名〕	style	19
	…似地	…shìde	〔助〕	an auxiliary particle indicating similarity	24
	事故	shìgù	〔名〕	accident	17
	事实	shìshí	〔名〕	fact	28
	事业	shìyè	〔名〕	facility, cause, undertaking	17
shōu	收集	shōují	〔动〕	to collect	33
	收入	shōurù	〔名、动〕	revenue, income, earnings	23
shǒu	手绢儿	shǒujuànr	〔名〕	handkerchief	8
	手术	shǒushù	〔名〕	surgical operation	22
	手指	shǒuzhǐ	〔名〕	finger	15
	守岁	shǒu suì		to stay up all night on New Year's Eve	35
shòu	寿命	shòumìng	〔名〕	life	24
	受	shòu	〔动〕	to be affected	24
	受累	shòu lèi		to be put to much trouble	16
	受罪	shòu zuì		to have a hard time	16
	售票员	shòupiàoyuán	〔名〕	conductor	8
shū	…书	…shū	〔名〕	letter (of...)	1
	书房	shūfáng	〔名〕	a study	2
	书柜	shūguì	〔名〕	bookcase	3

	梳	shū	〔动〕	to comb	20
	输	shū	〔动〕	to lose	21
shú	熟	shú	〔形〕	familiar	5
	熟人	shúrén	〔名〕	acquaintance	24
shǔ	暑假	shǔjià	〔名〕	summer vacation	34
shù	…数	…shù	〔名〕	…number	27
	数量	shùliàng	〔名〕	quantity	33
	数字	shùzì	〔名〕	figure	31
shuāi	衰老	shuāilǎo	〔形〕	aging, old and feeble	24
shuǐ	水	shuǐ	〔名〕	water	2
	水稻	shuǐdào	〔名〕	rice	23
	水果	shuǐguǒ	〔名〕	fruit	29
	水壶	shuǐhú	〔名〕	canteen	34
	水库	shuǐkù	〔名〕	reservoir	23
	水平	shuǐpíng	〔名〕	level	13
shuì	睡觉	shuì jiào	〔动〕	to sleep	1
shuō	说明	shuōmíng	〔动〕	to show	29
sī	司徒	sītú	〔名〕	official title in ancient times, a two-character family name	33
	丝	sī	〔名〕	silk	19
	丝绸	sīchóu	〔名〕	silk cloth	19
	思考	sīkǎo	〔动〕	to think, to ponder	29
	思想	sīxiǎng	〔名〕	thinking	1
sǐ	死	sǐ	〔动〕	to die	13
sì	四处	sìchù	〔名〕	everywhere, all around	30
sōng	松快	sōngkuai	〔形〕	less crowded	8
sú	俗话	súhuà	〔名〕	common saying	11
sù	素	sù	〔形〕	vegetable (dish)	11
	速度	sùdù	〔名〕	speed	20
	宿舍	sùshè	〔名〕	dormitory	4
suàn	算	suàn	〔动〕	to include, to count	16
suī	虽然	suīrán	〔连〕	although	12
suí	随	suí	〔动〕	to accompany	10
	随便	suí biàn		to let (somebody do as he likes), informal	20
	随身	suí shēn		(carry sth.) with one	34
suì	岁数	suìshù	〔名〕	age	20
suō	缩短	suōduǎn	〔动〕	to shorten	24
suǒ	…所	…suǒ	〔名〕	…institute	1
	所以	suǒyǐ	〔连〕	therefore, so	4

T

tái	…台	…tái	〔名〕	(radio, television) station	21
	台灯	táidēng	〔名〕	desk lamp	3
	抬	tái	〔动〕	to raise	20
tài	太古	tàigǔ	〔名〕	remote antiquity	33
	太极拳	tàijíquán	〔名〕	a kind of traditional Chinese shadow boxing	11
	态度	tàidù	〔名〕	attitude, opinion	18
tán	谈论	tánlùn	〔动〕	to talk about	9
tǎn	毯子	tǎnzi	〔名〕	blanket	3
tāng	汤圆	tāngyuán	〔名〕	stuffed dumplings made of glutinous rice flour served in soup	35
táng	糖果	tángguǒ	〔名〕	sweets, candy	35
tàng	烫	tàng	〔动、形〕	to be permed; permed	5
	趟	tàng	〔量〕	a measure word for verbs	7
tāo	掏	tāo	〔动〕	to take out	8
táo	淘气	táoqì	〔形〕	naughty	7
tǎo	讨厌	tǎoyàn	〔形〕	disgusting	8
tào	套(圈儿)	tào (quānr)	〔动〕	to quoit, to throw (a ring at)	30
tè	特此	tècǐ	〔副〕	(it is) hereby (requested that…)	26
	特点	tèdiǎn	〔名〕	special feature, characteristics	22
	特色	tèsè	〔名〕	distinguishing feature	13
	特有	tèyǒu	〔形〕	characteristic, typical	17
tī	踢	tī	〔动〕	to kick	21
tí	提	tí	〔动〕	to take up, to lift up	4
	提	tí	〔动〕	to mention	15
	提倡	tíchàng	〔动〕	to encourage, to advocate	16
	提高	tígāo	〔动〕	to improve, to raise (the level of)	5
	提前	tíqián	〔动〕	in advance	8
tǐ	体格	tǐgé	〔名〕	physique	4
	体贴	tǐtiē	〔动〕	to show loving consideration for	6
	体现	tǐxiàn	〔动〕	to express, to embody	13
	体育	tǐyù	〔名〕	physical training	12
	体育场	tǐyùchǎng	〔名〕	stadium	21
tián	甜	tián	〔形〕	sweet	27
tiāo	挑	tiāo	〔动〕	to select	20
tiáo	条儿	tiáor	〔名〕	a written request (for leave)	26
	调解	tiáojiě	〔动〕	to mediate, to patch up	14
tiào	跳	tiào	〔动〕	to jump (onto)	8

426

	跳舞	tiào wǔ		to dance	7
tiē	贴	tiē	〔动〕	to post up	27
tiě	铁路	tiělù	〔名〕	railway	34
tīng	厅	tīng	〔名〕	hall	19
tǐng	挺	tǐng	〔副〕	very	3
tōng	通	tōng	〔动〕	to lead to	25
	通	tōng	〔动〕	to understand (to allow oneself to be persuaded)	16
	通行	tōngxíng	〔动〕	to pass	17
	通知	tōngzhī	〔动、名〕	to notify; notification	1
tóng	同时	tóngshí	〔副〕	simultaneously	20
	同屋	tóngwū	〔名〕	room-mate	4
	同学	tóngxué	〔名〕	classmate	10
	同样	tóngyàng	〔形〕	the same, like	24
	同意	tóngyì	〔动〕	to agree	13
tǒng	统计	tǒngjì	〔动〕	statistics	24
	桶	tǒng	〔名〕	pail	34
	筒	tǒng	〔名、量〕	tin	26
tòng	痛苦	tòngkǔ	〔名、形〕	pain, agony	6
tóu	头儿	tóur	〔名〕	the very beginning	18
	头（一回）	tóu (yìhuí)		for the first time	18
	头巾	tóujīn	〔名〕	scarf	17
tū	突然	tūrán	〔副〕	suddenly	3
tú	图	tú	〔名〕	map	34
	图案	tú'àn	〔名〕	design	25
	图书馆	túshūguǎn	〔名〕	library	4
	图腾	túténg	〔名〕	totem	33
	涂	tú	〔动〕	to apply	9
	徒刑	túxíng	〔名〕	imprisonment	28
tǔ	土豆儿	tǔdòur	〔名〕	potato	15
tuán	团圆	tuányuán	〔动〕	to reunite, to get together (of a family)	35
tuī	推	tuī	〔动〕	to push	23
	推（头）	tuī (tóu)		cut hair with clippers	18
tuì	退休	tuìxiū	〔动〕	to retire	6
tuó	驼（背）	tuó (bèi)	〔动〕	to hump, hunch	11

W

wā	蛙泳	wāyǒng	〔名〕	breaststroke	10
wài	外地	wàidì	〔名〕	parts of the country other than where one is	5
	外间	wàijiān	〔名〕	outer part	2
	外科	wàikē	〔名〕	surgery	22
wān	弯儿	wānr	〔名〕	corner	8
wán	丸药	wányào	〔名〕	pilled medicine	27
wǎn	晚会	wǎnhuì	〔名〕	evening party	30
wǎng	网球	wǎngqiú	〔名〕	tennis	12
	往往	wǎngwǎng	〔副〕	often	29
wàng	忘记	wàngjì	〔动〕	to forget	12
wēi	微	wēi	〔形〕	slight	20
wéi	为	wéi	〔动〕	to be	26
wěi	尾巴	wěiba	〔名〕	tail	25
	委员	wěiyuán	〔名〕	committee member	14
	委员会	wěiyuánhuì	〔名〕	committee	14
wèi	卫生	wèishēng	〔名〕	sanitation	14
	为了	wèi le	〔介〕	in order to	14
	味精	wèijīng	〔名〕	gourmet powder	15
	味儿	wèir	〔名〕	smell, odour	15
wén	文艺	wényì	〔名〕	theatrical performance	30
	文章	wénzhāng	〔名〕	article, essay	1
	闻	wén	〔动〕	to smell	15
wèn	问候	wènhòu	〔动〕	to greet, to say hello to	5
wò	握手	wò shǒu		to shake hands	14
	卧室	wòshì	〔名〕	bedroom	2
wū	污染	wūrǎn	〔动〕	to pollute	17
	屋	wū	〔名〕	house, room	3
wú	无轨	wúguǐ	〔名〕	trolleybus	8
wǔ	舞会	wǔhuì	〔名〕	ball, dance	30
	舞台	wǔtái	〔名〕	stage	30
wù	勿…	wù...	〔副〕	No...	7
	物质	wùzhì	〔名〕	matter	24

X

xī	西边儿	xībiānr	〔名〕	(on) the western side, (on) the west (of)	2
	西医	xīyī	〔名〕	the western medicine	22
	吸	xī	〔动〕	to smoke	24
	吸引	xīyǐn	〔动〕	to attract	29
xí	习惯	xíguàn	〔名、动〕	usual practice, custom; to be accustomed to	35
	…席	…xí	〔名〕	…seats	28
xǐ	洗	xǐ	〔动〕	to print (copies from a negative)	20
	喜爱	xǐ'ài	〔动〕	love, like	25
	喜事	xǐshì	〔名〕	wedding, joyous occasion	32
	喜糖	xǐtáng	〔名〕	"Happiness" sweets, wedding sweets	32
xì	戏	xì	〔名〕	play, drama	35
xià	下联儿	xiàliánr	〔名〕	the second line of a couplet	32
	吓	xià	〔动〕	to frighten	35
xiān	鲜花	xiānhuā	〔名〕	flower	25
xián	咸	xián	〔形〕	salty	15
	嫌	xián	〔动〕	to dislike	16
xiǎn	显得	xiǎnde	〔动〕	to look	9
xiàn	现场	xiànchǎng	〔名〕	site	28
	现代	xiàndài	〔名〕	modern	22
	线	xiàn	〔名〕	suture	26
	羡慕	xiànmù	〔动〕	to admire	34
xiāng	相（儿.媳妇）	xiāng (érxífù)	〔动〕	take a look at one's prospective daughter-in-law	18
	相当	xiāngdāng	〔副〕	quite, considerably	19
	相亲相爱	xiāng qīn xiān ài		to love each other	32
	相同	xiāngtóng	〔形〕	same, identical	33
	香	xiāng	〔形〕	fragrant	25
	香肠	xiāngcháng		sausage	34
	香烟	xiāngyān	〔名〕	cigaret	24
xiǎng	响	xiǎng	〔动〕	to ring	3
	想	xiǎng	〔动〕	to think of, long for	12
	想像	xiǎngxiàng	〔动〕	to imagine	29
xiàng	项	xiàng	〔量〕	item	4
	项链	xiàngliàn	〔名〕	necklace	9
	项目	xiàngmù	〔名〕	item	30
	相册	xiàngcè	〔名〕	photo album	32
	象	xiàng	〔名〕	elephant	7

429

xiāo	削	xiāo	〔动〕	to peel off	10
	销售	xiāoshòu	〔动〕	to sell	27
xiǎo	小辫儿	xiǎobiànr	〔名〕	short braid, pig tail	17
	小刀儿	xiǎodāor	〔名〕	pocket-knife	10
	小孩儿	xiǎoháir	〔名〕	children, kids	7
	小伙子	xiǎohuǒzi	〔名〕	a young man	10
	小两口	xiǎoliǎngkǒu	〔名〕	the couple	6
	小说	xiǎoshuō	〔名〕	novel	13
	小心	xiǎoxīn	〔形、动〕	careful; take care	8
xiào	效果	xiàoguǒ	〔名〕	effect	22
	校园	xiàoyuán	〔名〕	campus	22
	校徽	xiàohuī	〔名〕	school badge	4
	笑话	xiàohuà	〔动〕	joke	24
xiē	歇	xiē	〔动〕	to rest	18
xié	鞋	xié	〔名〕	shoes	7
xiě	写字台	xiězìtái	〔名〕	writing table	3
xiè	谢绝	xièjué	〔动〕	to refuse, to decline	7
xīn	心爱	xīn'ài	〔形、动〕	treasured (procession); to treasure	3
	心地	xīndì	〔名〕	heart, character	6
	心情	xīnqíng	〔名〕	mood	29
	心脏	xīnzàng	〔名〕	heart	24
	欣赏	xīnshǎng	〔动〕	to enjoy, to appreciate	31
	新村	Xīn Cūn		New Village	2
	新房	xīnfáng	〔名〕	bridal chamber	32
	新居	xīn jū		new flat	2
	新郎	xīnláng	〔名〕	bridegroom	32
	新娘	xīnniáng	〔名〕	bride	32
	新手	xīnshǒu	〔名〕	new hand, green hand	18
	新鲜	xīnxiān	〔形〕	fresh	11
	新颖	xīnyǐng	〔形〕	novel	19
xìn	信	xìn	〔动〕	to believe	18
	信仰	xìnyǎng	〔动、名〕	to believe in; belief	4
xíng	刑法	xíngfǎ	〔名〕	penal code	28
	形成	xíngchéng	〔动〕	to form	22
	形式	xíngshì	〔名〕	way, form	32
xǐng	醒	xǐng	〔动〕	to awake	9
xìng	…性	…xìng	〔名〕	…sex	33
	性别	xìngbié	〔名〕	sex	4
	性质	xìngzhì	〔名〕	quality	33
xiōng	凶猛	xiōngměng	〔形〕	ferocious	7

	兄	xiōng	〔名〕	elder brother	20
xióng	熊	xióng	〔名〕	bear	7
	熊猫	xióngmāo	〔名〕	giant panda	7
xiū	修	xiū	〔动〕	to repair	23
	修建	xiūjiàn	〔动〕	to build, to construct	31
	羞怯	xiūqiè	〔形〕	shy	32
xiùlì	秀丽	xiùlì	〔形〕	beautiful	10
xū	须	xū	〔助动〕	need	25
xuān	宣判	xuānpàn	〔动〕	to pronounce judgement	28
xué	…学	…xué	〔名〕	…subject of study, -ology	29
	学历	xuélì	〔名〕	academic record	4
	学问	xuéwèn	〔名〕	learning	11
xuě	雪	xuě	〔名〕	snow	31
	雪花	xuěhuā	〔名〕	snowflakes	31
	雪景	xuějǐng	〔名〕	snowy scene	31
xuè	血统	xuètǒng	〔名〕	blood relationship	33
xún	旬	xún	〔名〕	a ten-day period of a month	1
xùn	迅速	xùnsù	〔形〕	swift, quick	20

Y

yā	丫头	yātou	〔名〕	girl (Northern dialect)	16
	压岁钱	yāsuìqián	〔名〕	money given to children as a (lunar) New Year gift	35
yǎ	雅	yǎ	〔形〕	refined, tasteful	25
	雅致	yǎzhì	〔形〕	refined, tasteful	25
yà	亚军	yàjūn	〔名〕	second place, runner-up	21
	严格	yángé	〔形〕	strict	12
	严重	yánzhòng	〔形〕	serious	16
	沿著	yánzhe	〔介〕	along	10
	盐	yán	〔名〕	salt	15
yǎn	眼	yǎn	〔名〕	eye	11
	眼光	yǎnguāng	〔名〕	insight, foresight	18
yàn	验血	yàn xiě		blood test	26
yáng	阳光	yángguāng	〔名〕	sunshine	2
	阳台	yángtái	〔名〕	balcony	2
	杨	yáng	〔动〕	poplar	33
yǎng	养	yǎng	〔动〕	to raise	23
	养(病)	yǎng (bìng)	〔动〕	to recuperate	26

yāo	腰	yāo	〔名〕	waist	15
	邀请	yāoqǐng	〔动、名〕	to invite; invitation	1
yào	药材	yàocái	〔动〕	medicinal materials	28
	要紧	yàojǐn	〔动〕	It doesn't matter	10
	要是…就	yàoshi…jiù…		if...then...	1
	钥匙	yàoshi	〔名〕	key	3
yě	也许	yěxǔ	〔副〕	perhaps	29
	野餐	yěcān	〔动〕	picnic	34
yè	业余	yèyú	〔形〕	amature	20
	叶	yè	〔名〕	leaf	33
	夜	yè	〔名〕	night	1
yī	一…就…	yī…jiù…		as soon as	2
	一一	yīyī	〔副〕	one by one	27
	医务室	yīwùshì	〔名〕	clinic	24
	医药学	yìyàoxué	〔名〕	medical science	22
yí	一刹那	yíchànà	〔名〕	instance, in the twinkling of an eye	20
	一带	yídài	〔名〕	about a place, thereabouts	31
	一面…一面	yímiàn…yímiàn		...while...	23
	仪式	yíshì	〔名〕	ccremony	32
	遗憾	yíhàn	〔形、动〕	regretful, to pity	13
	移风易俗	yí fēng yì sú		change prevailing habits and customs	32
yǐ	以内	yǐnèi	〔名〕	within	26
	以为	yǐwéi	〔动〕	to think, to take...as	25
yì	一般	yìbān	〔形〕	generally	9
	一连	yìlián	〔副〕	successively, in succession	16
	艺术	yìshù	〔名〕	arts	1
	艺术品	yìshùpǐn	〔名〕	work of art	19
	意义	yìyì	〔名〕	significance	20
yīn	因素	yīnsù	〔名〕	factor	28
	姻缘	yīnyuán	〔名〕	marriage, the happy fate which brings lovers together	32
yín	银幕	yínmù	〔名〕	motion-picture screen	13
yǐn	引进	yǐnjìn	〔动〕	to bring in, to introduce	27
	引起	yǐnqǐ	〔动〕	to cause	17
yìn	印象	yìnxiàng	〔名〕	impression	13
yíng	迎	yíng	〔动〕	to usher...in, to meet, to welcome	22
	迎接	yíngjiē	〔动〕	to welcome	18
	赢	yíng	〔动〕	to win	21
yǐng	影响	yǐngxiǎng	〔动〕	to influence, interfere	29
yìng	应	yìng	〔动〕	to respond, to answer	1

yō	哟	yō	〔叹〕	oh	15
yǒng	涌	yǒng	〔动〕	to swarm	30
yòng	用力	yòng lì		to exert oneself in doing...	10
yōu	悠久	yōujiǔ	〔形〕	long	22
	悠扬	yōuyáng	〔形〕	melodius	30
yóu	尤其	yóuqí	〔副〕	especially	11
	由	yóu	〔连、介〕	from	7
	由于	yóuyú	〔连、介〕	because (of)	22
	油	yóu	〔名〕	oil	15
	游	yóu	〔动〕	to travel round	34
	游人	yóurén	〔名〕	visitor	7
	游艺	yóuyì	〔名〕	recreation, entertainment	30
	游泳	yóuyǒng	〔动〕	to swim	10
yǒu	友好	yǒuhǎo	〔形〕	friendly	12
	有关	yǒuguān	〔动〕	concerned	1
	有期	yǒu qī		specified (prison sentence)	28
	有趣	yǒuqù	〔形〕	interesting	33
	有时	yǒushí	〔副〕	sometimes	12
yú	于	yú	〔介〕	in (a place)	12
	于是	yúshì	〔连〕	so	25
yù	浴室	yùshì	〔名〕	bathroom	2
	预防	yùfáng	〔动〕	to prevent	14
	预赛	yùsài	〔名〕	preliminary contest	21
yuán	园林	yuánlín	〔名〕	horticulture, gardening	34
	…员	…yuán	〔名〕	…a person engaged in some field of activity	1
	原	yuán	〔形〕	former, original	28
	原来	yuánlái	〔副、形〕	originally; original	10
	原料	yuánliào	〔名〕	raw material	27
	原声带	yuánshēngdài	〔名〕	the original tape (tape with the original voice or sound recorded)	19
	原因	yuányīn	〔名〕	reason	17
	原著	yuánzhù	〔名〕	original work	13
yuǎn	远古	yuǎngǔ	〔名〕	remote antiquity	33
yuē	约	yuē	〔动〕	to make an appointment	9
yuè	月子	yuèzi	〔名〕	month of confinement after giving birth to a child	16
	乐	yuè	〔名〕	music, family name	33
	阅览室	yuèlǎnshì	〔名〕	reading room	4

	越 (过)	yuè (guò)	〔动〕	to go through, to cross	34
	越…越	yuè…yuè…		the more…the more…	13
	越来越…	yuè lái yuè…		to become more and more	24
yún	云	yún	〔名〕	cloud	29
yùn	孕妇	yùnfù	〔名〕	pregnant woman	8
	运动会	yùndònghuì	〔名〕	sports meet, games	21
	运动员	yùndòngyuán	〔名〕	sportsman, athlete	10

Z

zā	扎	zā	〔动〕	to plait	17
zài	再说	zàishuō	〔连〕	besides, what's more, moreover	10
zàn	赞叹	zàntàn	〔动〕	to praise highly	34
zāng	脏	zāng	〔形〕	dirty	7
	脏物	zāngwù	〔名〕	stolen goods	28
zāo	糟糕	zāogāo	〔形〕	too bad, how terrible	15
zào	灶	zào	〔名〕	cooker	15
zé	则	zé	〔连〕	then	33
zēng	增加	zēngjiā	〔动〕	to increase	17
	增进	zēngjìn	〔动〕	to improve, promote	17
	增长	zēngzhǎng	〔动〕	to increase	19
zhǎi	窄	zhǎi	〔形〕	narrow	17
zhān	瞻仰	zhānyǎng	〔动〕	to pay homage to, to pay a visit	34
zhǎn	展出	zhǎnchū	〔动〕	to exhibit	19
	展销	zhǎnxiāo	〔动〕	show and sale	19
	崭新	zhǎnxīn	〔形〕	completely new, spick-and-span	32
zhàn	占	zhàn	〔动〕	to occupy, to take	27
zhǎng	…长	…zhǎng	〔名〕	presiding (judge)	28
	长辈	zhǎngbèi	〔名〕	the elders	35
zhàng	丈夫	zhàngfu	〔名〕	husband	14
zhāo	招呼	zhāohu	〔动、名〕	to beckon, beck	8
zháo	着	zháo	〔动〕	used after a verb to express a purpose that has been realized, or a result	5
	着急	zháo jí		worried	3
zhào	照顾	zhàogù	〔动〕	to take care of	6
zhēn	针灸	zhēnjiǔ	〔名〕	acupuncture	22
	真实	zhēnshí	〔形〕	real	13
zhěn	诊断	zhěnduàn	〔动〕	to diagnose	26
	枕头	zhěntou	〔名〕	pillow	3

zhèn	阵	zhèn	〔量〕	a measure word indicating a burst (of laughter)	30
zhēng	争	zhēng	〔动〕	argue	21
	争夺	zhēngduó	〔动〕	to struggle, fight	21
	睁	zhēng	〔动〕	to open (the eyes)	35
	蒸	zhēng	〔动〕	to steam	15
	征途	zhēngtú	〔名〕	journey	32
zhěng	整洁	zhěngjié	〔形〕	clean and tidy	25
zhèng	正常	zhèngcháng	〔形〕	normal	26
	…证	…zhèng	〔名〕	…permit, card	4
	证词	zhèngcí	〔名〕	testimony	28
	证据	zhèngjù	〔名〕	evidence	28
	证明	zhèngmíng	〔动〕	to prove	24
	证人	zhèngrén	〔名〕	witness	28
	政府	zhèngfǔ	〔名〕	government	16
zhī	之内	zhīnèi	〔名〕	within…	30
	知识	zhīshí	〔名〕	knowledge	29
	织	zhī	〔动〕	to knit	8
zhí	职工	zhígōng	〔名〕	staff and workers	27
	职业	zhíyè	〔名〕	profession, trade	33
	直	zhí	〔动、形〕	to straighten; straight	16
	直到	zhídào	〔动〕	until	16
	植物	zhíwù	〔名〕	plant, flora	33
zhǐ	止步	zhǐ bù		stop here	7
	只好	zhǐhǎo	〔副〕	to have to	16
	只是	zhǐshì	〔副、连〕	only	6
	只有…才…	zhǐyǒu…cái…		only…can…	13
	纸	zhǐ	〔名〕	paper	19
zhì	至于	zhìyú	〔连〕	as for	29
	治疗	zhìliáo	〔动〕	treatment	22
	志喜	zhì xǐ		a happiness to be remembered (a polite formula)	32
	质量	zhìliàng	〔名〕	quality	19
	制度	zhìdù	〔名〕	regulations	4
	致	zhì	〔动〕	to cause	24
	致	zhì	〔动〕	part of a complimentary close, meaning with (greetings)	26
	秩序	zhìxù	〔名〕	order	29
zhōng	…中	…zhōng	〔名〕	in	24

	中间	zhōngjiān	〔名〕	among	29
	中央	zhōngyāng	〔名、形〕	centre; central	21
	中药	zhōngyào	〔名〕	traditional Chinese medicine	7
	中医	zhōngyī	〔名〕	doctor or practitioner of traditional Chinese medicine	1
	(点)钟	(diǎn) zhōng		o'clock	5
	终点	zhōngdiǎn	〔名〕	destination	34
zhòng	种	zhòng	〔动〕	to plant, to grow	23
	重	zhòng	〔形〕	heavy	23
	重担	zhòngdàn	〔名〕	heavy load or burden	6
	重男轻女	zhòngnánqīngnǚ		to regard men as superior to women	16
zhōu	周	zhōu	〔名〕	week	5
	周到	zhōudào	〔形〕	considerate	18
	周年	zhōunián	〔名〕	anniversary	20
	周围	zhōuwéi	〔名〕	surrounding, around	30
zhū	猪	zhū	〔名〕	pig	23
zhú	竹子	zhúzi	〔名〕	bamboo	35
zhǔ	主动	zhǔdòng	〔形〕	(to take the) initiative	21
	主讲人	zhǔjiǎngrén		speaker	33
	主角	zhǔjué	〔名〕	leading role	13
	主人公	zhǔréngōng	〔名〕	leading character, hero/heroine	13
	主任	zhǔrèn	〔名〕	head, director, chairman	14
	主题	zhǔtí	〔名〕	theme	13
	嘱咐	zhǔfù	〔动〕	to advise, to tell	26
zhù	住院	zhù yuàn		to be hospitalized	26
	住址	zhùzhǐ	〔名〕	address	1
	祝贺	zhùhè	〔动〕	to congratulate	32
	著作	zhùzuò	〔名〕	works	29
zhuā	抓	zhuā	〔动〕	to catch	28
	抓紧	zhuājǐn	〔动〕	to make the best use of one's time	22
zhuàn	转	zhuàn	〔动〕	to visit (a place) briefly	4
	转播	zhuǎnbō	〔动〕	to relay	21
zhuāng	庄稼	zhuāngjia	〔名〕	crops	23
zhǔn	准时	zhǔnshí	〔副〕	punctually, on schedule	27
zī	兹	zī	〔名〕	This, a stock word to begin a notice, etc.	30
	资料	zīliào	〔名〕	data	31
zǐ	仔细	zǐxì	〔形〕	careful	34
zì	字	zì	〔名〕	character, word	7
	自	zì	〔代〕	self	22
	自行车	zìxíngchē	〔名〕	bicycle	17

436

	自由	zìyóu	〔形、名〕	freely, free; freedom	17
zōng	宗教	zōngjiào	〔名〕	religion	4
zǒng	总	zǒng	〔副〕	always	6
	总	zǒng	〔形〕	total	27
zú	足球	zúqiú	〔名〕	soccer, football	21
zuì	最近	zuìjìn	〔副〕	recently, of late	1
	罪	zuì	〔名〕	crime	28
	罪犯	zuìfàn	〔名〕	criminal	28
zuò	作曲	zuò qǔ		to compose, to write music	13
	作业	zuòyè	〔名〕	school assignment, homework	12
	作用	zuòyòng	〔名〕	function	27
	座	zuò	〔量〕	block (of house)	7
	座儿	zuòr	〔名〕	seat	8
	座谈	zuòtán	〔动〕	discussion, seminar	27

专 名 Proper Nouns

B   Lesson

bái	白塔	Bái Tǎ	a Buddhist pagoda built in Beihai Park	20
bǎi	百货大楼	Bǎihuò Dàlóu	the Department Store in Wangfujing Street	8
	《百家姓》	《Bǎi Jiā Xìng》	*the Hundred Family Names*	33
běi	北海公园	Běihǎi Gōngyuán	a famous park in the north of the city of Beijing proper	20
	北京队	Běijīngduì	the Beijing Team	21
	北京工人体育场 Běijīng Gōngrén Tǐyùchǎng		the Beijing Worker's Stadium	21

438

J

jī	姬	Jī	family name	33
jì	蓟	Jì	the name for Beijing in the 11th century B.C.	31
jiǎn	翦	Jiǎn	family name	33
jiāng	姜	Jiāng	family name	33
jīn	金	Jīn	Jin Dynasty (A.D.1115-1234)	31
	金	Jīn	family name	33
jīng	京山铁路	Jīng Shān Tiělù	the Beijing-Shanhaiguan line	34
jǐng	景山	Jǐngshān	a park located next to the Beihai Park	31
lǐ	李健	Lǐ Jiàn	Li's son	2
	李英	Lǐ Yīng	Li's daughter	2
liú	刘国强	Liú Guóqiáng	name of Liu's father	6
	刘健民	Liú Jiànmín	name of Wang Caiyun's husband	6
lú	庐山	Lúshān	the Lushan Mountain	34

M

měi	美洲	Měizhōu	America	27
míng	明	Míng	Ming Dynasty (A.D.1368-1644)	31

N

nán	南京	Nánjīng	capital of Jiangsu Province	34

O

ōu	欧阳	Oūyáng	family name	33
	欧洲	Oūzhōu	Europe	27

P

pō	泼水节	Pōshuǐjié	the water sprinkling festival	34

Q

qí	齐	Qí	family name	33
qīng	青年宫	Qīngniángōng	the Youth Centre	30
	青山中药厂		the Qingshan Traditional Chinese	27
	Qīngshān Zhōngyàochǎng		Pharmaceutical Factory	
	清	Qīng	Qing Dynasty (A.D.1644-1911)	31

S

sà	萨	Sà	family name	33
shān	山海关	Shānhǎiguān	a coastal town bordering on the	34
			Bohai sea	
shāng	商	Shāng	family name	33
shàng	上官	Shàngguān	family name	33
	上海队	Shànghǎiduì	the Shanghai Team	21
shěn	沈阳	Shěnyáng	capital of Liaoning Province	34
sī	司	Sī	family name	33
	司马	Sīmǎ	family name	33
sòng	宋	Sòng	family name	33
	宋朝	Sòng cháo	the Song Dynasty (A.D.960-1279)	33
	宋晓丽	Sòng Xiǎolì	Zhao Yuxi's girl friend	10
sū	苏州	Sūzhōu	a city famous for its scenery,	34
			in Jiangsu Province	

T

táng	《唐代艺术史》		*A History of the Arts of the Tang Dynasty*	1
	《Tángdài Yìshù Shǐ》			
táo	陶然亭公园		the Taoranting Park, in the south of	10
	Táorántíng Gōngyuán		the city of Beijing proper	
tiān	天津	Tiānjīn	a port city lying southeast of Beijing	34
	天津新港	Tiānjīn Xīngǎng	the New Port of Tianjin	34

W

wáng	王彩云	Wáng Cǎiyún	name of a nurse	6
	王府井	Wángfǔjǐng	a busy thoroughfare in the centre of Beijing	8
wén	文福生	Wén Fúshēng	name of a lecturer specialised in classical Chinese	33
wú	吴	Wú	a common Chinese family name	2

X

xī	西安门	Xī'ānmén	a place in the north of the City of Beijing proper	8
	西单商场	Xīdān Shāngchǎng	the Xidan Bazaar in the west of the City of Beijing proper	8
	西湖	Xīhú	the West Lake	34
	西双版纳	Xīshuāngbǎnnà	an autonomous district in Yunnan Province	34
	西周	Xī Zhōu	the Western Zhou Dynasty (1066-771B.C.)	31
xià	夏	Xià	family name	33
xiǎo	小曹	Xiǎo Cáo	Xiao Cao, Zhao Yuxi's cousin	24
	小钢	Xiǎogāng	given name of the son of Wang Caiyun and her second husband	6
	小华	Xiǎohuá	given name of Wang Caiyun's daughter	6
	小王	Xiǎo Wáng	Xiao Wang, Chen Lily's classmate	26
	小张	Xiǎo Zhāng	Xiao Zhang, Chen Lily's classmate	26

Y

Yà	亚洲	Yàzhōu	Asia	27
yān	燕	Yān	family name	33
	燕国	Yānguó	the State of Yan	31
	燕京	Yānjīng	the name of the capital of Yan	31

Z

442